批发贸易

——演进、业态与管理

张春法 高觉民 宗颖 霍焱 著

南京大学出版社

图书在版编目(CIP)数据

批发贸易:演进、业态与管理/张春法等著. — 南京:南京大学出版社,2021.6
ISBN 978-7-305-24457-5

Ⅰ.①批… Ⅱ.①张… Ⅲ.①批发贸易－中国 Ⅳ.①F724.1

中国版本图书馆 CIP 数据核字(2021)第 086969 号

出版发行 南京大学出版社
社　　址 南京市汉口路 22 号　　邮　编 210093
出 版 人 金鑫荣

书　　名 批发贸易——演进、业态与管理
作　　者 张春法　高觉民　宗　颖　霍　焱
责任编辑 王日俊

照　　排 南京开卷文化传媒有限公司
印　　刷 盐城市华光印刷厂
开　　本 718×1000　1/16　印张 15.25　字数 268 千
版　　次 2021 年 6 月第 1 版　2021 年 6 月第 1 次印刷
ISBN　978-7-305-24457-5
定　　价 58.00 元

网　　址:http://www.njupco.com
官方微博:http://weibo.com/njupco
官方微信:njupress
销售咨询热线:025-83594756

＊版权所有,侵权必究
＊凡购买南大版图书,如有印装质量问题,请与所购
　图书销售部门联系调换

前　言

作为一种基本的贸易或者商业活动，批发贸易的产生最迟可以追溯到西周时代。西周王朝在王城之内专门设"市"，是为"王市"。"王市"按时间顺序一日开放三次，其中的"朝市"即以商与贾之间的买卖为主，而"日中"的"大市"则主要服务于一般消费者。可见，西周时代就已经有明确的批发与零售的区分。迄今为止，尽管人类社会已经走过几千年的历程，但批发贸易仍然在商业活动中承担主要功能，是一种非常重要的经济行为，而批发产业则是国民经济体系的一个重要组成部分，无论从那个层面都不能无视其存在的价值。

据《中国统计年鉴——2020》数据显示，2019 年，我国仅限额以上批发企业即实现批发商品销售额 652 164.1 亿元，而限额以上零售企业商品销售额则为 130 354.1 亿元，两者的比值约为 5∶1，高于 2010 年的 3.69∶1，以及 2000 年的 4.28∶1。毫无疑问，批发贸易的体量规模不仅远大于零售，且其增幅从长期看也大于零售贸易。2019 年年末，我国限额以上批发企业从业人员 568.5 万人，略低于限额以上零售企业 645.4 万人的规模。此外，截至 2019 年末，我国亿元以上商品交易市场实现成交额 112 016.8 亿元，其中批发市场成交额 98 733.4 亿元，占整个亿元以上商品交易市场成交额的比例达 88.14%，比 2010 年和 2000 年分别增加了 4.3 个和 16.86 个百分点。

这些简单的数据比较直观地说明，批发贸易是相当重要的一种经济活动形式，批发业是一个非常重要的商业产业。美国商务部每月上旬都要发布月度（前推两个月）批发销售和批发库存数据。在他们看来，批发库存的增减反映了企业对经济前景所持信心的强弱变化；而且，批发库存被认为是制约国内生产总值的一个重要因素,对经济增长影响甚大。与美国对批发业运行格局及发展状况的高度重视不同,我国社会对批发贸易以及批发产业的发展不甚关注,理论界对批发贸易的研究不够充分,从学科角度的探索明显缺乏,站在教学研究的角度来看,情况就更不乐观。1983年11月,中国人民大学出版社曾经出版了《批发商业概论》一书,其后,特别是随着贸易经济专业在高校的相对萎缩,鲜见适合于本科教学需要的批发教材。

自2005年开始,南京财经大学在本科层次设置批发贸易课程,时称《批发与批发市场学》。稍后,服从专业改革和学科发展需要,按照新的贸易经济专业人才培养方案要求,南京财经大学于2007年设置《批发管理学》课程,并在最新一轮培养方案中进一步调整为《批发贸易学》,主要面向贸易经济专业开设,并与《零售管理学》等构成该专业的主干课程体系。

南京财经大学国际经贸学院,以及产业经济学科和贸易经济系组织专门力量负责本书写作,课程组历时数年,反复研讨,多次易稿,最终形成这本著作。本书共分10章,具体分工如下:第一章,张春法;第二章,高觉民;第三章,霍焱;第四章,高觉民;第五、六章,张春法;第七章,宗颖;第八、九、十章,张春法。各章初稿完成后,由张春法教授负责统一修改、定稿。

本书的写作、出版,一方面是为了满足贸易经济本科专业教学的迫切需要;另一方面,也有将多年教学和科研心得付诸文字,供同行学者和读者诸君参考、批评,以利提高我们研究和教学水平的考虑。徐从才教授以及其他专家学者对本书的体系结构、各章内容安排等提出了许多宝贵意见,使我们的研究得到了重要的理论和方法论支撑。本书还参考了一些学者的相关理论研究成果,并已按规范要求予以标注。对这些帮助,我们一并致以诚挚谢意。由于缺乏必要的参照,更兼囿于作者的学识、能力,书中难免存在疏漏甚而错误之处,盖由著述者负全部责任。

南京财经大学国际经贸学院贸易经济系

2020.12

目　录

第一章　导　论 ·· 1
　第一节　批发的逻辑内涵 ··· 1
　第二节　批发理论研究的维度 ·· 4
　第三节　研究内容与本书框架结构 ··· 11

第二章　批发贸易的历史演进 ·· 17
　第一节　商品批发的产生及其条件 ··· 17
　第二节　批发贸易的发展 ·· 23
　第三节　批发贸易的规模扩张与结构变迁 ··· 31
　第四节　新中国成立后批发商业在曲折中改革与发展 ························· 37

第三章　批发的中介原理和功能 ··· 44
　第一节　批发的中介原理 ·· 44
　第二节　批发的功能 ·· 51

第四章　商人批发商 ··· 64
　第一节　商人批发商及其类型细分 ··· 64
　第二节　商人批发商的经济活动 ·· 69
　第三节　商人批发商的交易组织载体 ·· 73
　第四节　大国的大批发贸易：商人批发商的未来发展使命 ··················· 83

第五章　制造业批发商 ·· 92
　第一节　分工深化与制造商分销模式变迁 ··· 92
　第二节　制造业批发商存在的客观基础 ··· 100
　第三节　制造业批发商发展的基本思路 ··· 108

第六章 其他批发业态 …… 115
第一节 代理商 …… 115
第二节 经纪人 …… 122
第三节 会展 …… 126
第四节 网络背景下的批发商 …… 132

第七章 批发市场 …… 141
第一节 批发市场的内涵及功能 …… 141
第二节 我国批发市场发展的基本状况 …… 146
第三节 批发市场的组织形态 …… 154
第四节 批发市场的交易模式 …… 158
第五节 批发市场发展的总体展望 …… 160

第八章 批发战略管理 …… 165
第一节 批发战略的内涵与实质 …… 165
第二节 批发战略管理过程 …… 172
第三节 批发商的营销组合战略 …… 181

第九章 批发业务管理 …… 188
第一节 批发业务管理的核心内容 …… 188
第二节 批发采购与销售管理 …… 193
第三节 批发谈判管理 …… 203
第四节 批发物流管理 …… 211

第十章 批发行业管理 …… 217
第一节 批发行业管理的现状与问题 …… 217
第二节 政府的行业管理 …… 223
第三节 批发行业自律 …… 228

参考文献 …… 234

第一章 导 论

批发广泛存在于社会经济生活的各个领域,既是一种基本的商业活动,是贸易或者交换的一种方式,也是现代流通产业的必要组成部分,批发所具备的这一特性是我们开展理论研究的主要出发点。本章将在充分阐释批发内涵的基础上,着重解决三个问题。一是批发的内涵及其外延,二是批发理论研究应该立足于怎样的视角,三则是批发理论研究的内容以及本书的框架体系。

第一节 批发的逻辑内涵

批发是一种具有明确含义的经济行为,通常是指某种特定的商业活动。在迈克尔·波特的思想体系中,批发与零售共同构成下游价值链,是价值系统的必要组成部分。在微观层面,批发不过是企业产品分销的一个环节,而从相对宏观的角度看,批发则是一个行业或者产业,是某种意义上的一种流通或商业产业类型,属于现代服务业的范畴。

一、批发的定义

批发首先是一种经济行为,更具体的则是一种贸易或商业活动,因此,关于批发的定义,也应该立足于行为这一基础加以诠释。

批发是与零售相对应的一种贸易活动,所以,学界、政府部门或相关机构一般都是从与零售的对比角度来定义批发,下面我们列举若干观点略作分析。原国家国内贸易局商用电子技术应用推广中心制定的商业自动化术语标准,将批发定义为"在生产者与非消费者(批发商、零售商)之间进行的、供转卖或生产加工使用的整批商品的大宗买卖方式。"有的学者认为,所谓批发,是指批发交易主体从生产厂商或其他经营者手中采购商品,再将其提供给商业用户、产业用户或其他类型业务用户,供其转卖、加工或使用的批量商品交易活动。① 还有学者认为,批发是"不以向大量最终家庭消费者直接销售产品为主要目的的商业组织,相反它们主要是向其他商业组织销售产品","是为中间性消费者进行的购销活动"。② 这些观点虽略有不同,但都立足于交易目的、交易对象和交易规模等维度来区分批发贸易和零售贸易的差异,进而对批发的内涵做出界定。

在《商务部关于印发2004—2006重点流通企业检测统计报表制度的通知》第七条主要统计指标解释中,将批发理解为批发商向批发、零售单位及其他企事业、机关单位批量销售生活用品和生产资料的活动,以及从事进出口贸易和贸易经纪与代理的活动。这一解释在一定程度上拓展了上述观点的内涵,区分了几种主要的批发贸易方式,即一般意义上的批发贸易、进出口贸易、经纪贸易以及代理商的批发贸易等。但是,该通知仅仅将批发视为批发商的活动(即使包括经纪人和代理商),其对于主体的认同显得过于狭窄。

国外关于批发定义的描述与国内大同小异。根据美国普查局(U.S. Census Bureau)经济普查处(Economic Census)的理解,批发是指个人或企业把自己的商品或者替委托人把商品卖给最后消费者以外的任何购买者的行为。美国著名营销渠道专家劳伦斯·斯特恩指出,"批发是指向零售商、其他商人或工业、公共机构、商业用户进行销售的人或公司的活动。同时,这些人和公司并不向最终消费者大批量销售商品"。斯特恩认为,批发交易

---

① 刘普合等.中国农产品批发市场实操手册[M].北京:中国经济出版社,2010,1.
② 肖家.批发[M].北京:中国言实出版社,2007,1.

是除了向最终消费者销售商品活动之外,每个机构所做的所有的销售活动,这些机构既包括批发商,也包括制造商甚至饭店、保险公司、会计师事务所,等等。[①] 这两种观点都将最终消费者,即消费者个人及其家庭排除在批发贸易主体之外,着重突出批发贸易的非生活性消费目的。而市场营销大师菲利普·科特勒则指出,所谓批发是指"包括一切将货物或服务销售给为了转卖或者商业用途而进行购买的人的活动"。[②] 菲利普·科特勒在文字中没有特别点出最终消费者不在批发主体之列,但这一定义所表现的思想与前述两种观点完全相同。

总体上,中外学者或者业界对批发概念的界定存在一定差异。国内学界认为批发是一种交易或买卖方式,而美国学者则倾向于将批发界定为交易行为的一个侧面,即"卖"这一行为,而不是买卖的集合。导致这一差别的主要原因在于,我们习惯于从流通角度研究批发,而美国则不存在专门的流通理论,批发与零售一样,不过是分销或者分销渠道的一个环节,属于市场营销的范畴。本书关于批发行为层面的研究,也将主要集中于"卖"而不是"买"。

此外,国内学者特别强调批发是一种组织行为,涉及生产者、批发商、零售商,或者商业用户、产业用户以及其他业务用户等组织或企业。我们应该承认,这与实际情况不尽一致。经济生活中存在着大量由个人实施的批发贸易活动,企业或者组织并不是批发行为的唯一主体。比较而言,美国某些学者关于批发主体的界定更符合现实,指出批发行为的主体是人或者公司,或者就如菲利普·科特勒所言,是广泛意义上的"人"。

至此,我们大致可以勾勒出国内外学界关于批发定义的基本判断。首先,批发交易的主要目的是"非生活性消费"。即从购买者角度,采购商品或服务意在"商业用途",通常指转卖、生产或流通加工等。如制造商购进原材料是为了生产产品以供销售,是一种生产性的消费而非生活性消费。需要

---

① [美]劳伦斯·斯特恩等.市场营销渠道[M].赵平等译.北京:清华大学出版社,2001:57.
② [美]菲利普·科特勒.市场营销管理——分析、规划、执行和控制[M].广东财贸管理干部学院市场学翻译组译.北京:科学技术文献出版社,1991:904.

指出的是，这里所谓的商业用途或者非生活性消费都不是绝对的。一方面，面向公共服务领域的大宗商品销售，毫无疑问属于批发的范畴，如高校购买计算机等设备主要是作教学科研之用，虽然不是生活性消费，但原则上也不具备"商业用途"的属性。而各类机构或组织为满足员工福利性需求的大宗商品采购，同样是一种批发交易行为。另一方面，最终消费者的批量采购也是比较广泛和经常性的存在，其目的就是满足生活消费需要，我们也不能因此而将此类交易排除在批发行为以外。

其次，批发是一种大规模的交易活动。与分散、频繁且小额少量交易的零售相比，批发交易发生的频率较低，但单次交易规模较大。所以，批发往往被认为是大宗商品的买卖方式，或者大批量销售商品的活动。

综上所述，我们认为，批发是指组织、机构或个人之间发生的商品（或服务）批量交易行为的总和。

二、批发的内涵

在我们看来，上述关于批发的定义内涵包括以下几个方面。首先，批发是一种贸易（交易）方式或者买卖方式，所以，批发贸易本质上包含了卖与买两个方面，但习惯上，我们主要是从"卖"的角度考察批发行为。其次，批发贸易的主体既可以是企业组织（例如各种批发商），各类机构、团体，也可以是消费者个人及其家庭，通常，我们更多的是站在组织（或企业）的视角研究批发贸易。第三，批发贸易主要不是满足生活消费需要，其目的在于转卖、加工或者所谓的商业用途。第四，批发是大宗商品的买卖方式，与零售相比，批发贸易的发生频率低，单次交易的体量规模较大。

第二节　批发理论研究的维度

批发首先是一种商业行为，但立足于不同的视角，从贸易方式、行业类型以及产业链层面,我们可以对批发做出不同的诠释。因此,批发理论研究可以围绕上述三个维度展开。

一、贸易方式

批发贸易是一种特定的贸易方式或交换方式。贸易方式是指贸易的方法和形式,可以从不同角度加以区分。按交易媒介,可以将贸易划分为物物交换和以货币为媒介的交换;依据交割时间,可以将贸易区分为现货交易、期货交易和远期合约交易;而从交易的规模看,贸易方式则区分为两类,即批发贸易和零售贸易。与零售相比,批发贸易具备以下六个方面的基本特征。

(一) 批量交易、批量作价

如前所述,批发贸易主要面向企业或者各类机构或者组织,满足他们转售、加工等商业性所需,就某一次交易而言,其采购量要明显大于一般消费者的购买量,与零售相比,批发贸易发生的频率虽低,但单次交易规模较大。更为重要的是,批发的交易条件如价格等并不是恒定不变的,会因时间、地域、交易对象和交易规模等的不同而不同,需要双方通过协商的方式予以确定。其中,交易规模对价格水平的高低有重要影响。一般而言,交易量越大,买方能够享受的价格折扣就越大,交易价格也就越低。

(二) 非终端销售

由于批发贸易的目的主要在于"商业用途",这就决定了商品在完成批发交易后,并未进入最终的消费环节,而仍然停留在流通或生产领域。如制造商的批量采购一般是为了生产其他产品,购进的商品或者服务是以生产资料的形态存在,不具备最终消费品的属性。同样,各类中间商购进商品的目的在于转卖,此时,商品无论是否经过流通加工,都处在流通环节,是作为流通资料的形态存在,也不具有通常意义上的消费品属性。所以,批发交易具有非终端性,或者具有非终端销售的特点。

(三) 交易关系稳定

由于批发贸易主要发生在组织(或机构)之间,与零售商庞大的顾客群相比,其交易对象在数量上相当有限。例如,在多层次的代理模式中,制造商可能仅仅与数十个或十数个,甚至数个区域或省级总经销商交易。而省级经销商的活动空间一般仅限于一省之地,与之发生交易的下一级经销商数量也是非常有限的。即使是其他形式的分销类型,制造商或者各级批发商的客户数量,都不能与百货公司、超级市场或者购物中心等同日而语。交易对象的规模差异导致批发、零售两种交易方式的重大区别。一方面,面对少量客户的批发贸易,企业能够为每一个顾客制定个性化的营销方案,而针对广大个人消费者的零售贸易,零售商通常采取按类细分市场的方式,将顾客划分为若干不同的"群",采取有差异的经营策略。另一方面,维系老顾客虽然对任何企业都很必要,但较之零售,批发贸易更需要企业建设持续、稳定的客户关系。

(四) 交易的空间范围广

自古以来,我国就有"行商""坐贾"之谓,亦即今天所说的批发商、零售商。"商"的使命在于商其远近,度其有亡,通四方之物;而作为"贾",则需固其有用之物,以待民来,以求其利者也。所谓"行曰商,止曰贾"。换言之,"贾"通常需要"居肆列货",在一个特定的地域空间,面向个人或家庭消费者等提供服务;而"商"则不远千里,通四方之货,其经营的触角可以延伸到非常广泛的区域。随着经济全球化和流通的国际化发展,一些跨国零售集团的经营空间不断拓展,国内的大型零售商也已经实现在全国范围内的布局,其商圈不可谓不大。这样具有全国甚至国际影响力的零售企业(特别是连锁企业)毕竟为数不多,而且,就其某一个特定的门店看,服务的范围不过数公里或十数公里方圆,其影响力所及空间根本不足以与从事批发贸易的单个企业相比。

(五) 促销组合相对单一

促销是企业经营行为的一个重要方面,通常纳入市场营销层面加以考虑,关于传统的促销组合,目前仍然是广告、公共关系、营业推广(或销售促进)和人员推销等手段的集合。零售商往往会利用报纸等平面广告传递信息,同时在店铺频繁使用各种营业推广手段刺激消费者的购买欲望,同时,也会借助公共关系手段来维持和改善企业形象,对于人员推销则较少使用。特别是超级市场,除了供应商提供的驻店促销人员会提供某些推销服务外,原则上是顾客自助服务。而批发商的促销组合则相对简单,主要是利用人员推销。因为企业批发交易的客户数量非常有限,交易关系较为稳定,广告的宣传效果有限且成本过大,得不偿失,复杂的各类销售促进手段不足以影响企业的购买决策者。而推销人员不仅可以较为全面、准确地交流和沟通信息,实际上,销售人员与客户的接触也承担了一定的公共关系职能。所以,批发交易主要依靠人员推销这一促销方式。

(六) 渠道建设具有突出地位

批发商在企业空间位置的选择上,远没有零售商那么高的要求,尽管对于交通运输、通信等基础条件也有相应考量。但是,分销渠道构建对于从事批发贸易的企业则具有特别重要的意义。一方面,尽管批发商特别是传统批发商面临渠道两极一体化发展的巨大压力,亟须创新求变,但迄今为止,批发仍是分销渠道的重要一环,地位突出;另一方面,批发贸易是一种"中间性交易",绝大部分批发贸易发生在传统的分销渠道中,所以,渠道建设对于具有批发业务的企业,其价值是非常突出的。

二、产业类型

批发行业属于狭义的商业范畴,是现代服务业的有机组成部分。批发业是国民经济的一个产业类型,也是流通产业的重要组成部分。有观点认为,批发商业是指再销售者,产业和事业用户销售商品和服务的商业,区别于零售,是面向大批量购买者开展经营活动的商业形态。而国家统计局的界定则是"向其他批发或零售单位(含个体经营者)及其他企事业单位、机关团体等批量销售生活用品、生产资料的活动,以及从事进出口贸易和贸易经纪与代理的活动,包括拥有货物所有权,并以本单位(公司)的名义进行交易活动,也包括不拥有货物的所有权,收取佣金的商品代理、商品代售活动;本类还包括各类商品批发市场中固定摊位的批发活动,以及以销售为目的的收购活动。"①这里,批发业主要是指各类收购和销售活动。

批发业是一个具有悠久历史的传统产业,我国将批发业与零售业纳入流通产业体系。在加快经济发展方式转变,全社会注重先进制造业与现代服务业协调发展的背景下,批发业与零售业、物流业等产业同属于现代服务业范畴,当然存在如何实施现代化改造的问题。

中外对批发产业的分类有较大差别。据国际标准产业分类(ISIC),批发业划分为三类:批发零售贸易和汽车维修业、批发贸易和经纪贸易(汽车贸易除外)。而2004年以前,这一标准仅将批发业划分为两大类,即批发贸易、经纪贸易(汽车贸易除外)。②

我国对批发产业的分类有特定的标准,目前可见的主要依据是中华人民共和国国家统计局颁布的"《国民经济行业分类》(GB/T 4754—2017)"标准。根据这一标准,我国的批发产业被划分为9个大类,并细分为65个小类,与较早颁布的"国民经济行业分类(GB/T 4754—2011)"相比(共57个小类)增加了8个。其中,"贸易经纪与代理"增加了艺术品、收藏品拍卖,艺术品代理;"其他批发业"增加了宠物食品用品批发,互联网批发;"医药及医疗器材批发"增加了动物用药品批发,等等。表明我国的批发产业及业态类型不断趋于丰富,具体情况将在第二章作简要介绍。

但是,现阶段我国关于批发产业的权威分类,完全立足于中间商(尽管

---

① 参见国家统计局网站:http://www.stats.gov.cn/.
② 上海市经济委员会,上海科学技术情报研究所.2005—2006世界服务业重点行业发展动态[M].上海:上海科学技术文献出版社,2005:29.

也包括了经纪人、代理商等居间商人),依然是传统的商业视角,制造业批发商这一重要的业态类型尚未纳入批发产业或者批发业态范畴。此外,"文化、体育用品及器材批发""纺织、服装及家庭用品批发""矿产品、建材及化工产品批发"等无疑属于产业或"业种"类型,但"贸易经纪与代理"却是典型的批发"业态"类型,两者的属性并不一致,在理论研究层面需要加以明确区分。而"互联网批发"则是借助现代网络和信息技术开展的批发活动,是将其视为与传统形态相对应的新型批发贸易方式,抑或一个新的"业种"或者批发产业类型,也是一个值得商榷的问题。

三、分销环节

生产与消费在时间、空间和集聚(或集散)等方面存在各种矛盾,这是贸易行为产生的重要原因,也是商人阶层形成、商业发展以及批零分化不断演进的主要推动力量。换言之,批发作为一种商业产业的存在,正是要解决上述生产与消费存在的各种现实矛盾,实现社会生产与社会消费的统一。

但是,批发产业的运行,乃至社会生产与社会消费的高度统一,必须通过一个个经济主体的具体活动来实现。所以,从微观层面看,批发源于生产者与消费者的共同需要,更具体的,批发归属于微观企业市场营销的范畴。

站在市场营销的角度,批发是企业分销体系的组成部分,与零售相对应,作为分销体系或者营销渠道的一个环节存在。一般的分销渠道如图1-1所示。其中,批发商往往还有若干层级,可以细分为一级、二级、三级批发商;或者产地批发商、中转地批发商、消费地批发商,等等。

制造商 ⟶ 批发商 ⟶ 零售商 ⟶ 消费者

图 1-1 传统的分销渠道形态

现代营销虽然较多地从参与者,即批发商、零售商等机构角度来描述和研究分销渠道,但这并不能改变批发贸易作为分销环节的事实。批发商正是借助批发贸易的方式介入分销过程,才与其他类型参与者一起,构成完整的分销体系,并通过自己的各项经营管理活动,在实现自身目标的同时,帮助生产者顺利完成产品销售,有效满足消费者需求。

在迈克尔·波特(Michael E. Porter)的价值体系中,批发被界定为下游价值链的一个环节。迈克尔·波特认为,企业行为实质上是一个价值运动体系,如图1-2所示。波特将企业行为划分为基本活动和辅助活动两大部分。其中,内部后勤、生产经营、外部后勤、市场营销、服务等基本活动构成企业价值创造活动的主体,是关键性的因素。企业基础设施、人力资源管理、技术开发和采购等属于辅助活动,虽然处于相对次要的地位,但这些行为对所有基本活动起着不可或缺的支持作用。[1] 基本活动和辅助活动作为相辅相成的两个部分,共同构成一个企业的基本价值链。

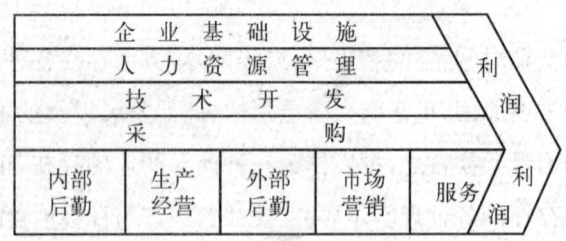

图1-2 基本价值链[2]

在波特看来,单个企业的价值运动只是某个更大的价值运动的组成部分,这个更大的价值运动体系被称为价值系统。价值系统包括了供应商和供应商价值链、制造商及制造商价值链、销售渠道和渠道价值链、客户以及客户价值链,如图1-3所示。[3]

供应商价值链	企业价值链	销售渠道价值链	客户价值链
上游的价值链	企业的价值链	下游的价值链	

图1-3 价值系统模型

---

[1] Michael E. Porter. Competitive Advantage: Creating and Sustaining Superior Performance. New York: Free Press, 1985.33-61.
[2] [美]迈克尔·波特.竞争优势[M].陈小悦译.北京:华夏出版社,1997:37.
[3] [美]迈克尔·波特.竞争论[M].高登第等译.北京:中信出版社,2003:73.

渠道价值链由批发商及零售商的价值运动组成,它居于企业价值链与客户价值链之间,是一个媒介要素,正如批发商(包括零售商)是制造商与消费者的中介。从这个意义上讲,批发行为是企业价值运动的一个特定流程,也是企业分销体系或者营销渠道的重要一环。

第三节 研究内容与本书框架结构

批发的行为属性以及上述三个研究维度,决定了批发理论研究的内容将会十分丰富,无论立足于贸易方式、产业类型还是分销环节,都可以对批发贸易展开相对系统的研究。但是,考虑到本书的主要任务,对于具体研究内容的选择必须有所取舍。

一、研究的主要内容

本书的研究内容主要取决于四个因素,其中最主要的是前两个因素。

其一,批发学应该研究什么。这是一个纯粹的科学问题,主要由批发这一行为的本性及其运行特点所决定。此外,鉴于我国目前的贸易运行和管理态势,批发贸易的一个极端重要的部分,也即对外贸易,总体上不属于批发理论研究的范畴。所以,本书基本上不涉及与国际贸易有关的批发问题。

其二,与相关学科的关系。市场营销学、市场营销渠道,甚至流通经济学、贸易经济学往往都辟有专门章节研究批发问题。例如,批发和零售都是分销渠道体系的组成部分,是市场营销学研究的一个重要内容。因此,需要兼顾批发贸易理论与这些关联学科的相互关系,对研究内容做出必要的取舍。

其三,经济、管理的共性问题。如人力资源管理、财务管理、销售管理、组织结构、激励与控制,等等,已经在相关学科得到充分研究,不必面面俱到地把所有问题一并纳入研究范围。

其四,研究者的选择。研究者的知识储备、洞察力、分析力以及研究偏好等,也对学科框架体系的构建有一定影响。只要充分考虑了前面两个问题,那么基于研究者自身原因的选择应该是可以接受的。此外,不同的研究视角、方法和内容,可以破除千篇一律的格局,拓展我们的研究思路和研究空间。

基于上述因素,结合撰写本书的目的,本书的研究内容将主要集中在两个方面,即批发业态和批发行为管理。

(一) 批发业态

"业态"原本是一个零售用语,与"业种"相对应。业种回答"做什么"的问题,也即产业类型的范畴,如"纺织、服装及家庭用品批发""机械设备、五金产品及电子产品批发",等等;而业态要解决的则是"怎么做"的问题,主要是指企业的经营方式和组织形式,两者之间有明确的分野。业态这一概念现在也广泛应用于包括批发贸易在内的各个经济领域。批发业态是批发行为存在的载体,是指批发企业的具体组织形式以及与此相应的经营方式。综合国内外学界的研究成果,批发业态主要有三种类型,这里略作介绍,具体内容将在后续章节专门分析。

1. 商人批发商

商人批发商,也称独立批发商或商业批发商,商人批发商具有独立产权,对所经销的商品拥有所有权。商人批发商的业态结构在不同国家有一定差异,囿于资料的可获得性,这里简要介绍美国的情况,第四章将从其他不同视角对商人批发商展开全面分析。在美国,商人批发商又可以划分为两种基本形态,即完全服务批发商和有限服务批发商。[①]

(1) 完全服务批发商

主要经营食品杂货、药品和金属零件等商品,具有存货、提供信贷、送

---

① [美]菲利普·科特勒.市场营销管理——分析、规划、执行和控制[M].广东财贸管理干部学院市场学翻译组译.北京:科学技术文献出版社,1991:906-908.

货、协助管理等众多功能,有固定销售人员。完全服务批发商具体可划分为两种类型。

其一,综合批发商。批发商的产品组合在宽度、深度和综合性等方面都明显区别于零售,一般意义上,批发商比零售商"专业"。综合批发商经营为数不多的产品线,这里所谓的综合远不能与零售同日而语。由于经营的产品线相对多于其他类批发商,能较好适应零售商需要,分散经营风险,并且在一定程度上有利于企业形象建设。

其二,专业批发商。专业批发商只经营一两条产品线,甚至只经营某条产品线上的部分产品,专业化程度高。这在五金、药品、服装等行业领域较为多见。专业批发商经营的品种齐全,产品组合的深度明显超过百货商店等零售业态,可以给客户提供充分的选择空间。

(2) 有限服务批发商

顾名思义,有限服务批发商只向客户提供有限的服务,在功能上并不完整。有限服务批发商大致可以区分为以下六种类型。一是现金自运商。一般经营有限且周转快的产品线,向小零售商收取现金,不负责送货。二是货车批发商。经营生鲜易腐食品,开车送货上门,服务对象主要是小食品店、餐馆、医院、超市等,时间、路线和客户比较固定。三是承销批发商。主要经营煤、木材、大型设备,先向客户收取订单,再向制造商订货,由制造商直接发货。四是货架批发商。专营化妆品、家用器皿、简装书籍、小五金商品等。货架批发商直接在零售商店内设置货架,自己负责送货、上架、补货、存货、融资和现场促销等,在产品销出后,定期与零售商结算。五是邮购批发商。经营小五金、杂货甚至食品等,主要服务于偏远地区的产业用户和小规模零售商,借助 EMS,以节省人员推销费用。六是批发俱乐部。这种业态采取会员制,店址比较偏僻,经营周转快的全国性品牌,产品组合宽,但不深。商品全部直接码放在货架上,店铺很少装修,同时也面向普通消费者。批发俱乐部以库为店,批零结合,以批发为主,开架销售,顾客可直接进店选购。批量优惠,有包括退货的各种优惠条件。价格比普通商店低 30%—40%,甚至 50%。这有利于培养顾客忠诚。

2. 制造业批发商

也称制造商批发商或制造商的分销机构。由制造商投资设立,是制造商的一个专门从事批发业务的分支机构。制造业批发商从属于制造商,与制造商存在着明确的产权关联。在美国,制造业批发商一般被称为制造商的销售分支机构或办事处,是非常重要的一个批发业态类型,制造业批发商实现的销售额占美国批发销售额的比重,长期稳定在30%左右。事实上,制造业批发商在我国也已成为批发体系的重要组成部分,呈现出快速发展的趋势。

3. 居间商人

居间是指在双方之间说合、调解,在贸易领域,有牵线搭桥、举荐媒引,促使买卖双方达成交易之意。一般认为,专门从事这种中间活动而获取报酬的人或者组织,就是居间商人。作为中间商的一种类型,居间商人的"中介"功能比一般商人更为突出。居间商人大致包括代理商、经纪人和信托商等,其中,代理商是最为重要的一种居间商类型。原则上,居间商人不拥有所代理或者委托商品的所有权,不与委托方发生实质性的交易关系。居间商人获得的报酬是佣金,而不是一般意义上的经营收入。

(二) 批发行为管理

一种经济行为需要通过一些彼此相关的业务活动来实现,正如没有买与卖,没有商品所有权的让渡以及商品的实体运动,也就没有所谓的贸易或者交换行为。批发行为是一系列具体而又密切关联的业务活动的集成,所以,批发行为的着眼点在于批发业务。从业务层面看,批发贸易既需要研究具体的业务活动,如销售、物流、采购等,也需要站在批发商的视角,考察企业组织架构、人力资源、财务管理等内容。

批发是一种贸易活动,批发业是一种商业产业,批发还被纳入微观企业的市场营销体系,构成价值系统的重要一环。如何提高批发行为的效率和效益,是一个非常重要的理论问题,这是我们之所以从行为管理角度研究批发贸易的基本考量。德鲁克指出,"管理就是界定企业的使命,并激励和组织人力资源去实现这个使命。界定使命是企业家的任务,而激励与组织人力资源是领导力的范畴,二者的结合就是管理。"德鲁克提出了关于管理的一系列要素:使命、组织、领导、人力资源、激励等。斯蒂芬·P·罗宾斯认为,管理"是指同别人一起,或通过别人使活动完成得更有效的过程。"[①]在这里,罗宾斯提到了"有效",而效率也正是德鲁克强调的一个核心的管理问题。罗宾斯还指出,这一定义中所谓的过程"表示管理者发挥的职能或从事的主要活动"。[②]

批发行为管理涉及众多领域,为了避免不必要的重复,我们不可能将所有与批发贸易相关的行为全部纳入本书的研究体系,而是有选择地从战略、策略和行业管理三个不同角度做出相应分析。

二、本书的框架体系

批发贸易所涉及的很多经济学、管理学问题,在相关学科已经有相当充分的研究,是一种"共有知识"。但考虑到本书作为贸易经济、市场营销、物流管理等专业批发课程教学用书的属性,我们将某些内容如战略管理、销售管理等仍然纳入本书的研究框架,通过战略、策略等不同层面,运用已知的"共有知识"来分析具体的批发贸易行为。立足于批发贸易的本质属性,综合上述对研究内容的分析,我们对本书的框架结构作如下安排。全书共分10章,按各章内容及相互关系,大致可将全书划分为三个部分。第一至三章是基础理论部分,第四至七章主要研究批发业态,第八至十章讨论批发行为管理,包括战略管理、业务管理和行业管理三个方面。其中,第八、九两章立足于微观视角,而第十章则属于相对宏观层面的批发管理或批发规制问题。

---

① [美]斯蒂芬·P·罗宾斯.管理学[M].黄卫伟等译.北京:中国人民大学出版社,1997:6.
② [美]斯蒂芬·P·罗宾斯.管理学[M].黄卫伟等译.北京:中国人民大学出版社,1997:6-7.

第一章,导论。阐述批发贸易的含义与特征,批发贸易理论研究的维度和研究内容;第二章,批发贸易的历史演进。介绍批发商业的形成、批发商业演进的一般轨迹以及我国批发业的发展状况;第三章,批发的中介原理和功能。描述批发的中介原理、批发贸易的基本功能和拓展功能;第四章,商人批发商。介绍商人批发商的类型和经济活动,分析商人批发商的交易组织载体,并立足于大国贸易背景,探索批发商的未来发展使命;第五章,制造业批发商。重点分析制造业批发商存在的客观基础,制造业批发商面临的问题及发展思路;第六章,其他批发业态。着重讨论代理商、经纪人等居间商人,分析电子商务模式下的批发贸易,电子商务对批发贸易的影响以及传统批发商的网络化发展等问题。此外,会展虽然不是专门的批发业态,但作为生产与销售之间的专业化平台,会展尤其是服务于商业目的的展览活动,与批发贸易存在密切关联,因而也是本章研究的重要内容;第七章,批发市场。分析批发市场的内涵与变迁、批发市场的组织形式、批发市场交易和批发市场未来发展的路径。尽管批发市场亦非严格意义上的批发业态类型,但作为各类批发商的空间集聚形态,非常有必要对批发市场进行专门研究;第八章,批发战略管理。主要分析批发战略管理过程、批发商的营销组合战略等问题;第九章,批发业务管理。主要从业务流程的视角,重点探讨批发采购、销售、批发业务谈判及批发物流管理等问题;第十章,批发行业管理。主要分析批发行业管理的现状、存在的问题,政府管理批发行业的任务、手段,以及批发业的行业自律等问题。

第二章 批发贸易的历史演进

批发贸易及批发商是伴随批量商品生产、商人长途贩运及市场规模的扩大自发而产生,数千年来绵延不息。随着流通现代化进程加速及向现代经营方式转变,我国的批发贸易和商业体系将向信息化、国际化、现代化深入发展。本章,我们将着重分析批发贸易产生的内在基础,探讨我国批发贸易的历史演进及其现代变革。

第一节 商品批发的产生及其条件

从中国历史发展来看,在五千年以前的"仰韶文化"时期就已经有了交换活动,后来又有了禹时期"懋迁有无"的发展。① 当在交换中使用贝作为一般等价物后,人们就将"做买卖"称为"贾"。此间,商族人祖先王亥②驾牛车换物,逐渐演化为商品交易活动。到商周之际,我国处于第三次社会大分工的时期。据《吕氏春秋》记载,"凡民自七尺以上属诸三官,农攻粟,工攻器,

---

① "懋"通"贸",即贸易。"懋"通"贸",即贸易。此句为买卖货物,互通有无。见《书·益稷》及《日知录·卷二·懋迁有无化居》。

② 王亥(公元前1854—公元前1803年),子姓,又名振,商始祖契之后,冥之长子,商部落第七任首领。商部落活动的中心为商丘,相传王亥饲养、放牧牲畜,驯养牛马,改善了商族人民的生活,商部落从此迅速强大。由于产品有了剩余,出于发展壮大本部落以及换取所需物品的目的,王亥与四周部落进行贸易活动,后被有易氏之君绵臣所杀。王亥之后,商族人沿其传统进行贸易,形成了专门从事远方贩运货物进行贸易的商贾,促进了经济发展,也为成汤(契的十四代孙)建立商朝奠定了基础。必须提及的是,王亥教会人们驯养牛马,不仅对田间劳力的节省,更重要的是对后人长途贩运、开拓新区域及通过征战开拓疆域等具有深远和重大的历史意义。

贾攻货。"①商朝灭亡后，它的一些遗民在"殷人重贾"的传承下，驾牛驱马出门跑买卖，行旅贸易于四方，贩运各地方的物产，人们逐渐地抽去了商人的"族人"身份特征，赋予了商人以"买卖人"的内涵。这样，买卖人在概念上成了商人。人们一度将只跑长途贩运贸易称为"商"，坐肆售物的叫"贾"。它们是最早的商业业态形式，即所谓"行商坐贾"。后来，人们将这样的职业统称为商业。

一、商品批发与批发商产生

随着有些产品的产量增多，批量买卖成为可能。"批发"之前叫"趸售"，就是生产经营者对商品成批地进行销售。它是经济活动中自发产生的一种销售形式。任何一个"理性经济人"都知道，这种形式可以达到买卖双方的"双赢"。由于其"销量大"，能给卖方带来"快"的利益，而由于"价格低"，又能给买方带来"少花费"的利益。用今天的经济学语言来说，双方的博弈结果实际上是"双赢"，经营者以此可以"薄利快销"。应当说，这是人类本能中最初的、通过自发实践进行的"价格歧视"理性。

从历史发展中经济活动的逻辑视角来看，人类某种商品最初发生批发业务的基本条件必须有三个：第一，该种商品的市场需求已达到一定规模；第二，该种商品可以在当时技术水平条件下能被批量生产出来；第三，批量产品能够被运输到消费较为集中的地域。在人类初期的经济活动中，适合这三个条件的商品曾经是：大众消费的盐巴和陶器用具、农户用的农具（后来为铁制农具）、贵族显示地位的奢侈品等。可以这样说，手工技术与职业互为专门化，加上运力的提高，使得这些商品能够有稳定的批量生产和批量销售。

最初的批量销售自发于生产者的直销业务中。从我国商代早期专制日用灰陶器的陶窑可以看出，大规模生产单一品种的大路货中相当多的一部分要靠批量向外销售；再如，春秋时期，冶铁的鼓风技术提高，矿石出铁率大

---

① 参见《吕氏春秋·上农》。

幅提高,铁铸农具和工具大大增加。① 春秋末期,日常消费用的铁锅(那时称为釜)已大批生产,人们称生产铁锅的人为"釜工",其直销形式的批发量后来发展到较大规模。例如,秦国击败赵国后,卓氏夫妻二人迁移到临邛(今四川邛崃),在含有铁矿的山里熔铁铸械,用心销售筹划,把产品销往滇、蜀各地,从而致富。②

但是,"工作贸易者为工,屠沽兴贩者为商"(《唐六典》),直销形式的批发业务如果没有商人介入,还不算是批发商行为。对于发生于生产者和坐商之间的批发交易商机,往往来自商肆集中的市场,并吸引着一些靠长途贩运的买卖人,固定的市肆是长途贩运者的目的地。利用今天的经济理论推测,长途贩运者追求贩运量的规模收益,不可能主要以零卖为主,而是进入市井并寻找商肆经营者进行交易。因此,可以认为,固定的交易场所,即市场,是古代批量交易者产生的一个重要前提。

到了西周时期,"市"大量增加,国家对大宗货物流通加强了控制。王都及侯国的主要城市中,都设有市场。由于那时长途贩运的工具是牛车和马车,为保障运输,"凡国野之道,十里有庐,庐有饮食;三十里有宿,宿有路室,路室有委;五十里有市,市名侯馆,侯馆有积。"③其中的委积,就是指储备粮草。西周大小都城的市采取"前朝后市"的格局,王城中心为王宫,其北面为市,市由司市主管。整个市场交易分为三部分:中间的叫大市,日中进行,以富人和贵族的管事购买商品为主;东边的是朝市,早晨进行,以商贾交易为主;西边的叫夕市,傍晚进行,以百姓与小商贩交易为主。上述三个市场中,早市以商旅和官府商贾的大宗批发贸易为主;大市是贵族派管家购物为主,商品一般由朝市批发而来;夕市则多卖一般平民所需的商品,主要由农村进入城市的小商贩或小生产者"朝资而夕卖"。

伴随大宗商品及其种类和长途贩运规模的扩大,批发商品的规模也越

---

① 参见《国语·齐语》。
② 即"铁山鼓铸,运筹策,倾滇、蜀之民",以其自己生产的铁器推销于滇、蜀地区。《史记·货殖列传》
③ 参见《周礼·地官·遗人》。《周礼·地官·大司徒》中还说:"大宾客,令野修道委积。"

来越大。到春秋时代，不仅人口增加，而且随着冶铁技术的提高，铁器农具产品和种类也进一步扩大和逐步推广。① 诸国争霸攻伐，竞相建筑城市，并打破过去的等级限制，扩展城市，并加大路政建设，从而使城市成为财富集中的中心。② 有些重要的交通枢纽成为商业性的繁华城市，如郑国的都城新郑、曹国的定陶等，成为"货物所交易"之地。③ 这些带来手工产品的遽然增多和长途贩运的网络与规模不断扩大。

总之，批发业务及批发商是伴随批量商品生产、商人长途贩运及市场规模的扩大自发产生的。但是，由于当时的社会主要由自然经济所支配，以吃饭穿衣为主的日常生活可以通过男耕女织的小农经济方式自我解决，因此，所经营商品种类是非常有限的，批发商品仅限于当时少量的大宗商品，而且批发业务仅发生于城市市场。

二、批发商的壮大

春秋时期，商业发展得到列国统治者的重视，表现在国家对重要的大宗商品贸易及批发商的控制，甚至官贾就是直接的批发商，人们往往以农工商三者是否兴盛来评判一国的国力。例如，齐桓公（公元前685年立）在位时，齐国一度成为强国。他任用商人出身的管仲辅政40年，其间制定了"官山海"政策，即所谓"泽立三虞，山立三衡"（《齐语》），把全国的山林河泽统一管理起来，实施"专买专卖"。其做法是，对于盐，"使国人煮水为盐，征而积之"，④采取民营生产，官府按批发价统一收购，负责运输和销售，在流通环节寓税于价，并控制零售价格；对于铁，管仲采取的办法是让私人开矿冶炼，原

---

① 例如，大约在公元前700年。
② 春秋时代，周王的势力减弱，诸侯群雄纷争。为称霸业，各诸侯突破周朝对其城市规格的限制，扩大和新建城市。例如，此间仅鲁国建城19座，春秋后期，吴国都城吴已经大于过去天子的"九里之城"；再如，东周王城洛邑（今洛阳）、齐国的临淄、晋国的曲沃、楚国的郢都、魏国的濮阳、吴国的吴邑、越国的会稽等城市，都是在商业繁盛基础上发展起来的城市或新兴城市。
③ 《史记货殖列传》记载："朱公以为陶天下之中，诸侯四通，货物所交易也，乃治产积居。"
④ 参见《管子·轻重甲》及《管子集校》。

料官私分成,①铁器制成品由官府统一收购,同样控制好流通环节的价格与赋税,由官府指定官贾零售,销售给农家。除盐铁外,对其他山泽产品(如木材柴薪等)大致也采取了国有民营的办法,通过国家居间方式控制流通环节。另外,作为"官山海"政策整体的一部分,齐国展开国家层面的对外转手贸易。齐国本身就是一个鱼盐之国,但管仲仍然取消先时之禁,从莱夷打开运入鱼盐的通道,"关市饥而不征,以为诸侯利",②通过对大宗商品的批发,转输他国,从中赚取差价。对外贸易中,利用价格杠杆,实施"天下高而我低"的策略,对本国不能垄断的出口商品进行倾销;而对本国所缺的商品,则实施"天下下我高,天下轻我重"的策略,以鼓励进口。③ 总之,官府实际上成了关系民生商品及国际间商品流通的大批发商。

到了春秋战国之交,过去那种"工商食官"④格局已经被打破,一种新兴的"民营"力量——自由商人(即私商)发展起来。贩运贸易的阵地向私商转移,涌现出许多经营大宗贸易的批发商。在这一重大的历史背景下,大商人辈出有如下原因:一是周朝天子的控制能力弱;二是商人在社会中的比例很小,尚未对社会产生重大影响;三是诸侯纷争,需要借助大商人的力量,一些商人本身就是贵族或富人;四是因为一些手工业制品(甚至玉器、制剑等)的生产逐步向民间转移,从官贾转入私商之手,有些官商变为私商。例如,春秋末期的子贡、范蠡,战国时期的白圭、吕不韦等。

端木赐(公元前520年—前456年),字子贡,又名子赣,春秋时卫国人,孔子门下七十二贤之一,是当时的大商人。子贡曾"废著鬻财于曹、鲁之间",也就是奔走于各国做生意。他发现各国权贵皆以佩戴珠宝为时尚,就大量销售贵重佩饰,从而"家累千金"。因此,他经常"结驷连骑,束帛之币以

---

① 在原料上"量其重,计其赢,民得其七,君得其三"(见《管子·轻重乙》)。
② 参见《国语·齐语》。
③ 参见《管子·山至数、轻重乙》。
④ 为西周、春秋时期一种官营控制手工业和商业的制度。其手工业者和商贾是奴仆,必须按照官府的规定和要求从事生产和贸易,由官府中的司空管辖。官府有各种手工业作坊,生产者称为百工,他们既是具有一定技艺水平的工匠,又是从事手工业生产和商业经营管理者。《国语·晋语》说:"公食贡,大夫食邑,士食田,庶人食力,工商食官,皂隶食职,官宰食加。"

聘享诸侯",所到之处"国君无不分庭与之抗礼",甚至越王勾践还曾"除道郊迎,身御至舍。"①

范蠡(公元前536年—公元前448年),字少伯,号陶朱公,春秋时期楚国宛(今河南南阳)人,政治家、谋士和实业家,"范蠡三迁皆有荣名",②被后人尊称"商圣"。相传,范蠡来到熊耳山下的卢邑,了解到当地盛产核桃、木耳、山珍野味、肉类皮毛、药材等土特产品,但农民缺少食盐、葛麻布衣、日用杂品等。于是,他就在当地开店收购。由于收购价高,吸引了许多供货人,各种山货堆满了几个大库房。把货物进行分类后,范蠡按各地商贾的需求,先用牲口驮运各类上等货,出售给要货的地方。获货款后,他再到市上购回食盐、葛麻布衣和各类日用杂货等,运回到卢邑销售,往返的买卖使范蠡赚了很多钱。以后,远近的商贩们送来山区的大宗山货,走时又带走食盐,在山区再以盐换货。许多人学着做生意,批发盐和日用杂品。后来,这个地方的人渐渐富裕起来。

白圭(公元前370年至公元前300年),名丹,战国时期周(今洛阳)人,主要从事大宗农副产品、土特产品和珠宝的贩运,是行商和批发商的代表。《汉书》中说他是:"天下言治生者祖",即经营贸易、发展生产的理论鼻祖。他以"人弃我取,人取我与"为经商之道,专门经营利益很小但市场巨大的百姓日常必需品,如粮食等农产品。当农民的粮食在秋收季节多起来后,市场上粮食的价格跌了下来,此时其他的商人都拒绝收购低价粮食,白圭却偏偏大量买下粮食。原来,这时还没到收丝或割漆的季节,所以蚕丝和漆的价格自然很高,他赶紧把这些货物卖出去。等到了收丝或割漆的时节,蚕丝和漆大量上市,他就收进蚕丝,卖出粮食。就在这买进卖出之间,白圭富了起来。③

猗顿,④战国时期魏国人,是我国战国初年著名的大商人。他原是春秋时代的鲁国贫寒书生,听到范蠡弃官经商很快致富,"往而问术"。范蠡告诉

---

① 参见《史记·货殖列传》。
② 参见《史记·货殖列传》。
③ 司马迁说:"白圭乐观时变,故人弃我取,人取我与。夫岁孰取谷,予之丝漆;茧出取帛絮,予之食。"见《史记·货殖列传》。
④ 猗顿是其号,姓名与生卒年代已无可考。

他:"子欲速富,当畜五牸"。① 猗顿千里来到西河(现山西省临猗)一带,大畜牛羊,十年之间,积累了雄厚的资本,又把眼光投向当时未曾有人涉猎的全新领域——制盐贩盐,并开辟了两条运输线路,不断地把运城的"潞盐"销往齐鲁、秦川、西域以至波斯湾等地。猗顿把盐运到西域,又从西域换回一批批珍珠玛瑙、珠宝玉器,并在沿途设立了 50 多个珠宝店铺,又延伸到齐、鲁、燕、楚等各诸侯国,成为珠宝大亨。经营珠宝,不仅使猗顿富比王侯,也使他对珠宝鉴赏达到了极高的水平。② 随着对外贸易规模不断扩大,来自四面八方到郇地和猗顿进行商贸交易的人络绎不绝。猗顿住的附近也逐步由一个畜牧区变为远近闻名的商贸集镇。

第二节 批发贸易的发展

自商鞅变法实施重农抑商政策开始,便结束了春秋战国时期自由商人的发展。可以说,商鞅变法开了商人比农民在社会地位上低贱的先例。秦国统一后采取"徙天下豪富于咸阳十二万户"的"迁豪"措施,将"上农除末"的政府意志进一步强化。之后,西汉政权在抑商与不抑商政策上处于摇摆状态。尽管如此,汉代之后,国家统一,疆域辽阔,生产发展,交通便利,市场扩大,还是为较大规模的商品流通创造了更为有利的条件。从总体上看,这个时期批发商业的规模发展壮大表现在以下几个方面。

一、汉代的转运贸易

(一)汉代转运贸易的概况

贩运贸易是一种批发贸易。它是商人将批量商品专门通过长途贩运从一地运到另一地而牟取利润的一种贸易活动。《管子·小匡》中记载:"以其

---

① 出自《齐民要术》卷第十(第五段)。五牸(zì)即母畜,五畜为牛、马、猪、羊和驴。
② 汉朝的刘安在《淮南子·泛论训》中写道:"玉工眩玉之似碧卢者,唯猗顿不失其情。"

所有,易其所无,贸贱鬻贵",他们"负任担荷,服牛骆马,以周四方"。《货殖列传》在论及商品生产的情况时说:"陆地牧马二百蹄,牛蹄角千,千足羊,泽中千足彘,水居千石鱼陂,山居千章之材。安邑千树枣;燕秦千树栗;蜀汉、江陵千树桔;淮北常山以南,河济之间千树萩;陈夏千亩漆;齐鲁千亩桑麻;渭川千亩竹,及名国万家之城,带郭千亩亩钟之田,若千亩卮茜,千畦姜韭;此其人皆与千户侯等,然是富给之资也。不窥市井,不行异邑,坐而待收。"司马迁给我们描绘了当时的情景:大畜牧主、大林场主、大园圃主、大渔场主所进行的农林牧渔业生产,给市场提供大量商品,但并不需要他们亲自把这些产品送到市场,他们可以"不窥市井,不行异邑",只要依靠批发商的中介作用,就可"坐而待收"。

(二) 汉代贩运贸易发展的趋势

汉代贩运贸易发展的趋势,大体上可以概括为以下几方面:

第一,从贩运的商品内容看,由主要贩运各地名贵珍品,发展到大量贩运盐铁、马匹等民间生活、生产必需品,种类逐渐增多。凡山西、山东、江南、龙门、碣石等地的方物、特产,"待商而通之",皆得依靠商人的贩运或中介作用,使各地物资得到交流。值得注意的是,有些方物、特产的奢侈品性质已相对削弱,它已非专供贵族官僚所需,而是普通"编户"也可能消费了。

第二,贩运商的成分,由六国迁虏、旧贵族后裔、民间自由商人,逐渐发展到地主、官僚等各色人物,其地主化的倾向日益明显,且官、商结合。按当时的说法,当时"民近战国,皆背本趋末",[①]从事商业、贩运贸易的人甚为普遍。

第三,贩运贸易的形式,既有个体经营,也有合伙进行,并形成一定制度。例如,文景之时,已出现了所谓"中舨共侍约",[②]即合伙做商贩所共同订立的契约。

第四,再从时间上看,私营贩运贸易除汉武帝时受到较大抑制外,于西

---

① 参见《汉书·食货志》。
② 参见李均明等.散见简牍合辑[M].文物出版社,1990年版。

汉前、后期及整个东汉基本上皆处于发展势态。到昭、宣之世，特别是西汉后期，由于废除了缗钱税和其他律外苛征，私营工商复苏，贩运贸易活跃。所谓"商贾求利，东西南北，各用智巧"，"民弃本逐末"，①还涌现出一大批新的富商大贾、贩运商人。汉代贩运贸易之所以能得到发展，究其原因殊多，但这与当时的工商政策、交通条件及地区性商品生产的发展不平衡等密切相关。

（三）汉代贩运贸易的主要商品

手工业产品在汉代日益成为贩运商批发的大宗商品。当时的"通邑大都"有酤酿、醯酱、轺车、牛车、木器髹者、铜器、铁器、帛絮、细布、文采、榻布、皮革、漆、盐豉等等。②其中，最重要的手工业产品首推盐铁。在市场上陈列的这些手工业制品，大部分是通过商贩批发进入市场的。

他们和直接生产过程没有必然联系，但"亦比千乘之家"，一年获利相当可观。在未实行专营期间，大手工业主往往身兼商人。如除了之前提到的卓氏夫妇外，还有程郑和宛孔氏等。程郑"亦冶铸，贾椎髻之民"，即"通贾南越"，转卖其本人产品；宛孔氏，"大冶铸，连车骑，游诸侯，因通商贾之利"。③

当时冶铁、制盐的生产规模较大，要求有广大的销售市场和长途贩运。《盐铁论》云："铁器，民之大用也"，"农夫之死土。"④由于盐铁为国计民生所必需，但由于受资源分布限制，不是到处都能生产，也不是消费者自己所能家作，故远离产地之人所需的盐铁产品，只能通过贩运贸易方可满足。⑤再就是衣着之源的布帛。汉代民间的纺织品生产已有相当规模，它常被商业资本积聚起来贩卖。据称：灌婴早年就是睢阳的一个"贩缯者"。⑥当时出产于会稽的"越布"、吴地的"细葛"等，一时誉满天下，被商人贩运到各地去满足

---

① 参见《汉书·贡禹传》。
② 参见《史记·货殖列传》。
③ 参见《史记·货殖列传》。
④ 参见《盐铁论》（水旱、禁耕等篇）。
⑤ 王莽诏曰："夫盐，食肴之将"，"非编户齐民所能家作，必仰于市，虽贵数倍，不得不买。"见《汉书·食货志》。
⑥ 参见《汉书·灌婴传》。

消费者需要。又从汉简所见,西北边境地区的布帛种类殊多,计有:七棱布、八棱布、九棱布、练、缣、皂练、白素、皂布、布、絣、鹔缕、帛、白縑、絮巾、緹缋、丝絮、丝等。① 这各种名目的布帛,有的是从中原内腹之地贩卖去的,而非本地所产。除此之外,还有许多日常生活用品,如漆器、铜器、陶瓷等,也是贩运商业的常见产品。总之,手工业产品在汉代贩运批发贸易中占有重要地位。

二、唐代的城市批发业和丝绸贸易

隋唐期间,城市规模不断扩大。在唐代,除了作为国都和国际性商业大都市的长安外,洛阳也是当时的政治、经济和文化中心,为手工业和商业繁荣的城市。由于长江流域的经济发展,兴起了一些繁荣的工商业城市,如益州(今成都)、洪州(今南昌)、扬州、泉州、广州等。这些城市成为商品流通中心枢纽、内外贸大宗商品的集散地,辐射全国乃至周边地区。例如,据《新唐书·地理志》载,长安向各地辐射的陆路主要有十四条,水路交通可借环绕城周的水系与渠道,沟通包括四川、华北、江南、湖南、闽、广等在内的广大区域。

长安以纵贯南北的朱雀门大街为界,设有东、西二市,市内也有井字形大街交叉。市的周围是商旅居住并兼作存放与批发货物的邸店,市内则是陈列和出售货物的肆。唐代的批发业务大都在邸店进行。所谓邸店,是指供客商堆货、交易、寓居的行栈。《唐律疏议·名例四·平赃者》说,"邸店者,居物之处为邸,沽卖之所为店。"由于邸店既堆放货物,又兼住商客,可以直接进行批发业务。起初,邸店主人与牙人②为商客做中间人,将货物批量卖出,或批量购买货物。后来,邸店又发展为客商交易的场所,具有仓库、旅舍、商店多种性质。由于邸店主收取的邸值(栈租)丰厚,唐中期以后,贵族官僚和寺观也纷纷开设邸店,于是邸店大量涌现,在长安、洛阳等大城市的市场四周,少的有百余处,多者达三四百处。

---

① 参见甘肃文物考古研究所.秦汉简牍论文集[M].兰州:甘肃人民出版社,1989年版,第57页.
② 牙人或称牙行、牙商,是在买卖交易中撮合成交的经纪人,又叫撮合商、居间商。

在长安城的两市中,西市离丝绸之路起点开远门较近,成为一个国际性的贸易市场。该市四面各开二门,市内有四条大街,把该市分成九个方形区域。街两侧有衣肆、药材肆、坟典肆、鞦辔行、绢行、秤行、麸行、帛行、寄附铺,经营各种商品交易的商贾近千家。周围坊里居住有不少外商,[①]其中有通过丝绸之路来到长安的胡商,主要从事长途贩运珠宝、香料、药物(胡药)等商品的批发生意,购买有中国特点的珠宝、丝绸、瓷器等运回国去转卖。东市四面各开二门,是长安城中手工业生产与商业贸易的中心地之一。这里店铺毗连,商贾云集,也有大量堆放商货的邸店,代办大宗的批发交易。市内有铁行、笔行、肉行、善卜者、卖胡琴者、赁驴人、琵琶名手、货锦绣彩帛者、印刷业、毕罗肆、酒肆、饭馆、凶肆等,记载多达二百二十行(宋敏求[宋]《长安志》),市场不仅分门别类,而且经营众多行业。

唐代的陆上丝绸之路,是指从长安出发,经河西走廊,出阳关到西域,再从西域向西传播到西亚和的欧洲的一条主要陆上通道。唐政府借击破突厥的时机,控制西域各国,在原基础上,打通了天山北路的丝路分线,将西线打通至中亚。新支线的开辟,稳定而有效的秩序建立,使其再度繁荣。在丝绸之路上,商人的活动主要是长途贩运,因此,贸易形式以批发为主。外商运进唐朝并行销的商品种类主要是珠宝、玉石、香料、稀有珍奇动物、药材、马匹以及土特产品,皮毛、植物、颜料、矿石金属,从器具牙角到武器、书籍、乐器等,运出到中亚和欧洲的主要是中国的丝、绸、绫、缎、绢等制品[②]及瓷器(如唐三彩)等大宗商品。

安史之乱后,因北方地区战火连年,丝绸、瓷器的产量下降,商人求自保而不愿远行。因此,唐朝的经济中心逐渐南移,相对稳定的南方对外贸易明显增加。指南针、造船技术和其他先进的科技运用于航海,带动了南方丝绸

---

① 这里有来自中亚、南亚、东南亚及高丽、百济、暹罗、日本等各国各地区的商人。其中的胡商是指来自西域及中亚、西亚等地的商人,其中尤以中亚与波斯(今伊朗)、大食(今阿拉伯)的最多。他们多侨居于西市或西市附近一些坊里。这些外国的客商以带来的香料、药物卖给当地的商人或官僚,再从市中购买珠宝、丝织品和瓷器等回国销售。
② 希腊、罗马人称中国为赛里斯国,称中国人为赛里斯人。所谓"赛里斯"即"丝绸"之意,与英文词汇"Silk"同源。

之路和海上丝绸之路的繁荣。海上丝绸之路是经现在的中国海和印度洋到非洲所走的航路。《新唐书·阎立德传》记载,唐贞观时阎立德在洪州造"浮海大航五百艘"。《西山杂志》提到唐天宝中泉州所造海舶"舟之身长十八丈,面宽四丈二尺许,高四丈五尺,底宽二丈,作尖圆形。桅之高十丈有奇。银镶舱舷十五格,可贮货品二至四万石之多。"据苏莱曼《中国印度见闻录》记载,唐末在广州从事大宗贸易活动的外国人有一个时期竟达12万人以上,他们带着香料、药物和珠宝,换取中国的丝织品、瓷器等物。

三、宋元时期海上贸易与对舶商的管理

(一) 海上贸易

对于批量交易,海上贸易优于陆上贸易。一艘中等海船的载重就相当于几百峰骆驼的载重,在成本和安全性上有着陆上贸易不能比拟的优势。即使陆路商道完全畅通,陆路贸易量与海路贸易量相比依然微不足道,海上长途贩运兴起不能不说是批发商业的巨大进步。宋元时期在海上丝绸之路发展的历程中,除了贸易范围和贸易规模扩展、贸易路线更为便捷、技术条件更进步等以外,更重要的是对外贸易重心转移至东南部,使得海外贸易繁荣并开始形成南海贸易体系。

到宋代,沿海港口已不再是零星的点状分布,而是形成一个个贸易区域。宋代贸易港的区域大致可以分为广南、福建、两浙三个自成体系的区域。港口大小并存,主次分明,相互补充,形成多层次结构,例如,在两浙区域内,先后兴起的港口有杭州、明州(今宁波)、温州、青龙镇(今上海青浦)、江阴军、上海镇、澉浦镇(今属浙江海盐)等,甚至镇江也有境外贸易船只往来。

造船技术及航海技术的发展,①使得中国从宋朝开始贸易重心转向东部

---

① 宋代的造船技术提高,特别是水密隔舱的发明,使所造海舶载重量可达五千石(三百吨)。在航海技术方面,已经有针路的设计,航海中主要是用指南针引路,所以叫作"针路"。记载航海有专书,这是航海日积月累而成。这些专书后来有叫"针经",有人也叫"针谱"或"针策"。

和南部,最靠沿海的东南地区成为最重要的出口商品供给地和进口商品消费市场,进而又使沿海一带的批发业得到进一步发展,但与海外的大宗贸易仍然为政府所控制。宋代文献《梦粱录》记载,宋代海上贸易船只大的载重约 300 吨,中等的约 200 吨,当然也有政府组织建造的使节座船"神舟",载重达到 600 吨。

北宋时期,海上批发贸易,主要对大食、阇婆(爪哇)、三佛齐(苏门答腊)等南洋诸国通商密切。宋以金、银、铜、铁、铅、锡、帛、瓷器,换取香料、药材、犀角、宝物及纺织品等物。到了南宋时期,南宋与 53 个国家和地区进行通商贸易。南宋商人出海去贸易的也有 20 多个国家,发展了通向日本、高丽、东南亚、印度、波斯、阿拉伯等地的海上丝绸之路。[①] 这条海上商路有两个方向:一是驶向东北方的朝鲜和日本;二是向南方驶往东南亚、印度洋地区和西亚、北非。其中,第二个方向,在宋以前,商人可花几十天时间从泉州和广州到达马六甲,再达黄支(印度东海岸),到宋代已经发展成一条漫长的远洋航线。商人们由泉州或者广州出发,穿越南海到达中南半岛,随后穿越马六甲海峡,到达包括印度、东非、阿拉伯半岛、红海沿岸在内的整个印度洋沿岸地区,再经过分支商路,抵达北非和近东。

元世祖忽必烈建立了规模空前的中央集权王朝后,十分重视海上贸易。据《元史》记载,至元十四年(1277 年),元世祖命令沿海各行省向外国商船宣布:"其往来互市,各从所欲。"元代见于记载的与中国建立海道贸易关系的国家和地区在一百个以上,开展国际贸易的港口共有八处,分别是泉州、庆元、上海、澉浦、广东、杭州、温州、雷州。其中,泉州为元代时中国第一大港,也是世界第一大港,经常停泊着数百艘海船,大量货物在此汇集和起运。马可·波罗[②]在中国居住多年后,自泉州启航返回祖国。他在《马可·波罗游记》中提到,泉州海舶甚众,为世界最大港口之一。在那里,印度、波斯等国商人运载香料、胡椒进行贸易。

---

① 参见《诸蕃志》(南宋)。
② 13 世纪意大利的世界著名的旅行家和威尼斯商人,在中国游历 17 年,回到威尼斯后著有《马可·波罗游记》,此书激起了欧洲人对东方的热烈向往。

元代称从事海上贸易的商人为舶商,称在海上航行的商船为舶船。舶商在户籍中专成一类,称之为舶户或者舶商户。舶商户中有不少资金雄厚、拥有自己舶船的大舶商,做大宗货物的批发交易,如泉州的蒲寿庚家族经营海外贸易而致富贵,蒲寿庚婿佛莲一家有海舶八十艘。崇明人朱清、嘉定人张瑄,二人所经营海外贸易,"巨艘大舶帆交番夷中。"(《辍耕录》卷五)一些中、小舶商往往以"人伴"①的身份依靠这些大舶商,结为壹甲,互相作保,出海贸易;或者在大舶商的船上担任相关的职务并捎带自己的货物出海买卖。②

(二)市舶制度

对外大宗贸易分为陆上边境贸易和海上贸易。对路上边境贸易管理采用榷场贸易制度,即因经济交流的需要、提供经济利益、安边绥远的互市贸易,榷场就是其市场,但常因政治关系的变化而兴废无常。③ 而"市舶制度"是政府对海上大宗贸易进行管理的制度,唐初在广州等港口设立的"市舶使"是我国古代最早的对外贸易官署,其职责为:检查出入海港的外商船舶,征收关税(为朝廷所依赖的大宗收入);收购政府专卖品等,"外蕃岁以珠、玳瑁、香、文犀浮海至"。④

北宋于开宝四年(971年)灭南汉后,开通了南方的海港,设置了第一个海外贸易的一级管理机构广州市舶司,后又在杭州设立。淳化三年以后,在明州(今宁波)、定海县(今镇海)设立市舶司。北宋中期以后,为适应海外贸易日益发展的需要,又在泉州和密州(今山东诸城)的板桥镇(今胶州)设置市舶司,在秀州的华亭县(今上海松江)设置二级机构"市舶务"。

外船来经商先经市舶检查,抽取十分之一到十分之二的税,叫作"抽

---

① 旧时指部下、随从。
② 元代商舶船上的人员组织严密,有纲首、直库、部领、杂事、火长、舵工、碇工、梢工等不同的职务和分工。纲首即船长,直库负责武器管理,部领可能是水手长,火长负责领航掌管指南针,舵工负责掌舵,碇工负责舶船上的碇和锚,杂事的具体职责不详,梢工是舶船上的普通水手。从纲首到梢工一干人员,都是大舶商招募的,这其中就有许多中、小舶商。
③ 榷场,即指宋元对辽、宋、西夏、金政权各在接界地点设置的互市市场。
④ 参见《新唐书》卷一四三。

解"。大宗的货物,先由市舶司收买;市舶司不要的货物,才允许私商批发购销。北宋庆历中,每年商税收入为一千九百七十五万缗,熙宁年间更多一些,约占总缗钱(商业总收入)的三分之一。宋王朝对海外贸易十分重视,南宋时期更是如此。对市舶司中能招徕商舶的有功人员,往往给予奖励,对营私舞弊的行为也曾三令五申加以禁止。南宋绍兴元年(1131年),在秀州华亭县设立市舶司,说明今天的上海地区在南宋时已成为华东地区的海外贸易中心。另外,临安、温州、江阴等地也都设置了市舶务。当时,广州、泉州两处市舶司的对外贸易规模最大,两港主要通往东南亚、南亚、西亚、东北非。秀州、明州、杭州、板桥镇主要通向东北亚的日本和朝鲜半岛等地。南宋绍兴末年的外贸收入达二百多万贯,超过北宋最高年份的一倍以上,但由于金、银和铜钱在频繁的交易运输中损失过多,也加重了钱荒。

元代一般均沿用南宋制度,但日久弊生,严重影响市舶收入。因此,至元三十年,元政府制订了"整治市舶司勾当"的法则二十二条。延佑元年(1314年),又修订颁布了新的市舶法则二十二条。这两个法则是为了加强政府对海外贸易的控制,增加更多的收入。元代的市舶法则比宋代更为严密,说明国家在管理海外贸易方面已经具备更为丰富的经验。

第三节 批发贸易的规模扩张与结构变迁

一、明清时期商帮的批发贸易

商帮,是指以血缘姻亲和地缘乡谊为纽带连接而成的民间商业集团,[①]其人际关系的文化基础是儒家的"义",由此引申为商业经营中"守信"。到

---

① 总体来讲,商帮中的商人资本来自自己的原始积累,体现出民营性质。例如,晋商大族大部分白手起家;祁县的乔家在包头起家于豆腐制作,渠家起家于小贩,灵石的王家起家于卖豆腐;榆次的常家则起家于背着褡裢小买小卖的"行商"。

明清时期,随着国家版图的扩大和民间商人资本的积累,中国大地上形成了晋、徽、陕、鲁、洞庭、龙游、宁波、江右、闽、粤十大商帮。商帮的基本特点是,个体商人结帮联伙,外出进行采购和销售商品,因而他们的业务往往以长途贩运的批发生意为主,并实施批零纵向一体经营。

在十大商帮中,以晋帮和徽帮最为著名。所谓"富室之称雄者,江南则推新安,江北则推山右"(谢肇淛《五杂俎》),指的就是徽州、山西商人。明代晋商从山西中部发展起来,后扩展在黄河流域、各大盐场及四川地区。到清代,其活动范围扩大到东北、蒙古、新疆,甚至远至西藏,其内部分化为驼帮、船帮和票号三类帮,他们相互交叉和支撑。晋商垄断了对俄国恰克图的贸易,并从事东南、两湖至西北的长途贩运贸易,以山西富有的盐、铁、麦、棉、皮、毛、木材、旱烟等特产,进行长途贩运,设号销售,套换江南的丝、绸、茶、米,又转销西北、蒙、俄等地,形成了能与南方徽帮相抗衡的最有经营实力的北方晋帮集团。晋商采取批发与零售的一体化经营方式,如从南方批量贩茶叶到北方各地,由购买茶山、制造砖茶到包装、运输、批发,经水路和陆路到最后各分号的零售,整条产业链完全由晋商掌控。另外,晋商还组织船帮对日贸易采办洋铜,介休范家(范毓宾)被人们称为"洋铜商"。晋商的典当业及高利贷被称为"西债",道光年间还创造出经营汇兑业的"票号"。[①] 他们用宗法社会的乡里之谊彼此团结在一起,用会馆的维系、崇奉关圣[②]的方式、商会立法的形式,通过讲义气、讲相与[③]、讲帮靠,协调商号间的关系。他们积累了巨额财富,不但"百十万家资者,不一而足",资产达到千万两的也不乏其人。

徽商,即徽州商人,也即"新安商人",明盛于徽州(今安徽省歙县、休宁县、婺源县、祁门县、黟县、绩溪县)。徽州是南宋大儒朱熹的故乡,被誉为儒风独茂。因此,徽商的商业道德观带有浓厚的儒家味,使他们在商界赢得了信誉。在明代,徽商活动就遍布全国,主要经营盐、米、丝、茶、文房四宝(笔

---

① 票号,又称汇兑庄或票庄,一种金融信用机构,开始主要承揽汇兑业务,后来也进行存放款等业务。第一家的山西票号是"日升昌",于1823年开业。清后期,在国内80多个城市设立了分号,形成了一个汇通天下的汇兑网络。

② 把关羽(三国名将,字云长,山西运城人)视为祖宗和神,崇奉他的忠义精神。

③ 相与(xiāng yǔ),即山西商人讲的"生意伙伴"。

墨纸砚)、木材、典当最为著名,颇具垄断之势。其中,婺源人多茶、木商,歙县人多盐商,绩溪人多菜馆业,休宁人多典当商,祁门、黟县人以经营布匹、杂货为多。徽商经营多取批发和长途贩运。休宁人汪福光在江淮之间从事贩盐,拥有船只千艘。一些富商巨贾还委托有代理人和副手。除了从事多种商业和贩运行业外,徽商还直接办产业。休宁商人朱云沾在福建开采铁矿,歙县商人阮弼在芜湖开设染纸厂,他们边生产边贩卖,合工商于一身。徽商还使用奴仆营商,休宁人程廷灏曾驱僮奴数十人,行贾四方。徽商注重市场行情,实行灵活经营,或一业为主兼营他业,或根据不同行情、季节变换经营项目。徽商往往引聚宗族,以扩大经营,建宗祠,立会馆,筑书院,培养士子,亦商亦儒。

自明朝中期起,商帮或先或后自发崛起于各地,由此开始了商帮时代。在当时的社会生产条件下,商帮承担批量商品的长途贩运,以批发业务为主,纵向控制产销环节,以群体的力量活跃在商业舞台上。但是,鸦片战争后,外国势力入侵,称雄一世的晋帮和徽帮等在西方商品的冲击下未能及时转型,走上穷途末路。而沿海一带的商帮,如宁波帮,因地缘等因素,积极投入海外贸易及航运业等新兴行业,组成"浙江财团",把势力扩展到香港、澳门等地区。[1]

二、清末民初国外资本控制下的批发业结构变迁

第二次鸦片战争后,中国对外通商的口岸达到十五个。外商的洋行[2]大举进入,使当时的中国商业领域发生了重大的结构变迁。其中,流通领域中最为显著的是买办登上历史舞台,而本土的传统商业受到冲击。

买办,亦称"康白度"(葡语词汇:comprador),清初专指为居住广东商馆

---

[1] 参见钟树元.江浙财团的支柱——宁波帮[J].经济导报周刊,1948年第67~68期。
[2] 洋行(Foreign firms),即外国商人在旧中国开设的以代理进出口贸易为主的各种行号,后围绕商品输出和获得生产原料,投资于轮船航运、船舶修造、码头仓栈、保险、银行以及为商品贸易服务的加工制造业等,亦向工矿、铁路等生产领域扩张。1949年建国前夕,英、美等国的洋行撤离大陆。

的外商服务的中国公行①的采买人或管事人。鸦片战争后,公行制废止,外商选中国商人为其代理买卖业务,沿称买办,其性质既是洋行的雇员,也是经纪人或独立商人。以后,外商为减少买办的中间佣金,逐渐采取与中国人直接交易的方法,买办遂转化为单纯的洋行雇用的中国经理。对于有形商品的国际流通而言,买办实际上有起初的中间人,演化成后来的进行对外贸易的独立批发商。19世纪末至20世纪初,买办要向洋行主东承担保证洋行全部购销任务的完成,从而使洋行老板无须承担风险就能开展进出口贸易业务。后来,以自己雄厚的资本实力在各个通商口岸的鸦片、丝茶、洋货、钱庄以及船运等许多领域保有庞大势力,甚至有些地区的征税大权均落入买办巨商手中。清代末期,甚至形成了由买办势力控制的,自通商口岸至内地城镇的买办批发商业经营网。在晚清的"四大买办"——唐廷枢、徐润、郑观应和席正甫中,唐廷枢主要经营棉花、粮食、食盐、茶等;徐润主要经营商业船队、煤炭、金属矿产、保险等,他们具有庞大的批发业务体系。

开口通商导致中国批发商结构和营销体系发生嬗变。所谓近代的新式商业,是指与近代资本及资本生产紧密联系在一起的商业。近代商人的转型,是指传统商人投资或经营近代工业,向工业资本家转变,投资于批发商业,并向新型的商业资本家过度。新式批发商是从产业资本中独立出来的一部分,其职能就是参与这个联系过程,不仅从属于并服务于产业资本,也参与产业资本的利润分配。因此,其性质异于以往从手工业者那里贩运的传统商业。我国近代的新式批发业主要是为外国产业资本服务的洋货经营、为外国工厂提供原料的土货贸易和为民族工业服务的商业。以洋货与国货分野来看,批发商大致分为口岸出口批发商、洋货进口批发商、向口岸贩运的批发商、采购国货的内地批发商、销售国货的内地批发商、销售洋货的内地批发商。批发商聚集于口岸和大城市,新的商业总汇和贸易

---

① 为清中期在广州成立的行商(如十三行等)组织,在约百年期间垄断当时中国与西方主要商业往来的广州贸易。公行虽为民间组织,但得到官方支持,作为官方与洋商之间的中间机构,可代征收关税。政府的支持使公行可以垄断对外贸易,因此多次引起其他商人和洋商的反对。此制度一直维持到《南京条约》签订才被废除。

中心形成。① 国内大部分城市，特别是沿海、沿江城市，如上海、天津、大连、青岛、烟台、武汉、广州、重庆、厦门等，人口持续集聚和增加，城市规模扩大。随着国际百货业的新模式传播，经营洋货的百货批发商也在中国出现。

上海是中国城市中成长最快的一个，也是批发零售业发展最快的一个。就洋布批发来说，在上海最早开展营销活动的是推销洋布的英国、美国、德国等国商人的洋行。他们起初采用送货上门、寄售赊销等方式向一些广货店、京货店等推销洋布，后出现洋布拍卖的销货方式。随着洋布销路打开，1850年，第一家专营洋布的清洋布店——同春洋货号成立；1858年，振华堂洋布公所成立。洋布店在市区开设沿街能陈列商品的"排门店"，对柜台和橱窗进行装饰，布店行业内部有批发、零售或批零兼营不同的分工。19世纪60年代起，进口纺织品降价，品种增加，贴近中国民众需求，手工土布日益遭排斥，洋布市面进一步开拓。一些大的洋布店，如大丰、时和等商号专营批发业务。之后，洋布业出现向洋行定货交易，各家自打商标的销售方式。到1894年，实现外汇结算，洋行根据银行信征调查，将洋布字号划为不同的等级实行不同的订货标准。1913年，上海洋布店"估计为二三百家，批发字号的家数已超过零售店"。② 批发方式由现款交易向半现、半赊等多样化形式发展，批发的地区由原来的郊区和江浙等地发展到全国各地。到了民国，来上海的批发商日益繁多，主要来自天津、汉口、四川、广东、湖南、九江、福建、青岛、芜湖、大连等地。他们纷纷在上海向原件字号采购棉布，运销本地城乡。至此，上海已成为全国的洋布批发基地，③并辐射全国。至20世纪20年代，上海成为中国新式商业及埠际网络中各类产品批发集散的首

---

① 一些开口通商的城市设有不具备治外法权的租界。外国人在租界投资办厂或从事贸易活动，建立教堂进行传教、开办学校、医院等附属设施，因而租界的经济文化繁荣程度往往远高于周围的地区，逐渐演化为成为该城市的新商业总汇。以租界为中心向外延伸，为城市留下有别于传统文化的、浓厚的外国特色，在一定程度上带动了城市部分相关行业的发展。

② 参见上海市纺织品公司棉布商业史料组编.上海市棉有商业[M].北京：中华书局，1979年版.

③ 参见樊卫国.近代上海的市场特点与口岸经济的形成[J].上海社会科学院学术季刊，1994年第2期.

要城市。

　　批发商的触角总是先伸向商业中心城市，他们是商业中心城市与周围地区联系及流通网络的天然纽带。1928年，仿照上海"大世界"的模式，由法国永和公司设计，处于法租界内的天津劝业场①开业。它除了能容纳50户客商外，还设有球房、茶房、餐馆、戏院、电影院，是天津当时最大的商业建筑。这一地区集中了天祥市场（1924年）、华清池（1926年）、盛锡福帽店（1926年）等几十家各业店号，成为天津最繁华的商业中心，也成为经营洋货与土货的批发商角逐场所。天津以这个商业集聚地带为中心，通过批发商以广大的腹地（主要是华北和西北地区）作为自己联系的市场区，带动了一批二级城市。例如，在华北市场区，随着铁路的延伸，沿线的张家口、归化、绥远、包头、石家庄、邯郸、德州、太原②等城市相继崛起。内地的商品先在当地城市集中或加工，然后通过批发再运往天津，从天津进口的洋货也通过批发商销售到内地。天津的洋行商号、钱庄等在这些城市设有分号，甚至一些加工厂中的工人也有不少来自天津。天津通过这些城市联系着广大的腹地，也使广大内地和农村进入国外资本控制之中。

　　汉口，除了既有的水路交通运输外，1906年南北交通的大命脉——京汉铁路正式通车，更是为商业进一步发展创造了条件。在汉口，近代商人阶层中分化出投资于近代工矿、交通等工商领域的商号，如"武汉卷烟""曹祥泰杂货"等。民国时期，汉口的新式商业主要与对外贸易紧密联系在一起，部分也与民族工业联系在一起。从汉口开埠之初到民国时期，洋货经营和土货出口贸易逐渐占主导地位，如西药、西衣、西医、外国首饰、洋布、洋货、洋纸、煤油、照相、茶行、五金业、猪鬃等新型行业的贸易，这些新式商业行业多是通过买办向洋行购进或出售商品。以汉口的颜料批发经营为例，由于颜料（青靛、硫化青、硫化碱、漂粉等）"几完全为舶来品"，"各国洋商每于装运颜料来华时，即同时附带装运各种洋货入口，批与内地各颜料洋货号经

---

① 名称由来是"劝吾胞兴，业精于勤，商务发达，场益增新"的首字组合为"劝业商场"。
② 石太线（石家庄至太原的铁路线）于1907年10月竣工，南同蒲线于1936年完工。

售",到20世纪30年代"总计汉口颜料之交易总额,约为2 241 000元之数",外国颜料作为原料又通过多层批发大量被贩运进中国内地制造业。① 另一方面,新型批发商也因国货品种类增加而从传统批发商分离出来。例如,汉口的机器纺纱业发展起来,为争取利权,形成华商纱厂同日本纱厂竞争的局面,汉口"纱业商号之纱,系购自上海及本市各纱厂",而批发给"本省各县市集镇及四川、湖南、河南、江西"。

第四节　新中国成立后批发商业在曲折中改革与发展

一、新中国成立初过渡时期的批发商业

新中国成立之初,中央人民政府着手建立全民所有制的国营商业和集体所有制的合作社商业。② 具体来讲,第一,在原公营商业的基础上,通过没收、接管官僚资本主义商业,将其收归国有,建立了社会主义国营商业。国家按主要商品设立了一批国营专业公司,它们大致分为三类:经营收购、批发业务的公司;经营零售业务的公司;代客办理买卖业务的公司。到1952年底,国营商业的批发额达到全国商品批发总额的60%,掌握了粮食、棉花、煤炭、纱布、食油、食盐以及其他重要商品的供应,从而确立了国营商业的领导地位。第二,发展城市合作社组织,建立街道居民消费合作社,建立农村供销合作社。在第一个五年计划时期(1953—1957年),国营商业与供销合作社确定了按商品分工结合城乡分工的运行体制。

与此同时,国家建立国营批发商业的运行体制,商品按一级站(国家

---

① 资料来源:《武汉之工商业·颜料洋货业》,《汉口商业月刊》新第1卷第9期,1937年2月。
② 集体所有制被认为是"半社会主义性质"的经济。参见《中国人民政治协商会议共同纲领》(1949年9月29日)。

级)、二级站(省级)、三级站(地市级)①、零售的纵向分配方式以及固定区划、固定对象、固定倒扣率的"三固定"模式。另外,在第一个五年计划中,国家还确立了生产资料的计划分配制度。这套体制基本上是苏联物资技术供应模式的原型,其特点是不承认生产资料的商品属性。这样,国营企业间的物资流通转到"产品流通"的轨道。

至1953底,全国共有私营批发商3.6万户,资金4.6亿多元,主要集中于沿海和内地口岸的一些大中城市,他们有的是与生产直接联系的一级批发商,有的是不直接联系的小批发商。其中,大批发商大多是一级批发商,因交易额较大而影响市场。国家在1953年实行一系列代替私营批发商的政策,主要有:① 对资本主义大批发商的替代。由国营批发商业替代其批发业务,原来批零兼营的转为零售或转为工业、服务业;不能转的则歇业,资本家和其职工愿意参加国营企业工作的,予以安排。② 缩小地区间批零差价。为排挤、代替私营批发商在城城和城乡之间的贩运活动,割断城乡资本主义工商业之间以及他们同小农经济之间的联系,采取"城城微利,城乡合理",逐步缩小地区差价的政策。③ 对中小批发商采取留、转、包的不同方式。即保留一部分批发商,由国营商业或供销社委托他们代理批发;引导一部分批发商把资金和人员转到其他行业;包录人员(1955年被吸收和录用批发商9.8万人)。④ 对为数众多的小批发商,则在1956年随私营零售商实行全行业公私合营。②

在过渡时期,为使有利于国计民生的资本主义工业纳入国家计划轨道,国家对其实施利用、限制和改造的政策,由国家掌控其经常性的生产,具有国家资本主义性质。为此,以由国营商业贯彻国家的统购统销政策,其手段

---

① 例如,以山东省为例,从1952年起,根据中央贸易部在全国71个城市建立百货二级站试点的决定,山东在济南、青岛、烟台、兖州、德州建立了5个百货二级站。在此基础上陆续建立其他专业二级站,在重点县(市)设立三级批发机构。到1952年底,全省国营商业机构和企业达2 185个,从业人员19 720人。至1957年,全省建立百货、文化用品、针织品、纺织品、五金、交电、化工、糖业烟酒、石油二级站27个、三级批发机构224个,初步形成全省国营商业批发经营系统。(资料来源:山东省情资料库.商业库)

② 参见万殿武主编.当代中国商业史.北京:中国商业出版社,1998年版.

是以国营批发商业控制货源。具体来讲,对资本主义工业实行加工、收购、包销,国营商业对公私工业企业的产品按计划协商包购下来,工厂不再自销,以促进社会主义发展和改造;对纺织工业重要原料与产品(棉纱、棉布)、重要农产品(粮食、食油、棉花)实行统购统销,私营棉布批发商不得继续经营棉布的批发、贩运业务,严禁私商自由经营粮食。此外,对生猪及某些重要农产品实施派购,规定农民在完成派购任务后,可以自行处理剩余;对于出口商品,国家或由国家委托的国营商业和供销合作社统一收购。这一系列改革奠定了计划经济的基础。① 国家购销体系的建立,削弱和切断了包括私营批发商在内的私营商业的货源,到1956年全行业公私合营后,包括私营批发商在内的资本主义工商业已不存在。

"一五"期间建立的国营批发商业体制,在恢复国民经济、保障工农业生产、稳定人民的生活,以及对于改造资本主义工商业和手工业起到了积极作用,但弊端日后也逐渐暴露出来。

二、计划经济时期(1958—1966年)的批发商业

1958年,国家开始实施第二个五年计划,与此同时,提出"鼓足干劲,力争上游,多快好省地建设社会主义"的总路线。在农业搞"一大二公"②、工业搞"并、转、升"的同时,商业在所有制方面也急于过渡,集体商业向国营商业升级,供销合作社与国营商业合并,各条战线实行"生活集体化,行动军事化,生产战斗化",国家领导下的自由市场关闭了。为适应"大跃进"和人民公社化运动,国家对商业体制进行改革,国营批发商业以支援工农业生产

---

① 至1957年,国务院先后对猪鬃、牛皮、杂铜、茶叶、烤烟、大麻、苎麻、黄洋麻、甘蔗、家蚕茧(包括土丝)、羊毛(包括羊绒)、土糖、土纸、桐油、楠竹、棕片、生漆、杏仁、黑白瓜子、栗子、水产品、废铜、废铅、废锡、废钢等,委托国营商业和供销社实施统一收购,非国家委托的商店以及商贩不准收购。农民自己留用部分不准在自由市场上出售,必须卖给国家委托的收购商店。(参见万殿武:《当代中国商业史》,中国商业出版社,1998年版)

② 人民公社化运动两个特点的简称,具体是指:第一人民公社规模大,第二人民公社公有化程度高。"大跃进"期间,为实现"公",有的高级农业生产合作社成立仅一个月就被改组为人民公社。

"大跃进"为中心,开展"大购大销"运动。有的地方提出"生产什么,收购什么;生产多少,收购多少;需要什么,供应什么;需要多少,供应多少"的口号,盲目收购,进而导致生产企业盲目生产,商业库存中出现大量质次价高甚至没有使用价值的商品,浪费了国家大量资金。

为了纠正"大跃进"的错误,中共中央八届九中全会决定,从1961年起对国民经济实行"调整、巩固、充实、提高"的方针。此间,恢复和建立了国营商业专业公司。设立五金机械、交电器材、化工原料、百货、糖烟酒、食品、医药、石油、煤业建筑器材等公司,以总公司为领导,下设一级批发站、省级公司和二级批发站等,根据需要设县(市)公司;设立民族贸易、饮食业、蔬菜、劳保特需用品、仓储运输公司,不设总公司,只设相应的专业管理局,省级和县(市)级也可以设公司。到1965年,商业部共设了以上其中10个专业的总公司和一些专业管理局。

其次,恢复了供销合作社,再次肯定它是社会主义集体经济所有制经济,是国营商业的助手,是当时阶段商品流通的主渠道之一。为搞活流通,各地供销合作社从1961年下半年起恢复和建立贸易货栈。① 其中,全国供销合作总社在天津设立贸易货栈,并作为直属企业,恢复了其北方经济中心和南北交通枢纽的地位和作用,促进了农村批发商业的发展。贸易货栈的恢复,使其很快在全国形成大小不同的货栈网络,进而促进了国民经济的恢复和发展。

为进一步协调国民经济发展,国家实施调整工农产品经营政策,在工业品统购包销中处理好"多"和"少"的矛盾,批发商业改进三类日用工业品的收购方式。国务院提出实行包销、订购、选购的指导意见,为了加强小商品经营,可以成立小商品批发机构,恢复和建立小商品批发市场。国家还减少了农副产品的统购和派购,对部分农副产品实行奖售和换购,并通过供销合

---

① 贸易货栈是为商品买卖双方充当交易介绍人或代购、代销,同时提供代储、代运等有关服务的居间性贸易服务组织。计划经济时期,经营品种以国家允许自由购销的产品为主,也经营完成国家计划后允许上市的产品。经营方式有组织买卖双方直接交易,或接受客户的委托代购、代销,同时兼营小部分自营业务。贸易货栈以批发交易为主,兼营少量零售业务,有些贸易货栈还兼营旅馆和仓库业务。商品价格则由贸易货栈组织交易双方协商议定,根据市场商品供求情况有涨有落。

作社批发组织贯彻,促进了农产品产量的增加。

三、1978 年以来的批发商业改革

1978 年,我国确定了对内经济搞活,对外经济开放的总方针,由此对商业体制开始了一场意义深远的改革实践。

针对"三固定",实施"三多一少"。① 1979 年,商业部提出按经济合理的原则组织商品流通,打破不合理的限制,减掉一切不合理的环节。1980 年,提出减少流通环节,疏通流通渠道的改革意见。1982 年,提出把三级层次的批发体制改为两层次,以改变按行政区划设置的状况。1983 年,提出以少环节、开放式为突破口的商业改革的意见,提出撤销固定零售企业进货点的规定;批零之间可本着互利自愿的原则商定价格,也可降低批发起点,自定批量作价办法,撤销统一批发起点的规定;提出开放小商品市场,以批量作价为主开展多种批发业务,搞活小商品经营。1984 年,按照《中共中央关于经济体制改革的决定》,商业体制改革重点着眼于两点:一是打破一、二、三级批发层次和环节,实施批发牌价,按批量作价;二是建立城市贸易中心,即建设商业批发贸易市场,国营批发公司既是主角也是后盾。② 此项工作主要集中于工业品贸易中心的建设。

改革后发生了四个变化:一是国营商业独家经营的局面被多种经济成分、多条流通渠道、多种经营方式所取代,开始形成一个竞争环境;二是"三固定"的批发方式让位于灵活经营、自由购销;三是一、二、三级批发企业的行政从属关系转变为平等的伙伴关系;四是商业企业有了较大的自主选择权,为进一步扩大企业自主权的改革打下了基础。

改革不久,陆续建设了一批综合性或专业性的批发交易市场,如大中型蔬菜水果批发市场、粮食批发市场。1991 年,商务部和河南省在郑州建立

---

① "三多一少"为多种经济成分、多渠道、多种购销方式、少环节;"三固定"为固定行政区域、固定供应对象、固定倒扣作价率。

② 参见商业部《关于当前城市商业体制改革若干问题的报告》(1984 年 7 月 14 日)。

了一个中央粮食批发市场,还在江西、安徽、湖北、吉林等地建设了一批区域性的粮油批发市场;商务部和四川省联合建设了成都肉类批发市场,其他如禽类、羊毛、食糖等专业批发市场相继在各地试办。与此同时,扩大农产品的市场调节范围。突破 30 年农产品的统购统销制度,除了几种主要粮食和棉花实行订购外,其余都实行市场调节。另外,发展生产资料市场,组建钢材批发市场,先后在天津、沈阳、上海、武汉、西安和石家庄试办了 7 个钢材市场,并涌现出一批以钢材市场为模式的专业性生产资料批发市场。

以上这些改革为日后批发商业的全面市场化,建设批发市场体系奠定了基础。

以 1992 年中共"十大"提出明确提出经济改革的目标是建设社会主义市场经济体制为目标,中国改革开放和现代化建设进入一个新的历史发展阶段。据此,流通领域改革的下一步就是培育市场体系,它是我国批发商业深化改革的一个重要部分。

按照这一目标,现货市场中要初步建立起以市场机制为基础的大市场、大流通、大贸易的新格局。有形批发市场要以中心城市为依托,逐步建立起全国性批发市场为龙头,以区域性批发市场为骨干、辐射全国、交易集中、信息畅通、吞吐顺畅的具有现代化水平和调控能力的工农业和生产资料批发市场网络。其中,农副产品批发市场作为重要市场,1995 年全国达到了3 000 个,山东寿光蔬菜批发市场、北京大钟寺农副产品批发市场已形成较大规模。专业性批发市场也有较大发展,如浙江省义乌小商品市场、福建省石狮服装市场、四川省荷花池市场不但交易已经规范化,而且规模已经达到几亿甚至几十亿元。

中国的期货市场从 20 世纪 80 年代开始理论论证,以标准化期货合约的诞生为标志,深圳市标准铝的交易开期为 1992 年 10 月。1993 年 4 月,郑州市首开农产品期货合约的交易。1993 年 8 月,上海首开标准铀的期货交易。经过对期货市场的不断治理,逐渐走向规范化,套期保值、价格发现、统一市场和稳定生产等功能初步显现。

针对国有批发企业全面萎缩,1992 年后,我国对国有批发企业进行改革。改革的目的是转批发换企业的经营机制,拓展新的批发经营形式,促进其多角化经营并向深度和广度延伸,建设新型的工商关系和营销网络。不久,国家开始了批发企业进行股份制的改革试点,逐步建立现代企业制度。由于国有企业建立现代企业制度最大的难点在于如何明确资产投资主体,即国有股持股机构问题,因此,有必要配合国营商业改革,建设国有商业资产经营机构。股份制试点在一定程度上促进了企业经营机制的转换,筹集了大量资金,扩大了规模经营和经营范围,增强了职工的凝聚力。总体来看,进入2000年后,我国内资批发企业国有和集体批发业所占比重减少,私营、个体批发业所占比重加大,港澳台商投资批发领域的企业比重增加,[①]外商投资批发领域的企业数量和产业活动单位数也增加。据2005年我国第一次经济普查数据显示,2004年底,我国主要业种批发企业法人单位53.1万个,吸纳就业人员772.8万人,销售额为102 042.4亿元,主营业务收入92 242.7亿元,利润总额1 900.1亿元;批发业个体经营户214.8万户,吸纳了503万人就业,销售额达到13 944.5亿元。

我国加入WTO后,围绕建设现代批发业进行深化改革。传统的批发企业借助现代科技、现代管理等技术手段,开展物流配送、代理、电子商务批发交易等,向现代商业转型。基于此,随着市场经济的发展,我国现阶段批发商业的主体构成日益复杂化。除批发市场、专职批发商(如专业批发公司)批发、商品交易所批发、批零兼营批发,以及生产企业的直供批发、代理商批发(总代理)、经销商批发(总经销)等业态外,还产生了多种业态形式,如,第三方物流企业批发、网络批发、配送中心及邮购批发的供货批发等。随着流通现代化进程加速及向现代经营方式转变,中国的批发商业体系将向信息化、国际化、现代化深入发展。

---

① 例如,2003年批发业国有企业法人单位所占比重由2000年的60.53%下降到38.24%,其他经营成分的比重则由2000年的39.47%上升为2003年的61.76%;2003年,港澳台商限额以上批发企业有199家,而2000年只有47家。与2001年相比,外资法人批发企业增长了120%。(国家统计局贸易外经司统计文献)

第三章　批发的中介原理和功能

随着经济全球化和市场一体化的发展,进入商品流通领域的商品种类及数量大幅增加,同时,现代化物流和信息网络技术的高速发展,也使得全球经济的运行方式、生产方式、流通方式都在发生着巨大的变化。在商品流通领域就体现出流通条件不断优化,市场交易范围不断扩大,调节生产与消费之间时空分离的流通功能也在不断增强。而批发是流通的一个重要环节,在媒介生产和消费中发挥着重要作用。诚然,从商品流通过程看,从事批发活动的主体是多元的,但从批发的规模和专业性来讲,商人批发商是批发活动的专业流通组织,是批发活动的基本行为主体,是作为发达商品经济阶段的批发活动的主要承担者。所以,本章主要从商人批发商的角度阐述批发的中介原理和功能。

第一节　批发的中介原理

随着生产和消费时空距离的扩大,商品不能仅仅在产地销售,还需要到相邻地区、更远地区的市场,从国内市场到国际市场销售,这就需要依靠商品流通的延续性来解决,即依靠买卖环节的增加而使流通向更远的地方延伸。恩格斯提出:"简单交换只有一个交换行为便告结束,……而商品流通则无限地继续下去。"[①]这种无限的延续正是对发达商品流通形式的利用,即

---

① 摘自《马克思主义全集》第16卷第281页。

一个个先买后卖的循环来连接的。这种连续不是零售活动（因为他们的转售活动仅有一次），而是零售以外的批发活动。由于批发的交易对象不包括最终消费者，批发活动是介于生产部门（或上一级批发商）和零售部门（或产业用户）之间，这种中介活动的有效进行取决于批发流通的任务条件，即生产部门的状态、零售部门的状态、生产部门与零售部门相对应的状态和商品的特性等。

一、生产部门的状态

批发商介入流通活动的理想条件是生产部门由产品各异的生产者构成，并且生产者所处地理区位分散，生产具有专业化的特点。即使生产上具有大规模的特点，"在大量生产中，直接购买者除了别的产业资本家外，只能是大商人。"[①]零售部门的商品经营通常具有品种多样化、采购小规模化、场所区位购物便民化等特点，由此就会形成生产与零售部门之间在时间、空间、数量、品种等方面的背离。如果没有批发商介入生产部门和零售部门，零售部门的商品采购就均需通过——与生产部门进行，这就需要双方付出大量的搜寻、筛选、谈判、签订合同和小规模运输和设置多个仓储设施等成本。如果通过批发商的介入就可以简化大量交易次数，进而通过批发商的集中交易、仓储、运输等活动来大大降低交易成本。

但生产部门在不同经济形态下的生产方式是不同的，不同的生产方式会使批发商在媒介流通活动时的必要性和中介性发生变化。马克思曾指出，"商品生产和商品流通是极不相同的生产方式都具有的现象，尽管它们在范围和作用方面各不相同"。在农业经济条件下，小农的"精耕细作、男耕女织"式的生产方式是农业经济的基本生产方式，属于自给自足的自然经济。马克思指出，小农生产方式是"以土地和其他生产资料的分散为前提的。它既排斥生产资料的集聚，也排斥协作，排斥同一生产过程内部的分

---

① 摘自《马克思主义全集》第24卷第89页。

工,排斥对自然的社会统治和社会调节,排斥社会生产力的自由发展"。虽然小农户的生产活动是分散的,各地区农产品差异大,但由于生产力水平低,产品主要满足自身需求,进入交换领域的商品种类和数量非常有限。这就决定了农业经济社会商品交换的规模和广度都很小,虽存在少数商品的批发和零售环节,但从全社会来看,农业经济时代的商品流通活动是不发达的。

到了工业经济时代,由于纺织技术的突破、蒸汽机技术的发明及冶炼技术和机器制造的兴起,机械化大规模生产成为工业经济时代的主要生产方式。马克思说:"大工业必须掌握它特有的生产资料,即机器本身,必须用机器来生产机器。"工业化极大地提高了社会生产力,社会财富得到了快速的增加,生产规模得到迅速扩大,大批量的商品进入流通领域,流通渠道的规模和广度得到极大扩张。大规模的生产方式要求有适宜的流通方式相对应。由此,大规模流通组织出现,如百货商店、超级市场、仓储会员商店等,以及从事批发活动的各级批发商、经销商、代理商和综合商社等。机器化大生产推动了全国及世界市场的形成,商品交换突破了区域界限和时间限制,形成了更为广泛的商品交换方式,社会交换进入主要以商业为媒介的发达商品流通阶段,批发商的媒介作用不断得到增大。社会物质通过批发商一次一次的转售,又反过来不断开拓市场的边界,拓宽商品流通的空间范围。随着社会分工的发展,批发和零售业得到快速发展的同时,物流业也从生产部门中分离出来,成为专门的社会服务部门。这一时期,从流通条件来看,消费者被动接受生产者的商品,消费者与生产者之间缺乏快捷信息交流渠道,消费者的意愿和偏好很难及时、准确、便捷地传递给生产者。

随着时代的变迁,这种大规模批量生产方式已不再适应消费需求多样化的要求,而是要求工业生产向多品种、精益化的大规模定制生产方式转变。可以说,目前人类社会已进入了后工业经济时代,后工业经济时代以先进的科学技术为代表,尤其是信息技术,有人称之为信息经济时代。信息经济下,大数据对传统生产方式的颠覆性改造力量已经显示,人类生产方式不同于以往的根本特质也已表现出来,世界范围内大规模定制生产方式正在兴起和快速发展。大规模定制是指通过使用信息技术、柔性生产和组织化结构，以接近大规模生产的成本将产品和服务提供到需求差异化的顾客手中。大规模定制生产方式也必然要求有高效、快捷的流通组织和方式与之相匹配。从商品流通体系来看，信息经济时代带来了通畅的信息流和便捷的交易平台，由此，商品交换突破了时间、空间、方式的限制。由于能够低成本、快捷获取交易的商品、市场和交易对象等有关信息，交易效率大幅提高，商品转售的次数明显减少，很多商品甚至经历一次或者没有批发环节，流通的范围却由于信息的通畅而变得更广了。可见，信息经济条件下，批发商原有的交易渠道网络和交易信息优势减弱了。但是，因为生产商的区位分散、社会分工细化、信息冗杂等问题，生产商和用户的直接对接在现有技术条件和市场信用环境等条件下都是不现实的，批发商的中介功能必须在主动适应交易环境中有所创新和发展。

二、零售部门的状态

批发商介入的理想条件是零售商由众多零星的小零售商分散在广大的消费需求地域，它们经营商品种类相比单一生产者来讲都是极为多样化的，商品货源来源于多个生产者提供的产品组合。因为零售商是流通渠道的末端，为商品价值的实现付出最后努力的环节，而这一切努力活动要满足"在适当的时间、适当的场所、适合的服务，以适当的价格，提供适当量的适当商品"这一目标，所以，零售商的商品经营活动要体现购物时间上的方便性、场所选址上的便利性、零售服务的称心性、价格上的可接受性、商品数量上的小规模和品种上的多样化等特点。并且，经济发展水平越高，这种倾向就越明显。显然，如果只有生产商和零售商的直接交易，而没有批发商的介入，零售商就很难实现媒介商品交易活动的目标。

零售市场集中度会影响批发商的中介必要性。市场集中度是对整个行业的市场结构集中程度的测量指标，它用来衡量企业的数目和相对规模的差异，是市场势力的重要量化指标。零售市场集中度就是指零售市场中前几位最大零售商所占的销售份额。零售市场集中度越高,几大零售商的市场份额就越大,中小零售商的市场份额就越小。而大型零售商通常是连锁经营,其采购规模之大通常会使其直接和生产商进行交易,并且连锁总部建有配送中心,采用现代化商业技术和设施,替代了批发商的中介服务和功能。当然,从生产商角度看,通过少数几个大型区域市场的总经销或总代理去开拓和供应市场,比与世界各地所有零售商进行交易和服务还是更有效率的。由于零售业是一个吸纳就业比较高的行业,中小型零售店铺将长期占有主要市场份额,其零售活动必然离不开批发商的媒介。

网上零售的快速发展对批发商中介活动带来的影响更值得关注。所谓网上零售是指交易双方以互联网为媒介的商品交易活动,即通过互联网进行的信息的组织和传递,实现了有形商品和无形商品所有权的转移或服务的消费。网上零售是搭建在交易者之间的一种新型商业模式,互联网重构了商品交易网络关系,打破了交易者之间的时空距离,方便、快捷、低交易成本的特性赋予了其强大的生命力。网上零售有多种模式,如交易平台上的B2C、C2C,移动APP,以及微信社交中的微商等。网上零售使生产商直接对接最终消费者成为可能,也增加了直接满足零售商订货的可能性,这将在一定程度上减少商品批发中介性的需求。批发中介性的重塑将产生于交易网络重构与服务的提供领域,如通过互联网平台重构交易网链关系,为网上交易提供交易及仓储配送服务,为生产商提供市场需求信息等服务。

三、生产部门与零售部门的对应状态

生产部门与零售部门的对应状态包括若干方面。对于批发商介入尤为重要的是:产地与销地的距离;生产时点与零售时点的时间间隔;生产者与零售商的备货差异等。

首先,产地与销地或零售商的配送中心距离越远,批发商介入带来的交易成本的节约就越明显。这主要来自批发商介入带来的大规模运输经济,如图3-1的简单模型所示。

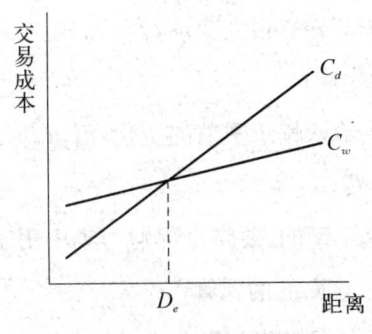

图 3-1 大规模运输经济

假设生产者与零售商直接交易时,商品的单位交易费用为 C_d,借助批发商后的单位交易费用为 C_w,其关系如下:

$$C_d = T_d D \qquad (3-1)$$

$$C_w = T_w D + I \qquad (3-2)$$

式中,D 为产地与零售地间的距离;I 为批发商的单位商品库存费用;T_d 为直接交易一个单位商品移动 1 公里的费用,T_w 为间接交易一个单位商品移动 1 公里的费用。

借助批发商的运输批量大于生产者与零售商直接交易的运输批量。依据运输的规模经济,运输批量越大,单位商品的运输费用越低。T_w 小于 T_d。但借助批发商需花费库存费用 I,所以,将式(3-1)和式(3-2),以曲线表示为图 3-1。

运输距离大于 D_e 时,运输的规模经济决定了借助批发商更便宜。D_e 为 $C_d = C_w$ 时的距离。置换式(3-1)和式(3-2),且 $D = D_e$,得到式(3-3):

$$D_e = I/(T_d - T_w) \qquad (3-3)$$

$T_d - T_w$ 表示大量运输所节约的费用,其数值越大,则 D_e 越小。即大量运输的节约费用增大,批发的库存费用减少时,批发商可利用的距离就越短。当然,这些必须更多地依赖物流技术。

其次,生产时点和零售时点的时间间隔,是指商品的生产时点到零售商进货时点的时间。该时间间隔受到多种因素影响。这些因素主要包括:

(1) 尽管需求随季节会有很大变动,商品的生产却仍不间断地进行,如季节性消费,而常年性生产;

(2) 尽管商品的供给依赖于季节的变化,需求却没有季节性变化,如季节性生产,而常年性消费;

(3) 由于生产者是小型的,要将全部财力集中用于生产,在一定时期内就没有充足的资金用于该商品的保管;

(4) 零售商仅采取随买随卖的经营方式。

上述的时间时隔越长,批发商介入就会使交易成本降低。产生生产时点和零售时点的时间间隔后,在某处贮藏商品的必要性也就更为迫切。这种由贮藏功能形成的批发部门,可进行集中贮藏,形成不确定性的蓄水池,降低了风险,并且由于行使库存功能实现了规模经济,从而使节约交易费用成为可能。

最后,生产者与零售商之间的备货差异是指二者的备货互不相同。通常零售商的备货比生产者更宽,这样就会产生备货差异,零售商从多个生产者处备货的必要性就提高。所以,在批发部门形成中间备货同样提高备货过程的效率。

四、商品特性

批发商的介入与哪些商品特性相关? 在信息技术比较低下的年代,几乎各类商品的流通都离不开批发的媒介环节。但随着信息技术的快速发展,尤其是互联网技术的普及应用,批发环节已不再是所有商品流通过程所必经的环节。根据商品的自然属性(商品的物理、化学特性等)、社会属性(商品供求关系等)、类别(生产资料与生活资料)和现代电子商务交易方式等特点与要求的不同,尤其是商品的易损性和技术密集性,商品的批发中介性会呈现很大差异。

易损性是指商品的物理寿命或人们心理感觉其寿命的时间长度。如果商品易损性高,流通系统面临的重要课题就是尽量迅速地把商品从生产地点移动到消费地点。对于这类商品来说,形成中间库存会降低流通速度。反之,易损性低的商品会因中间库存的形成而节约各种交易费用,具有经济意义。

商品的技术密集性是指商品的技术含量多少。商品的技术密集度越高,也意味着这些商品的单价会越高,由于技术密集带来的使用风险也高,也会促使企业加强对这类商品在流通中品牌创立与维护的关注。所以,这类商品通常在使用过程中需要相应的技术指导以及提供售后服务等,而这些必要的知识和信息都掌握在生产者一方,流通活动对生产者的依赖性就会比较强,往往使生产者不能完全委托批发商销售。反之,商品的技术密集度越低,或技术标准化程度越高,则对生产者的依赖越少,依靠批发商介入的机会就越多。

可见,具有需求面窄、批量需求、保鲜要求高、技术复杂度高、商品标准化程度低等特点的商品,将会剥离批发环节,形成高效、快捷、低成本的"直销""厂商—零售商"等流通渠道。而具有需求面宽但需求量小、供求关系复杂、技术含量小、标准化程度高等特点的商品,仍将需要批发环节来调节各种产需关系与供求矛盾,一些会经营、服务优的批发企业还会在激烈的市场竞争中发展壮大。

目前,我国的商品流通环节体系还处在新旧交替的过渡阶段,仍需更深入地研究和探寻信息经济条件下批发中介性的演变趋势与规律。

第二节 批发的功能

批发是商业内部分工深化的产物,由批发商及其参与的批发贸易一旦以分工形式独立出来,就在商品流通过程中扮演着媒介商品交换活动的角色和功能。批发功能的行使以一定社会经济发展阶段为背景,在自然经济、商品经济、产品经济以及各经济形态内部不同的发展阶段,批发功能的种类、作用大小都会在适应中不断调整和变化。目前,随着生产者和零售商向批发环节一体化进程的加剧、生产者产品线的拓展、生产区位的集聚、生产模式的定制化、零售组织的连锁化、中小零售商的同盟化、物流服务的社会化和信息沟通的网络化等,这些新的形势都加剧了批发商功能被弱化的可能性。但另一方面,随着经济的全球化和市场的一体化,进入流通领域的商品范围在不断扩大,消费需求也进一步分散和多样化,导致商品流通需要克服的时空矛盾越来越大。另外,社会分工也在逐步细化,与大型连锁零售商竞争激烈的中小零售店对销售支持的需求也越来越强等,这些新的变化又在不断拓宽批发商的新功能。本节,我们从基本功能和拓展功能两个维度来阐述批发功能,所谓批发的基本功能是对应商品经济发展中批发商普遍行使的功能,批发的拓展功能对应着商品经济发展到现阶段功能的外延体现。

一、批发的基本功能

(一)商品集散功能

商品集散是批发的首要功能。一般来说,由于生产者出于规模考虑而从事大批量、少品种的生产;而零售商作为消费者的采购代表,通常小批量、多品种地进货,这样既减少资金占压,又能更好地满足消费需求;作为生产资料购买者的生产者与业务用户也有类似的要求。所以,为了调节生产与零售(或产业用户)之间存在的品种、销售规模等矛盾,商品离开生产领域进入流通领域中,通常是先由批发商从生产商购入商品并形成集中库存,经过对商品分类、编配、组合、流通加工等活动,再将商品从产地向销地零售商或其他产业用户供货。这样既满足了生产部门单一品种大批量生产、大批量销售商品的需要,又满足了零售部门多品种、小批量购进,以及勤进、快销的需要。通过批发把生产商与零售商有机地结合起来,从而疏通了商品流通渠道,提高了流通效率。这种集散功能随着生产分散而产品单一的中小型生产商特征和数量众多而经营宽度大的中小型零售商特征越明显,体现就越强。

在我国,许多消费品、工业品都是由众多中小企业、小生产者生产的。这些企业或小生产者如果采用直接渠道模式进行销售,它们很难在市场上获得竞争优势,甚至无法实现商品价值。相反,如果它们依托专司批发交易的批发商,产品销售就会比较顺畅。而批发商对商品的集散过程,既包括对同类商品的集散,如农产品流通中,生产多是以家庭为单位的分散而小规模生产,而从消费领域看,既包括向分散的城市居民食品需求的供应,也包括对以农产品为工业原料需求的众多产业部门的供应,这必然要求在农产品流通过程中有先集中后分散的过程,即对批发环节的商品集散功能的需求。集散过程也包括对不同类商品的集散,在现有的很多零售业态中,不仅综合性的零售商经营的产品线宽而广,如百货商店、大型超级市场所经营的商品种类繁多,就是专业型零售商所经营的商品种类也是极多的,如小商品、数码产品的流通就明显体现了商品集散功能的必要性。

(二) 交易成本节约功能

批发虽然增加了单个商品流通的环节,但从社会商品流通来讲,节约了商品流通中大量的交易成本。交易成本最早由美国经济学家罗纳德·科斯在《企业的性质》一文中提出,他认为"交易成本是市场上发生的每一笔交易的谈判和签约的费用及利用价格机制存在的其他方面的成本"。正如威廉姆森比喻的那样,交易成本就如物理学中的摩擦力,存在于每一次交易之中。社会化现代大生产极大地增加了不同生产部门、行业、企业之间,以及生产和消费之间联系和协调方面的困难,导致在商品交易中必然存在搜寻成本、信息成本、议价成本、决策成本、监督成本、违约成本等大量交易成本。而批发之所以能够节约交易成本,主要体现在批发的介入减少了商品交易的次数。并且,随着批发商介入的交易对象数量增加,通过批发商的间接交易次数相对没有批发商的生产商和零售商(或产业用户)之间直接交易次数整体上明显减少。图3-2也证明了这一点。

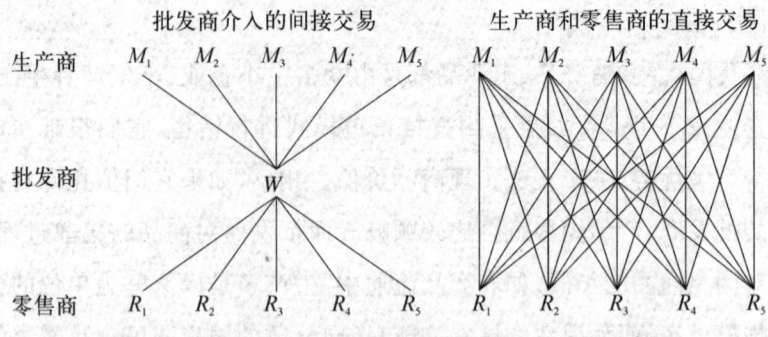

图3-2 批发商介入的商品集散和交易次数简化示意图

假设一个零售商经营5个生产商生产的商品,为了购进这5种商品,必须在市场上进行搜寻、交涉、谈判、签约和履约等过程。由于交易存在着种种不确定性,为了能够以优越的交易条件成交,就要对众多提供这5种商品的生产者进行甄别和挑选,而生产者的商品规模至少大于5个零售商的采购规模,在市场上也需要和零售商一样去搜寻交易对象。如果5个生产商分别和5个零售商进行交易,全社会的必要交易次数就是25次。有批发商介入的间接交易情形就有了很大改变,批发商先从5个生产商处采购商品,经过编配、组合等活动再转售给5个零售商,那么全社会的必要交易次数仅为10次。

这一具体事例用公式表示为:设 M 个生产商,N 个零售商,则直接交易次数为 $M \times N$;而有1个批发商介入之后,所需交易次数简化为 $M+N$ 了。交易次数的简化必然带来交易成本的大量节约。

(三)供求调节功能

调节供求是流通的重要职能,同时也是批发的一项重要功能。通常来说,生产与零售、生产与消费在时间和空间上的间隔是客观存在的,并且随着生产的社会化、专业化,商品流通中需要克服的时空矛盾不断加强。为了调节生产与消费在时间与空间上的矛盾,客观上就需要有专门的流通机构,而作为重要的流通机构的批发商正是调节这一矛盾的主体。[①] 由于批发商的媒介交换行为,其能够打破生产和消费在时间、空间和集散的种种限制,

---

① [日] 铃木武.现在流通论[M].东京:多贺出版社,2001.

可以在更长的时间、更远的地区、更集中或更分散的条件下进行商品交换，因而能够促进更大规模生产的发展，并在更大范围内满足交易对象的需求。

具体来讲，供给与需求之间在时间上存在着此时生产、彼时消费的矛盾，这就需要在流通过程中减少各种停顿和耽搁。而发达商品流通中的批发环节通过简化交易次数、集中仓储和运输等活动提高了流通效率，弥合了供给和需求在时间上的障碍。另外，在时间上的矛盾还包括常年生产、季节性消费和季节性生产、常年消费等矛盾，需要批发商在对市场供求信息把握的基础上，通过社会性集中备货。当供大于求时，适当增加储备量；当供不应求时，适当减少储备量，这样就能有效调解社会生产和消费在时间上的矛盾。供给与需求之间在空间上存在着此地生产、彼地消费的矛盾，如产地、中转地、销地之间在空间上的距离，这就需要产地批发、中转地批发、销地批发，通过一系列集中运输与仓储活动来完成商品从供给地向需求地的空间位移，实现对市场供求的调节。

（四）集中仓储运输功能

物流是构成商品流通体系的基础，其承载着商品实体从生产领域向需求领域的空间位移，而批发环节在这一过程中更多地体现出集中规模化特征。这是由于商品由产地向销地转移过程中，往往要经过产地、中转地、销地而进入消费领域，而这要跨越空间距离，进行长途运输和必要的仓储活动。在发达商品经济阶段，这些活动一般不是生产者所完成的，更不是零售商或消费者承担的任务，主要通过批发商来实现。批发商从众多生产者进货，通过集中、综合、分类、分散等基本活动形成社会性的备货。在经营同种商品的情况下，批发商与同种商品的多个生产者交易形成备货；而在经营不同种商品时，商业者就要与不同种商品的生产者交易形成备货。这种集中的社会性备货不仅支持了其向不同类型的零售商和产业用户提供不同的商品组合和批量，同时，由于随着集中仓储规模的扩大，投入到仓储活动中的人力、设施等平均成本则会递减，这样节约了社会总仓储成本的同时，也减少了与其交易的生产部门和零售部门（或产业部门）分别进行库存的成本投入。例如,P个生产者分别对应的需求量可以设为$D_1,D_2,\cdots D_P$,则由批发商的集中仓储的安全库存量小于生产者分别备货的库存量,即:

$$\sqrt{D_1+D_2+\cdots+D_P}<\sqrt{D_1}+\sqrt{D_2}+\cdots+\sqrt{D_P} \quad (3-4)$$

上式(3-4)只要平方根法则发挥作用,批发商的集中仓储就具有节约的意义。另一方面,商品从产地向需求地空间转移的长线运输功能通常由批发环节来实现,这种运输的规模和距离是生产商和零售商难以达到的,而在物流运输中只有达到一定的批量,平均运输成本才会随着运输距离的递增而递减。

(五)信息整合与传递功能

媒介商品交换活动以信息流为前提。如果没有批发商的介入,生产部门和零售部门(或产业用户)各自均需在市场中搜寻交易对象,并就有关商品的质量、价格等信息进行收集、对比,确定了交易对象还需对交易、履约条件进行交涉。由于生产部门和零售部门相对都比较分散,空间跨度大,这些信息的获取成本就比较大。批发商的介入不仅使生产者和消费者的商品质量搜寻更加顺利,还提供了便捷搜寻价格的机会。这种机会产生于批发商的社会性备货商品的投机型库存。投机型库存是指不知能否卖掉的不确定性库存。在投机型库存的情况下,库存所有者承担了商品滞销等相关的市场风险。如果支付货款后,作为商品所有者的批发商不能将商品转售出去,必然会蒙受损失。所以,批发商会积极投入成本收集买卖双方及商品的各种相关信息,无论在交易的前期搜寻阶段还是交涉、履约阶段都明显表现出优于生产者和消费者的信息优势。并且,随着批发商交易次数的增加,平均信息搜集成本会降低。另外,通过批发商的集中备货,以实物形式展示于批发场所,这就起到了一个微型市场的作用,既整合了生产和零售两大领域有关商品价格、质量和交易对象等相关信息,又提高了交易的效率。可见,有批发商介入的信息收集过程,明显优越于生产部门和零售部门的直接搜寻。另外,批发商将采购中获得的来自生产商(商品供给者)的信息向零售和生产消费需求领域传递,同时也将下游的订货数量、品种、质量要求等需求方的信息向生产领域传递。通过批发商的信息整合与传递,既起到引导生产的作用,也促进了消费。

(六) 流通加工功能

批发商在进行批发业务时,不是单纯地将生产商的产品原封不动地转售出去,往往要根据客户需求对采购的商品进行分类、分级、整理、编配、包装、剪切和套裁等初加工。如批发商从多个生产者处批量地备齐种类繁多、质量各异的商品,然后按照不同经营品类、质量需求,编配好不同种类、质量等级的商品发送到零售或产业用户处。另外,由于无法事先把握出厂商品的市场需求或为了便于运输、仓储等原因,商品出厂时仅仅是大包装状态进入流通领域,往往批发商为了适应再销售者或其他产业用户的需要,会通过剪切、套裁、刷标志、贴标签、分包装等活动来增加商品的可流通性,提高流通效率。显然,流通加工也是批发商的重要功能,一个批发商的流通加工能力的强弱,将直接影响其服务质量,直接制约批发商的竞争能力和经营水平。事实证明,一些具有竞争实力的批发商往往都具有极成熟的流通加工能力。

批发商的流通加工功能属于对商品的初级加工,与一般的生产型加工存在的差别较大。两者差别主要为:① 在加工对象上不同,流通加工的加工对象是商品,而一般生产性加工对象是原材料或半成品。② 在加工程度上不同,流通加工所进行的一般都是简单加工,是对生产加工的辅助和补充,不能替代生产加工;生产加工是复杂加工,商品的加工大部分过程由生产加工完成。③ 在创造的价值上不同,商品的价值大部分由生产过程创造;流通加工只是对其进行完善。

(七) 资金融通功能

资金融通是指批发商向制造商、零售商提供的商业信用,具体形式有分期付款、赊销等。对于生产商而言,批发商在商品进入最终消费领域之前作为假设需求购入商品,向生产者垫付资金,帮助其完成"惊险的一跃",使生产者可以提前回收垫付在生产领域的成本和实现商品的价值而继续再生产。对于零售商、购买生产资料的生产者与业务用户而言,批发商作为其采购代理可以为其提供赊销、分期付款等商业信用,缓解其资金困难,保障其正常的商品购入,有利于其生产经营及业务活动的开展。对于全社会的资本周转而言,由于批发商向生产者提供预付货款等信用服务,并向下游提供赊销、信贷等资金融通形式。按照马克思的资本周转理论,批发商节省了社会资金在流通领域中的占用,加快了资金周转,提高了资本的利用率。总之,加快资本周转速度,可以节约预付资金,提高资金利用率,为我国企业带来更多的盈利。可见,批发商的资金融通职能对于加速商品流转、节约流通费用有着重要意义。

(八) 风险分担功能

通常,批发商需购进商品再进行转售活动,这必然要占用批发商的流通资金,如果遇到市场供过于求、跌价、过时、积压、被盗、赖账等,就会导致商品不能转售出去,批发商必然会蒙受损失。另外,批发交易中还包括大量商品实体物流活动,在仓储、运输过程中,客观上存在着种种流通风险,如商品实体的损失,包括变质、腐败、破损、受潮、毁弃等造成的损失。当然,批发商可以利用自己的经营经验、专业知识和管理能力,并有效地利用社会保险机制对上述风险进行防范与规避,因而也是上述风险的主要化解者。同时,由于批发商集中储存商品,拥有的信息也比较多,商品储存的社会性与流通性也比较高。因此,相对来说,批发商比单个生产商或零售商更具有化解、规避风险的条件和能力,从而也是有实力的风险化解者。

二、批发拓展功能

(一) 生产商销售代表功能

传统批发商在批发交易中通常以商品所有者的身份媒介商品交换,即需从生产商或上游批发商手中购入商品,再转售给零售商或其他产业用户,与上游交易者是纯粹的买卖关系。这样,传统批发商的转售活动就具有高度的自主性,通常这种交易关系体现在卖方市场条件下。而在市场经济体制发展成熟的条件下,买方市场是市场经济主要的、经常的形态。因为任何商品生产、商品经营都是由买卖两个阶段、两种行为构成的。这里的买卖双方虽然是平等的关系,但是,一切商品生产的目的都是为了实现商品的价值,商品能否在市场上卖出去,对商品生产者至关重要。所以,马克思把商品到货币形态变化称之为"惊险的跳跃",提出"这个跳跃如果不成功,摔坏的不是商品,但一定是商品所有者"。① 而商品买者手中持有的是货币,货币作为一般等价物代表价值,可以换来任何商品。这样就使持有货币的买者具有随意挑选商品的权力,进而在市场买卖关系中无疑处于主导地位。卖者为了使自己的商品顺利出售,就要千方百计提供买方需要的商品和服务。所以,在当今很多品牌生产商和批发商的交易中,通常采取经销和代理等交易方式,一方面增加了对离开生产领域进入流通领域的商品销售活动的控制,包括对商品价格、售后服务、营销服务、品牌形象维护等,另一方面给予批发商更多的支持和优越的交易条件,如在某市场区域独家代理、经销等权利;在价格上优于一般批发商;通过赊销等信用交易;通过不需要购进商品的代理交易来实现销售。

由于经销、代理等批发活动越来越多地体现了生产商的销售意图和条件,尤其是代理交易。代理商是以生产商的名义在市场上销售商品,其与第三方订立的合同反映的是生产商的权利和义务。从以上特征来看,这些批发活动体现了生产商销售代表的功能。而这种拓展功能实质是厂商之间的一种纵向约束控制,从避免双重加价作用来看,这种批发活动提高了社会的总福利水平。同时,这种功能更反映出市场经济条件下流通活动以满足消费需求为出发点的动因。

---

① 摘自《马克思、恩格斯全集》第 23 卷第 124 页。

（二）零售服务支持功能

世界范围内零售业的连锁化经营已经成为一种趋势,而从店铺数量上看,中小型零售商仍然占主流。由于零售商的连锁化经营,其集中采购、仓储、配送等功能的完善,对传统批发商功能产生冲击的同时,也使中小型零售商的市场空间受到大幅挤压,尤其是经营商品品种多、单价低、购买频度高、交易批量小的中小型零售商。如何对抗来自大型连锁零售商的激烈竞争,建立以提供集中采购、统一配送服务为主的批发商主导的自由联盟,来为众多分散的中小型零售商提供零售服务支持的流通体系已成为一种现实选择。目前,批发商向零售商提供服务支持具体包括物流配送、集中采购、店铺选址设计、确定商品、制定销售战略、信息提供、融资、仓储、促销服务等全方位的支持。其中,物流配送服务是批发商为零售商提供支持型服务的重点。

批发商具有提供物流配送服务支持的优势:一是其长期以来处于交通便利的主要商品集散地;二是本身具有相关的仓储、运输等设施和相关专业知识和技术。而中小型零售商甚至中小型连锁零售商,规模普遍偏小,自建物流配送成本很高,通过批发商或几个批发商共同实现物流配送可以大大降低物流成本。如在美、日这样的发达国家,批发企业特别是食品、杂货批发企业都大大强化了以商品配送为主体的物流功能,以商品配送为核心业务已成为批发企业未来发展的一个重点趋势。另外,中小型零售商通过批发商集中进货,也可以获取和大型连锁零售商竞争的交易条件,将生产商给予的各种优惠和折扣全部让渡返还给零售商,而新的利润来源于对零售商销售服务支持创造的附加值。批发商零售服务支持的主要方式有:以批发商为主导的中小型零售商自由连锁、批发商为中小型零售商共同配送、窗口批发制等。所谓窗口批发制是指零售企业在一定的区域内选择 4—7 家批发商,向零售店铺送货的业务全部委托给这些批发企业,而其他批发企业则将商品全部交给这些窗口批发企业。

（三）集中展示和交易功能

交易成交一般有若干环节：生产厂家向客户宣传产品——客户产生兴趣并进行询问了解——客户产生购买意向——厂家与客户洽谈——讨价还价成交。通常这个过程耗时可能比较长，但这些商品如果集中在一个场所集中展示和交易，就可以大大缩短买卖双方的交易时间和成本。在传统集市、庙会基础上发展起来的展销会、会展、博览会，就体现了这样的特点，并且现已成为商品批发活动的主要载体。如作为现代服务业的会展业，就可以使众多买卖双方在较短的时间内见面、了解产品、交流信息、推销、洽谈，丰富的信息、知识交流传播使买卖双方的批发交易趋于更轻松、直接、快捷、准确，也消除了供求中的许多不确定因素，产生了高效低耗的经济功能。

在展销会上，参展商为卖而参展，参观者为买而参观，均有备而来。参展商可以在有限的时间内最广泛地接触买主，购买商可以在有限的空间里最广泛地了解产品。参展商可以在潜在客户表示出兴趣时就抓住机会开展营销、洽谈工作，直至成交甚至当场付款，买卖双方可以高效完成介绍产品、了解产品、交流信息、建立联系、签约成交等买卖流通过程。这种集中展示和交易大大提高了交易的效率，是未来具有活力的新型批发交易载体。

（四）供应链平台服务功能

所谓供应链是指产品生产和流通过程中所涉及的原材料供应商、生产商、批发商、零售商以及最终消费者等成员，通过与上游、下游成员的连接组成的网络结构。即由物料获取、物料加工，并将成品送到用户手中这一过程所涉及的企业和企业部门组成的一个网络。供应链通常都是围绕核心企业所构建，在传统交易环境中，供应链的链主一般由核心企业担任，由其构建上下游交易关系，整合供应链的物流、信息流等业务活动，但由于信息共享条件有限，采用供应链管理的企业范围和效果都不是很理想。

在信息经济环境下，企业的运营模式慢慢从纵向一体化转向为横向一体化，这样就使得企业之间的竞争表现为供应链之间的相互竞争。构建供应链、管理供应链已成为企业当前必须采用的一个重要策略,而其面临的重点就是基于信息网络平台进一步优化设计企业供应链网络关系。以往交易的时空距离限制了交易网络的范围和效率,但在互联网条件下,交易的时空距离被缩短了,众多交易者基于网络交易平台获取了快捷高效的交易关系。这样,交易平台的提供就成为未来交易的基础条件。从社会分工的角度,同时也从消费拉动生产角度来说,交易网络平台的提供和交易的服务主体应该是流通业,尤其是批发商。

供应链平台是基于协同供应链管理的思想,配合供应链中各实体的业务需求,使操作流程和信息系统紧密配合,做到各环节无缝链接,形成物流、信息流、商流和资金流四流合一的模式。如果说生产商生产出来的是产品,那么,可以形象地说批发商的产品是"交易",提供信息交易平台、重构供应链网络关系及提供交易服务,将是批发商在信息经济条件下社会分工赋予的新的媒介交易职责。

(五) 量贩式销售功能

量贩一词,最早来源于日语,是大量批发的意思。"量"是指商品的数量,"贩"是低价销售,是一种以量定价的经营形式。在我国2005年社科院语言所编辑的《现代汉语词典》中对于"量贩店"一词的解释:以批量销售为主的商店,价格多比一般零售店便宜。"量贩"最早风靡于日本,许多批发商为了挤垮竞争对手,对家庭主妇乐此不疲的生活用品按照"大进大出,低进低出"的进销方式,以薄利多销为原则,大量采购日用品并成"打"出售,结果商品的平均成本可被压低至原零售价的85%甚至更低。[①] 由于中日经济、文化往来频繁,日本的这种卓有成效的经营方式迅速传到了我国台湾和大陆。"量贩"引入时的特征是"商品品种齐全,价格低廉,成打销售",因此最先出现了"量贩超市",后来又出现了"量贩KTV""量贩式经营"等。由于"量贩式"体现了批发交易的特征,也适应了零售商和产业用户的低成本采

---

① 马连湘,王玉晶."量贩"之来源、含义及结构探析[J].长春理工大学学报,2007(09):60-62.

购需求等,所以,逐渐成为竞争激烈的批发商采用的一种新的销售方式,也可以说是一种新的营销手段或策略。现实中很多"量贩"式经营,由于在发展中成"打"出售又演变为以"十"或"五"为购买基数,逐渐地,"量贩"已经不是完全的"批量销售"了,它的交易对象中已经有了很大比例的最终消费者,使它也具有了零售的一些特征。

(六)定制批发功能

随着柔性化、敏捷化生产方式的发展,客户通过定制生产获得优质个性化产品和服务的同时,更希望企业提供的产品和服务准时、快捷,以减少其购买决策的不确定性,降低购买风险。这就要求企业在较短的时间内快速做出反应,在最短的时间内或者在最准确的时间点上,提供顾客所需要的产品或服务,即时满足顾客的需要。在以快速满足消费需求为出发点的流通活动中,必然会出现及时生产、定制批发零售等新的模式。由于批发、零售等中间流通环节具有对消费需求信息相比生产领域的优越性,为了更好、更快地满足消费需求,中间商在条件可能的情况下就会有向后一体化的动机。例如,贸易商根据国外的订单在国内委托加工企业定制生产,再将商品批发到国外等。从定制批发的商品上看,具有批量但又体现个性化的需求特征,如校服、工作服、广告式年历、活动纪念品等。定制批发的实现是以信息化为基础,需借助现代化的网络和信息技术,以最快的速度把企业内部和外部的优势力量集中起来,形成具有快速响应能力的动态联盟,使公司能够了解每一位消费者的要求并迅速组织生产,这可谓是批发商在快速响应消费需求中后向一体化的一种新发展方向。同时,批发商也开始进行自有品牌商品的定制或委托生产,并在自己的零售渠道中销售,也体现了批发商对满足市场需求的一种拓展功能。

第四章 商人批发商

商人批发商是最早也是最为重要的批发业态类型,迄今仍在人类贸易生活中发挥着不可或缺的重要作用。本章我们将介绍商人批发商的类型和行为特点,分析商人批发商的主要经济活动及交易组织载体,探索大国贸易背景下商人批发商的存在意义、面临的挑战和使命。

第一节 商人批发商及其类型细分

一、商人批发商的含义

(一) 商人批发商的内涵

商人批发商,即独立批发商或商业批发商,指专门从事批发商品的职业独立的企业或经营者。具体讲,它是以自己的资金和渠道,专门从上游厂商购进商品,销售给下游商家的批发商。从这个定义看出,它具有"独立性"和"职业性"两个基本特征。前者在于拥有所经营产品的全部所有权,一般采取批发贸易公司的形式,往往通过自营的渠道购进商品,然后通过销售渠道将产品销售给客户;后者是专门的职业性,即批发商品的职业行为,意味着全身心地投入和更持久、更专业的选择。商人批发商是批发业中最基本、最主要的力量。

作为批发经济活动的主体,商人批发商占据举足轻重的地位,是批发贸易的主要组织者。为了更清楚地认识商人批发商的内涵,我们用表4-1列出商人批发商与其他批发商的差别。

表4-1 商人批发商与其他批发商的比较

批发经营者		内涵的基本特征	商品所有权	举例
商人批发商		专门从事商品批发业务	有商品所有权	贸易公司(如粮油贸易公司)等
非商人批发商	经纪人和代理商	由居间经纪人和代理商从事的批发业务	无商品所有权	经纪人;制造商代理商;销售代理商;采购代理商;佣金商(或称商行)
	制造商批发	制造业企业的销售机构的批发业务,或工厂店批发	有商品所有权	制造商的销售分公司、营业中心、采购办事处等
	零售商批发	零售业企业的批发业务	有商品所有权	批零兼营;量贩等
	其他类型批发	特定行业的批发业务	不定	农产品采购商、散装石油厂和油站、拍卖公司、拍卖行等

商人批发商一般提供完全服务,执行批发商业的全部职能,提供的服务主要有:保持存货、人员销售、提供信贷、送货和协助管理,等等。他们拥有上游供货商和下游客户,从上游采购商品以掌握货源,对下游的零售商或制造商进行销售,成为下游客户的供货商。

(二) 分类

一般来讲,经营同类商品的批发商构成同一行业。但是,社会生产活动的复杂性和产品的多样性,必然带来批发商组织在规模和方式的差别性。根据不同区分标准,商人批发商的分类如表4-2所示。

表4-2 商人批发商细分

分类视角	类型	解释
经营主体	单体批发商	独家批发主体组织业务的批发形式
	连锁批发商	多家批发贸易主体组成的连锁组织,为组织化程度较高的一种批发形式

续 表

分类视角	类型	解释
商品专门性、普通性和数量性	普通批发商	多指为综合性零售商服务的批发商或百货批发商。其经营范围广,商品种类与规格繁多
	专业批发商	指专业化程度较高,经营某一类商品,多为专业零售商服务的批发商。所经营的商品在性能、价格、品种、花色、规格等方面齐全
	量贩批发商	指按实际需求量配以不同价格进行批发的超市。基本特征是采用批量出售、批量作价形式,如五件是一个价,十件是另一个价。销售中商品容量大、自选自助、价格低廉
销售空间范围	国际性批发商	指批发业务跨越国界,在国际市场上经营批发业务,集国内贸易与国际贸易于一身的批发商
	全国性批发商	指承担全国性的批发业务,并在全国设有分支机构或营业网点,具有全国性的销售网络的批发商
	区域性批发商	指介于全国性批发商和地方性批发商之间的批发商。其经营范围比全国性批发商小,比地方性批发商大
	地方性批发商	指在一个城市、一个较小的地域内经营批发业务的批发商,是接触零售商最多的批发商,其了解市场需求,灵活性和适应性很强
承担职能和提供服务	完全职能批发商	指执行批发职能和提供全部服务的批发商。一般备货品种齐全,在日常购销业务的基础上提供储存、运输、推销、宣传、信用等服务
	有限职能批发商	指依据自身资源条件和专业,经营某类产品或某类产品中某个系列,不承担购销业务中所有职能的批发商。有以下几种形式:① 直运批发商;② 现购自运批发商;③ 邮购批发商;④ 货架批发商;⑤ 货车批发商
批发层次	一次批发商	指从生产者手中直接采购商品的批发商,又可以分为产地批发商和集散地批发商。产地批发商,多设在某种产品集中生产地,可以随时集中商品,然后向二次批发商出售。集散地批发商,多以集中或分散商品为主要业务
	二次批发商	指从一次批发商那里购买商品,再售卖给三次批发商的批发商
	三次批发商	指从二次批发商进货,直接销售商品给零售商的批发商

二、商人批发商的业务特点

与一般批发商相比,商人批发商的职业性决定了自身具有如下特点。

(一) 熟悉行业,拥有专业性商圈

商人批发商深耕行业多年,精通自己领域的商品、价格、同业竞争习性、发展趋势等业务与行情,因此,这类批发商往往是具有专门知识的专家型商人。行业熟识度促使其知识领域专门化,业务规模扩大也带来专业向细化和纵深发展;商圈是支撑商业企业业务活动所联系和辐射的地域范围。一方面,行业专门性使商人批发商的服务对象比较固定,因而具有较为稳定的商圈;另一方面,由于经营商品的种类、经营方式、企业规模的差异,他们各自占据的商圈大小、层次也不同。通常来讲,中小型商人批发商一般集中于地方性的中小城市,商圈辐射范围较小。大型商人批发企业往往分布于全国性的大城市,联系并涵盖国内外市场,其商圈辐射范围较大。一般而言,商人批发商的商圈往往大于一般批发商的商圈。

(二) 批量作价的样板标杆

价格标杆一向是商人批发商最重要的行业特点。与一般批发商批量作价不同,对于商人批发商,特别是大型的专业批发商,其批发价格成为同行业的参考,有的在批量作价具有行业领导性,一些强势的专业批发商甚至还具有作价的垄断性。批量作价运用了"价格歧视"原理,设置有与交易量和价格相匹配的等级,并划割出最低交易量底线的批发价格起点。对有的高精尖商品交易,在作价时还需要通过科学计量仪器测定交易批量,具有标准化含义。一般来讲,批量交易价格与交易量成反比,即在成本线以上,批发交易量越大,成交价格就越低。在商人批发商看来,批量作价是卖主对买主大批量采购商品的价格优惠,因此,它又叫批量折扣或数量折扣。

(三)专门资金的密集投入

商人批发商主要面对的是专业性集团组织的客户,如专业性的制造商和专业性零售商,因此,在组织购运存销中必须有专门性的投入;由于商品交易频次较少,但一次交易中的数额较大,储备需求量较多,因而导致各个批次中必须有较大的资本投资。这表现在三个方面:第一,技术设施要求高。技术投入主要用于专业性仓储及物流机械设备的基本建设。第二,一次性劳动投入强度大。批量货物的作业量和劳动投入量大,往往需要突击装卸搬运和加班加点。第三,由于面对专业性集团组织,在批量作价的交易中,一般要有较大的资金量进行先期投入。

(四)较稳定的购销关系

购销关系,是指上下游企业之间由于商品收购和商品销售而形成的稳定的联系,也是以诚信为基础建立的心理契约。在批发贸易中,商人批发商建立的购销关系一般较为稳定。例如,专业批发商与客户的交易伙伴关系使彼此之间达成信任。稳定的购销关系将使得交易行为很少产生情感冲动和随机性。他们有专门的采购机构与理性的购买决策程序,通常按既定的组织规则行事,对各种促销方式有自己的套路,不盲从媒介的宣传与诱导。稳定的购销关系是追求低交易成本、减少搜寻成本和规避风险的一种营商环境,交易双方往往彼此相互熟悉,容易形成一致的商业习惯,达成默契和形成惯例。从这个意义上说,商人批发商的交易介入行为具有较强的理性。

(五)少而精的服务项目

有些专业性很强的批发商仅拥有少而精的特色项目,如饮食机械、酒店用品、管道阀门、农用机具、特种中药材等类型的批发商,往往只拥有简单的商品品类结构。由于有较稳定的购销关系和用户群,这类批发商往往将贸易场所选择在租金低廉的街区,因而附加服务有限;营业场所一般不注意装饰,不追求富丽堂皇。为弥补这一不足,这类批发商往往非常重视网上 B2B 的营销活动。相对而言,他们不十分注重人与人之间的面对面接触,而着重于通信、储运、信息、融资等方面的服务是否完备。

第二节 商人批发商的经济活动

商人批发商拥有自己完整的经济活动系统。仍然离不开那句老话,商人批发商的经济活动就是购运存销。但是,与一般批发商不同,它是一个购运存销的系统整体。具体讲,它是通过购运存销的整体运作,大批量转卖各种生产资料或生活资料的贸易经济活动。其中,对于大的商人批发商,购销活动往往通过自采和自销,有的还附加自运与自存等方式。

一、商品购进

批发商的商品购进(收购),是通过交换获取物料和服务的购买行为,为批发商在合适的时间、地点,以合适的价格获取质量、数量合适的资源。购进要通过采购手段进行,它经过制订批量采购计划和实施采购计划两个大的阶段。具体的采购流程有:收集信息、编制计划、询价、比价、议价、评估、索样、决定、请购、订购、协调与沟通、催交、进货验收、整理付款等。

商人批发商的采购一般是"有形采购",主要收购具有有形实物的商品,如有形的消费资料和生产资料。在消费资料中,生活资料有吃穿用玩的各种农副产品和工业制造品;一些社会消费用品,如事务用品属于公用消费品,主要是办公室工作人员在文书作业中所需的文具、纸张、计算设备及杂项耗材等;生产资料有原料、辅料、配件、机具与设备等,附着在有形商品上,有商品数量、质量、花色、品种、规格和价格等。

商人批发商的采购活动是与生产者直接的交易活动。一方面,它是商业经济活动的真正开始;另一方面,对生产者来说,由于收购量大,它使生产者尽快地、批量地把商品转化为货币,使之用于购买生产资料和支付职工的工资,展开再生产活动。

随着社会经济的发展,特别是社会信息化程度的提高,批发商的"无形采购"日益增多,一些不具有实物形态的技术与服务也附加在有形商品上,有的成为有形品的互补品,有的甚至成为单独的无形产品,如服务(安装服务、培训服务、维修服务及咨询服务等)、软件(管理信息系统、物联网系统)、一项技术(如设备、原料等专业知识)及保险工程(如工程发包、附带施工等)等。

二、商品运输

对运输需求几乎是所有经济主体的普遍需求。商人批发商,特别是组织大规模批发业务的商业公司,一般都拥有自己的运输体系。商人批发商组织的商品运输,是其物流体系的前端部分,目的是借助于动力使得大批量商品在地域之间发生位置转移。由于业务量巨大,一般需要制订运输计划,对运输方式进行选择,以使运力得以合理调配。

商人批发商往往根据不同的需要采取不同的运输或运输组合方式。由于各种运输方式和运输工具有自己的特点,不同类物品对运输的要求也不尽相同,需要合理选择运输方式。它是合理组织运输、保证运输质量、提高运输效益的一项重要内容。由于运输成本在总物流成本占有较大的比例,商人批发商必须对运输方式进行选择和统筹安排,如从铁路、公路、航空、水路、管道运输等方式或联合运输中做出选择,通过对不同方式的运价和服务水平进行评价,进而做出运输决策。在运输方式选择中,也要综合考虑运输商品自身的自然性能、运输价格、运输时间、运输服务可靠性、安全性和容易性、国际与地区物流标准、对环境影响等因素。

随着市场与分工的不断发展,商人批发商自有的运输体系呈现出分化或多元化趋势,有的采取自我运输方式,有的采取第三方运输方式,有的采取外包方式,还有的采取构造运输链及联合运输方式,等等。总起来说,通过市场选择运输方式是降低运输成本的基本方向。在当今市场经济条件下，对批发商的大宗商品交易来说，除了有良好的商品交易市场，还要有与之相关的物流及运输市场相匹配。大型商人批发商应发挥其组织功能，不仅要形成运输市场与各交易市场的有机衔接，也要形成各个运输市场的有机结合，统一的市场体系及运行机制将会促进效率的提升。

三、商品仓储

仓储是指通过仓库对商品和物资进行储存、保管以及仓库相关储存活动的总称。"仓"即仓库，是为存放、保管、储存实体物品的建筑物和场地的总称。它是房屋建筑、洞穴、大型容器或特定的场地等，是存放和保护物品的空间；"储"即储存、储备，表示收存以备使用，具有收存、保管、交付使用的意思。仓储就是通过仓库对商品与物品的储存与保管。

仓储活动是商人批发商组织物流活动的重要环节之一，也是其批发经济活动的后续阶段。商人批发商根据经营商品种类的不同，往往配备有不同类型的仓储空间，如货场、中转型仓库、综合性仓库、自动化立体仓库、冷藏仓库、恒温仓库、专门仓库等。它是连接生产、供应、销售的中转站，并对生产效率及生活质量的提高起着重要的辅助，甚至决定作用。

在商人批发商整体的经济活动中，仓储活动具有以下三个功能：

第一，货物堆存功能。大宗商品流通往往需要适应商品性能的充足的堆放空间，需要占据仓库中一定的面积和容积来支持市场营销活动。货物堆存提供了存货缓冲的市场投放时间，可以调节生产活动和消费活动的商品资源。

第二，仓库的整合功能与中转功能。通过信息传输，可对仓库产生两个方面的整合：一是宏观性整合。商人批发商利用交易平台发布信息，对仓库体系进行整体规划，综合发挥各类仓库的系统功能，以获取整体的综合效率；二是微观性整合。专业批发商一般接收的是制造商一定额度的系列性或指定性产品，然后把它们整合成单一的"一票"进行装运，从而使仓运具有集约性。这两种整合把从制造商到仓库的内向转移和从仓库到顾客的外向转移有机地分拆和组合成更大的装运,形成规模经济和范围经济,也使得仓运更具明确的中转功能。

第三,附加价值功能。在商人批发商统揽的批发经济过程中,一些环节承担着生产职能,如进行加工、包装、贴签、发送等"延迟生产"[①]行为,可以增加所经营商品的价值。其中有不少在仓储过程中发生。例如,延期仓库参与少量的上述制造活动,被用来延期或延迟生产。例如,蔬菜批发商可以通过盒装加工,罐头批发商可以通过"上光"("上光"意味着该产品还没被指定用于具体的顾客,或包装配置还在制造商的工厂里,仓库一旦根据顾客订单给产品加上标签,就算完成最后一道加工,进而包装、运输)以公开商品信息,并获得附加价值。

以上前一个功能是仓储活动的基本功能,后两个是仓储活动的构造功能。

四、商品销售

一般的销售,指厂商通过货币结算出售所经营的商品,转移所有权并取得销售收入的交易活动。商人批发商的销售活动也是这个过程,只是批发销售的对象被限定在批发专业公司、批发市场、零售商和生产商的范围。商人批发商不仅仅是要将商品卖掉,而是要在价值链上通过沟通建构一种能给顾客(生产商、零售商及消费者)带来价值共享的复杂系统,即通过其组织功能去构造和谐的顾客关系,让整个价值链上的利益关系人受益。

商人批发商的销售,可以分为仓库销售和直运销售。其中,前者又分为异地仓库销售和同城仓库销售。异地仓库销售一般是发货制的商品交接方

[①] 商人批发商实施延迟策略常常采用两种方式:生产延迟(或称形成延迟)和物流延迟(或称时间延迟),而配送中往往存在着加工活动,所以实施配送延迟策略既可采用形成延迟方式,也可采用时间延迟方式。具体操作时,常常发生在诸如贴标签(形成延迟)、包装(形成延迟)、装配(形成延迟)和发送(时间延迟)等领域。

式,采用委托银行收款、托收承付及银行汇票、商业汇票等货款结算方式;同城仓库销售一般是提货制或送货制的商品交接方式,采用支票、汇票等货款结算方式。送货制常常与配送式批发结合,成为目前同城仓库销售的流行形式。直运销售,指批发企业把从异地购进的商品直接发运销售给购货单位(不经过该批发企业仓库储存)的销售方式。采用这种销售方式可以加速商品流转、节约商品流通费用,因而它是一种常用的和重要的销售方式。

随着互联网(特别是移动互联网)的发展,商人批发商通过信息化技术改造,已经形成网络化和平台化的销售渠道,批发业务与物联网结合形成购运存销的一体化网络体系,借助于互联网、物联网及人工智能等营销手段来实现经营目标。在网络环境下,商人批发商以销售为核心,对经济活动中的信息流、商流、制造流、物流、资金流和服务流进行系统化管理。移动互联网给大批发销售带来即时性,APP 操作简单且易于上手,一部手机就能完成所有采购业务,销售可以随时随地进行。在经济结构加速调整、全球化市场竞争日趋激烈的环境下,批发商的市场竞争已不再局限于研究和开发某一产品、某一技术或某一特定资本运营的价值,而是以网络上的商业构造为基础,在全国和全球范围内建立商业合作伙伴,形成共享利益的跨国战略联盟,其销售活动从大宗商品和自身资产的经营扩展到对全球价值链的构造。

第三节 商人批发商的交易组织载体

商人批发商的业务活动依靠一定的交易组织运行,并通过交易组织载体所发挥的功能以达到交易成本的节约、市场秩序的规范,实现流通体系的构造、对资源的配置和对商品生产的引导等。在社会的商品流通过程中,商人批发商往往要搭建交易组织载体,或参与其他流通组织以行使其职能。由于商人批发商种类繁多,因此,所依赖的交易组织形式具有多种类型。

一、批发交易组织的含义、功能与类型

（一）交易组织

所谓批发交易组织,是指为批发交易提供场所和条件并为商品流通服务的机构。它具有自己独立的内涵、功能和类型。批发交易组织的内涵包括以下几个方面。

(1) 批发交易组织服务的对象是商品流通的主体,其中主要是参加批发贸易的交易者。它本身不是批发商品流通的主体,而是搭建批发交易的平台,为批发商品流通的买卖双方提供服务。

(2) 批发交易组织提供的服务主要是买卖的场所和条件,包括运输、仓储、加工、包装、信息、结算、交易方式、监督机制、风险控制等,并不参与交易过程。这与居间贸易组织是有区别的。

(3) 批发交易组织往往是非营利性的、自治性的流通服务组织,是批发商品流通中公益性的经济组织。一般以批发交易主体为主,由同业公会出面集资兴办、营运和管理。

（二）批发交易组织的功能

批发交易组织是商品流通发展到一定阶段的产物,它与商品流通的组织化程度紧密联系,对于增强商品流通的有序性、提高商品流通的效率、降低商品流通费用、促进商品生产的发展具有重要意义。具体地说,批发交易组织具有以下几方面的功能。

1. 组织市场竞争,引导和实现资源配置

批发交易组织为批发商品流通提供交易的场所与条件,能够吸引和聚集众多的买者与卖者,形成庞大的买方集团与卖方集团。相对孤立、分散、一对一的交易而言,批发交易组织所形成的大规模、集中、集团化的交易在

买者与卖者之间、买方集团与卖方集团之间引进了更激烈、更自由、更公开的竞争,有利于形成公正的市场价格,引导社会资源的合理配置。

2. 构造市场链式及网络平台,促进流通体系运行

批发交易组织本身就是批发商运行的平台,在当今社会信息化条件下,这种平台可以专为上下游企业打造业务的数字经济系统,以订单处理为核心,又可以帮助其快速构建专属的全供应链及渠道营销交易链的流通运行体系,甚至全流通体系的网络运行平台。利用此平台,批发商交易组织可以通过推介、全面展示商品,快速引流客户,提升供应链、渠道链的内外部协同效率,以数据驱动增加客户,提升销量,降低成本,加速资金流转,为相关企业获取并共享更多的利润。

3. 引导商品生产,繁荣地方经济

批发交易组织是一个信息交流与实施竞争的平台,可以集中最新的市场信息,使厂家及时掌握市场动态,结识众多客户,同时竞争使得生产商按市场需要组织和调整生产,提供更优质商品,不断提高生产的商品化、专业化、现代化水平。批发交易组织不仅接受地方政府的宏观调控和监督,也是实施地方产业政策的载体之一,对所在地的金融、保险、运输、仓储、旅游、餐饮、娱乐等行业产生出强劲的市场需求,从而带动地方经济的繁荣与发展,即所谓"建一处市场,兴一方经济"。

4. 降低流通费用,节约交易成本

批发交易组织提供的运输、仓储、加工、包装、信息、结算等服务具有规范性,相对于各个批发交易主体个别、分散的自我服务,无疑可以降低流通费用。批发交易组织提供的业务接洽、交易监督、风险管理等服务使得交易具有集约性和规范性,从而降低交易过程中的风险,增加交易双方相互信任的程度,保障交易合约的顺利履行。对于整个社会而言,这实际上节约了总交易成本。

5. 规范交易行为,建立市场秩序

批发交易组织不是自发形成的,也不是随意撮合的,而是有着严密结构

与完善运行规则的经济组织。它要求服务对象，即批发交易主体遵守一定的秩序和规范，否则拒绝接纳。一般而言，批发交易组织对批发交易主体的经营资格、经营商品、竞争规划、交易程序等有明确、具体的要求。这对于反对特权与垄断、打击不正当竞争、限制场外交易、规范交易行为、建立市场秩序等具有重要意义。

（三）批发交易组织的类型

批发交易组织内部可区分为各种类型。这些类型共同构成一个完整的批发交易组织体系。按照不同的标准，可以将批发交易组织划分为许多类型。下面通过几种常见的批发交易组织分类方法，分别介绍一些主要的批发交易组织类型。

1. 按照批发市场组织的商品范围分类

可以分为专业性批发交易组织与综合性批发交易组织两类。专业性批发交易组织仅限于为某一类或某一种商品的批发流通提供交易场所与条件，如小百货批发市场或眼镜、纽扣批发市场等。综合性批发交易组织则为相对广泛的商品的批发流通提供场所与条件，如商品交易所等，其商品交易的范围从农产品、金属到食品、纤维等，不仅覆盖面广，而且种类繁多。

2. 按照批发交易组织的地理位置分类

可以分为产地批发交易组织、销地批发交易组织、集散地批发交易组织。产地批发交易组织主要是集结产地的商品与外地客商进行物资交流。销地批发交易组织主要是吸引各地的商品，促进外来客商与当地的批发商、零售商之间的商品交流。集散地批发交易组织则主要是利用当地的交通便利、历史传统、优惠政策等优势，促成产地与销地贩运商之间的集散性商品交流。

3. 按照批发交易组织的组织化程度与交易形式分类

可以分为批发市场、批发贸易中心与商品交易所三类。批发市场是组织化程度最低的批发交易组织类型，以即期批发贸易为主，也有少量短期合同交易。批发贸易中心的组织化程度较高,以远期合同交易为主,但仍是现货交易。商品交易所是组织化程度最高的批发交易组织类型,执行标准化交易合约,既有现货交易,又有期货交易,且以期货交易为主。

二、批发市场与批发贸易中心

批发市场与批发贸易中心都是以现货批发交易为主的组织形式。它们之间既有共性,又有区别。

(一) 批发市场

批发市场可以分为地方性市场与全国性批发市场两个大的类型。一般情况下,地方批发市场是在产地设立的批发市场,其功能主要是集中商品。农产品收购商及其代理人或零售商人在地方批发市场向农业生产者大量收购农副产品,再转卖到城市。全国性批发市场一般设于大城市、交通枢纽或农副产品集散地,其功能是双向的:既集中商品,又分散商品。商人批发商、大零售商及业务用户(如饭店)大批收购农业生产者、产地农产品收购商及其代理人的农副产品,再供给广大零售商或消费者,其辐射性范围是全国性的,如山东寿光的蔬菜批发市场等。

随着农业生产集约化程度的提高,农村地区工业化进程的加快以及交通运输技术、冷藏保鲜技术的进步,农业生产者与农副产品加工企业、农副产品批发商建立直接联系的情况越来越普遍,从而导致地方批发市场的相对萎缩,但在小城市和县域仍然起重要作用。中央批发市场具有规模经济效益,其地域性扩张有利于促进区域经济一体化,减少流通环节,提高流通效率,节省流通费用。

(二) 批发贸易中心

1. 批发贸易中心的特点

批发贸易中心是一种组织化程度较高的为批发商品流通服务的组织,

它具有以下基本特点：

（1）交易批量巨大。它集中了大规模的买者与卖者，严格限于批发交易。零售商及其他较小的批发商被排除在外。因此，批发贸易中心是更典型、更纯粹的批发交易服务组织。

（2）以远期合同交易为主，实施商品实物与货款交割。就是说，由买卖双方签订在未来某一时期内进行某种商品买卖的合同以完成交易，交易的结果是进行商品实物交割与货款的支付。它区别于批发市场以即期批发贸易为主，辅之以少量短期合同交易的现货交易形式，也不同于商品交易所中的期货交易为主，极少进行商品实物交割的交易形式。

（3）吸引力强，辐射面广。批发贸易中心交易批量巨大，且以远期合同交易为主，因此易于突破交易的空间与时间限制，吸引各地客商及商品，服务广大地域。

2. 批发贸易中心的意义

批发贸易中心作为批发交易组织的重要类型，其意义表现在以下几个方面：

（1）批发贸易中心是商品市场体系的重要组成部分。商品市场体系按空间范围与辐射能力，可以分为地方市场、区域市场、全国市场与国际市场，批发贸易中心以其交易量与辐射力，往往是区域市场或全国市场的支柱，并且往往与国际市场接轨，成为沟通国内市场与国际市场的中心环节。商品市场体系按发育状况与组织化程度，可以分为初级市场、中级市场与高级市场。批发贸易中心以其相对完备的功能与比较规范化的远期合同交易形式，是中级市场的主体，不仅担负着为多品种、大批量商品流通服务的任务，也是市场发育中一个承上启下的关键阶段，为商品交易所等高级市场的出现准备了条件。

（2）批发贸易中心有利于建立相对稳定的购销关系，增强商品流通的有序性，为商品生产的发展创造条件。批发交易中心以远期合同交易为主，交易批量巨大。这对生产者来说，便于有计划地组织生产，易于核算成本费用,避免积压浪费,减少市场风险;对经营者而言,便于组织商品货源,积极开拓市场,强化销售,易于赢得竞争优势。生产者与经营者之间或经营者与经营者之间这种巨额合同交易,使他们彼此了解、互相信任,趋于建立稳定的购销关系,形成某种意义上的利益共同体,从而适应社会化大生产的客观要求,降低社会交易费用,促进商品生产与商品流通效率的提高和有序性的增强。

(3) 批发贸易中心是开放型的,人不分公私,货不分南北,一视同仁,平等相待。批发贸易中心是鼓励竞争的,众多的买者与卖者集中交易,交易数额巨大,供求信息量大,促进了平等、公正的市场竞争。批发贸易中心有较高的组织化程度,以远期合同交易为主,服务设施完善,服务功能齐备,有利于增强市场交易的有序性。

三、商品交易所

(一) 商品交易所的内涵

商品交易所是组织化程度最高的批发商品流通服务组织,不仅提供批发交易的场所与条件,而且对交易主体、交易客体、交易方式、结算制度、保障制度等有系统、严密的规定与章程。严格地说,商品交易所应同时具备以下几方面的特征。

1. 交易主体必须是商品交易所的会员或其委托者

会员资格的取得需要满足一定的条件,即必须是商品交易所入市商品的主要经营者,必须拥有一定数量的资产,必须为商品交易所提供一定的投资,必须依照法律规定完成一定的法律手续。会员经过一定的登记程序,也可以成为经纪人,接受顾客的委托进行交易。由于经纪制度的存在,尽管商品交易所中实际入场交易的仅是会员或其代表,却代表着较会员数量多得多的交易者。因此,商品交易所对交易主体尽管有严格的规定,现实中还是相当广泛的。

2. 交易客体仅限于商品交易所指定入市的商品

一般而言,入市商品应当具有下列性质:质量长期相对稳定,并且易于储存、保管和运输;能够分等分级,相同的等级之间可以相互替代,不同的等级之间可以确定合理的价格差额;用途广泛、交易频繁、影响较大;价格易于波动,上下起伏较大。目前,各国商品交易所的入市交易商品主要有以下几类:谷物类,如小麦、玉米等;纤维类,如棉、羊毛等;金属类,如银、铜、锡等;食品及嗜好品类,如砂糖、咖啡等;原料类,如石油、橡胶等。

3. 交易高度定型化

它表现在以下几个方面:① 交易方式是固定的,即商品交易所对合同文本、竞价办法、履约方式等有一系列的明确规定,努力使交易趋于公开、公正、公平,拒绝或违反这些规定与原则者将被禁止入场或者受到处罚。② 结算制度与保障制度严密,为了避免过度投机,减弱交易风险,商品交易所一般实行保证金制度,严格限制随意透支,并且结算工作效率很高,纪律极其严明,实施每日无负债制度,及时要求追加保证金。为了保障合约的顺利履行,商品交易所一般还设有仲裁机构,处理交易活动中的价格、数量、走势等情况,并向有关管理机构报告,并通过新闻媒介发布。③ 商品检验设施齐全,技术先进,标准品制度与等级制度十分完善。

(二)商品交易所的交易类型

商品交易所的交易类型,可作如下分类:

1. 从交易目的看,可以分为实际需求交易与投机交易两类

实际需求交易的目的是为了获得现实的商品,故而常常采用现货交易方式,交易主体多为生产者或中间商。投机交易的目的是制造虚拟的供求关系,利用商品价格波动,通过转卖、回购等手段获利,故而多采用期货交易方式,交易主体多为投机者。

2. 从交易方式看,可以分为现货交易与期货交易两类

现货交易即所谓"钱货两清",买卖双方通过支付货款和交割商品来了结交易,这种交易方式在商品交易所中很少出现。商品交易所中的典型交易方式是期货交易,即事前签订标准化的期货合约,约定在未来的某一时间或一定时期内,一次或分批付款交货。在期限到达之前,可以转让、出售所签订的合约,期货交易往往不是为了获得现实的商品,而是为了套期保值或投机获利,很少实际交割,其买卖的对象实际上是一种标准化的期货合约,一种虚拟的商品。商品交易所的期货交易又分为标准期货交易与品名期货交易两种,前者要求交付标准品或被商品交易所承认的等级的商品,后者要求交付规定商标的商品。

3. 从竞价方法看,可以分为公开竞价交易与集体拍板交易

公开竞价交易是由买方和卖方或其经纪人在交易场上公开喊价,提出自己所要买或卖的期货合约的价格和数量,寻找成交对象,并进行公开的讨价还价,一旦双方在买卖数量和价格上达成一致,就可以在交易场上达成交易。集体拍板交易是指由商品交易所的主持人报出一个临时价格,然后所有的买方和卖方报出在此价格水平上愿意买或卖的数量。实际上,此时买方和卖方已不再作为个体而存在,而是形成了买方集团与卖方集团,彼此竞争。如果买卖数量在价格水平上一致,就拍板确定成交价格;如果买卖数量不一致,主持人就进一步提高或降低临时价格,直到买卖数量一致后,才拍板确定成交价格。

(三) 商品交易所的功能

商品交易所作为批发商品流通服务组织中组织化程度最高的类型,对于扩大商品流通规模、提高商品流通效率、降低商品流通费用、增加商品流通有序性有着重要意义。具体地说,商品交易所一般具有以下几方面的功能:

1. 价格形成功能

商品交易所提供了一个最接近经济学理论中的纯粹竞争模式的市场,

在这一市场中聚集了众多的商品买卖者,所买卖的商品又是标准化的,同一等级可以互相替代,不同等级能够确定价差,买者与卖者依据有关商品的全部市场信息,充分考虑供求状况与价格走势,公开竞争,形成价格。商品交易所的成交价格由于是以公开、公平、公正的原则,通过近乎纯粹的市场竞争得出,因而可以作为商品流通价格体系的基准,为该商品的有关交易提供极具价值的参考价格。并且由于商品交易所的报告制度,该成交价还可迅速地对原产地价格、生产者价格和零售价格发生影响,可以作为经济形势变动的一个重要参数。

2. 风险转移功能

商品交易所中以期货交易为主,期货交易所特有的套期保值功能在商品交易所中得到了实现。所谓套期保值,即经营入市商品的生产者或中间商,在现货市场和期货市场中,分别同时进行两个等量但相反的买卖,依据期货行情与现货行情平行变化的原理,使因商品价格变动引起的现货买卖的盈亏在期货交易中得到弥补或抵消。商品交易所之所以能使转移风险的套期保值现实可行,是因为它作为交易中心,集中了大量的买者与卖者,其中不乏乐于承担风险、借此牟取利益的投机者,他们的存在使得套期保值成为可能。

3. 调节供求功能

商品交易所最接近纯粹竞争的市场,入市商品又是交易频繁、价格波动大、影响面广的重要商品,因而商品交易所对于调节供求矛盾、促进供求平衡具有重要意义。正是在商品交易所中的巨额交易(往往为商品年产量的几十倍、上百倍)过程中,供求双方激烈竞争,互相拉锯,最后形成具有重要价值的成交价格,该价格又通过商品交易所的报告制度,迅速影响其他地点与不同时间的商品价格,促使价格趋于均衡,从而调节商品的供给与需求趋于一致。由于入市商品影响面很广,因而其对供求平衡的意义尤为重大,往往是社会商品总供给与总需求基本平衡的重要条件。

4. 规范交易秩序功能

商品交易所是组织化程度最高的市场交易组织,它详尽地规定了交易的主体、客体、方式、保障制度等,使商品交易高度定型化。商品交易全过程有法可依,透明度很高,竞争充分,信息完备。可以说,商品交易所中的交易秩序最接近市场经济的理想水平。商品交易所不仅将重要商品的交易纳入这种高度秩序之中,还通过示范效应影响着商品交易所以外的大量交易,促使其逐渐建立起完备、发达的交易秩序,提高经济运行的规范性与有序性。

5. 降低交易费用功能

商品交易所首先是一个集中交易的场所,众多的买者与卖者聚于一处公开交易,共同享受交易所提供的各种服务,从而获得了规模经济性,降低了交易费用。其次,商品交易所还是以期货交易为主的场所,期货交易借助标准化的期货合约,往往不进行实物交割,只在虚拟的供求关系基础上进行买卖,其交易额常常达到商品年产量的数十倍,而交易费用却很低。这是同规模的现货交易所无法比拟的,但其形成价格、调节供求的作用却无二致。最后,商品交易所还是高度定型化交易的场所,交易的各项内容均有明确规定,当事人权益得到可靠保障,货款结算与实物交割均迅速高效,使买卖双方可以彼此信任,减少摩擦,从而提高了交易效率,降低了交易费用。

第四节　大国的大批发贸易:商人批发商的未来发展使命

一、大国贸易与商人批发商的存在意义

现代大国是指这样一种国家,即从综合实力上看具有政治上独立并具有世界影响力,经济总量居世界前列,国土面积大、自然资源蕴藏丰富及自给能力强,军事实力雄厚,文化传播广泛等。对照这些条件,中国是世界大国。目前,中国在综合国力上是仅次于美国的一个大国。大国的特征,为中国大批发贸易创造了得天独厚的条件,更使得中国的商人批发商具有存在

的必然性。其存在意义可以从以下两个方面说明：

第一，从大国的国内贸易看，国内众多人口及其巨大的消费需求、广袤地域空间的区域市场、各类自然资源的广泛分布与不均衡等，使得中国大批发贸易对各个区域间的资源配置不仅成为可能，而且成为必然。首先，巨大的消费需求，必然有满足不同人群的、大批量的各类消费品，由此又产生巨大的引致需求，鉴于此，只有依靠经营大批量消费品和大批量生产资料的专职批发组织，才能适应这一庞大需求的流通；其次，广袤地域空间的区域市场赋予了长距离的流通渠道，需要依赖区际贸易解决产销供需矛盾，因而需要大量的专业批发商组织流通，并由其配备庞大的铁路、公路、航空、河运等运输及仓储系统，以完成长途贩运与配送任务；再次，我国各类自然资源分布广泛且不均衡，如煤炭、石油、金属矿石、林木等自然资源主要分布在西部和北部地区，东部和南部的自然资源相对匮乏。自然资源和生产能力的反向不平衡分布，使得东部地区的工业品和中西部的自然资源必然发生频繁的相互交换和流动；而南北方因气候差异使得粮食与经济作物的种类呈现不同，也使得南北地区间必须互通有无。这些都要依靠具有大流通能力的商人批发商作为区域间资源配置的中介来实现。

第二，从大国的国际贸易看，全球价值链分工的不可替代性、国际合作及人类命运共同体中的地位、经济全球化与国际贸易市场的延伸等，使得作为大批发贸易实体的中国商人批发商进入国际市场，并对国际间资源进行配置不仅成为可能，而且成为必然。首先，从全球价值链来看，大国一般在国际分工中具有价值链主导地位，这使其可以在世界范围内成为主动配置资源发动者和引领者。中国已经是世界"制造大国"，还要成为世界高端产品的制造大国，为此，需要大型批发商参与原材料的相关资源配置和制成品在国际间的销售，而作为大流通组织者的商人批发商必然成为进行国际资源配置的先行者。其次，加入 WTO 后，中国已经成为"世界第二大经济体"，并广泛参与国际经济及合作，建立国际间的合作伙伴关系与人类命运共同体。这些国际间合作机制实际上就是以大批发贸易组织为龙头的实体经济组织。中国在不少区域国际组织具备了核心的领导地位，如"一带一路"、"APEC"组织合作和"RCEP"等,因此,有必要依据全球价值链发展规律培育和扶持运行在国际间的商人批发商;再次,经济全球化与国际贸易市场的延伸等,为我国国内批发商"走出去"及带动零售商向全球开拓带来契机,也提出了商人批发商如何发挥构造功能使各个产业的国内市场向国际市场延伸的重要课题。商人批发商不仅是也只能是国内统一市场的构造主体,而且还是以大批发的流通方式融合国际市场的核心力量,更是促进"中国制造"价值链扩展与增值的主力军。

二、大国贸易环境下商人批发商面临的挑战

随着20世纪80年代流通体制改革与流通领域开放搞活,我国批发业结构发生了巨大变化,已形成国有批发企业和非国有批发企业、商人批发商和制造业批发商、批发机构和小商品批发市场并存的多元化格局。但是,面对我国当今"世界第二大经济体"的大国地位和国内外贸易的新环境,中国的批发业仍存在诸多的不适应问题,而其中作为批发商业主体的商人批发商更面临着严峻的挑战。

(一)"小、散、乱"与竞争白热化

全面市场化带来的市场重新分割导致专职批发商大量分散化,不少由专职经营变为兼职经营,这种碎片化使得小型批发商的数量大量增加,而具有一定规模的大批发商的数量相对减少。由于小型批发企业逐渐成为整个批发行业的主体,使得"大批发"职能被削弱,更难以形成大规模的商业批发体系。又由于经营规模过小,有的批发商甚至比一些大型的零售商都要小,导致商人批发企业失去了批发业"经营成本低、批量买卖效率高"的本性。这种本性的异化使得不少单独的批发企业只谋求自己眼前的经济利益,而不可能凝聚成一个长远的经营目标和经营理念。批发商的"散化"不仅使服务质量不能稳定提高,更难以让企业获得长远的经济利益,由此必然导致批发业的市场秩序陷入相对的混乱状态。可以说,"小、散、乱"制约着我国商

人批发业的整体发展,严重影响其批发功能和作用的发挥,也影响了我国作为一个贸易大国的整体形象。"小、散、乱"还是恶性竞争白热化的主要根源,例如,大型批发商不足导致的批发业集中度偏低及过度竞争等,不乏产生恶性竞争现象,进而导致盈利水平降低,不少企业还在微利中勉强维持生存。

(二)流通领域去中心化与批发商地位弱化

流通领域的"去中心化",指企业对产品在"产批零"的流通中裁剪供应链中间环节的过程。它实质上是制造商与零售商挤兑批发商的"共同趋向",是他们"自建采购"的行为,其结果就是:去除批发平台。一些大的零售商,如沃尔玛等,纷纷自行成立采购部门,向生产商直接采购包括日常用品、消费耐用品、食品及新鲜农产品等在内的货品;另一方面,一些具有一定规模的大型制造商,如海尔等,也自行开设零售店铺,借此减少对批发商和零售商的依赖。不仅如此,随着电商的发展,网上购物日益成为人们的购物方式,也强化了"去中心化"的力量。目前,网上购物已经成为百姓喜闻乐见的方式,以中国的服装业为例,凡客诚品(VANCL)、维斯诺(Vsnoon)、梦芭莎(Moonbasa)、9 Dadao(第九大道)、麦考林、James King 等网上零售平台愈来愈流行,不仅对实体零售商产生冲击,也对商人批发商起到"抽薪"的作用。

"去中心化"降低了商人批发商的存在地位,特别是大国贸易中,批发中坚力量的作用更显得苍白。应当看到,自建采购现象正是交易成本高、大流通能力缺损、批发整体力量薄弱和不能适应现代信息化社会的表征,也是供给侧结构短板的问题。

(三)议价能力弱导致构造能力不足

市场议价能力,指交易双方中一方向另一方争取到满意价格的能力。从深层次讲,议价能力就是对整个供应链体系的纵向控制能力。确切地说,它是讨价还价的"天平"向买卖双方谁家倾斜的一种控制价格的权力。谁拥有较强的市场势力,谁就拥有了议价能力。决定议价能力的基本因素有两个:价格敏感度和相对议价能力。前者决定一方讨价还价的欲望有多大;后者决定其能在多大程度上成功地压低价格。

中国批发商议价能力低一般呈现两种状态。一是有些国有大型专业批发商具有资源垄断性,因靠国家补贴而获得控制市场的能力,因而不能形成真正的市场价格,所传递的价格信号在资源配置中作用有限,也不能主动适应国际市场。二是民营的商人批发商成长太慢。作为供应商之一的商人批发商普遍规模小,零售商常常利用形形色色的"通道费"设定低进价区间,在很大程度上迫使供应商处于被动服从状态。不仅如此,随着金融业在经济活动中的地位提高,银行的议价能力也在提高,它们常常利用批发商组织批量购销时,采用较高质量要求的金融产品或索取更多的服务项目等竞争手段,迫使批发商在窘迫状态下做出让利行为。

大国贸易中的大批发业务,需要商人批发商拥有组织供应链和构造新供应链的能力。只有这样,才能担当当今国际市场与国内市场上的大流通职能,形成现代化流通经济体系。议价能力弱必然导致大量非专职批发交易的发生,而多头分散的批发经营带来的直接后果就是无法通过批发交易的集约化实现流通费用的节约,造成流通效率的低下、流通费用的增加,也无法使得批发业在国内和国际大流通中进行充分的供应链整合。这也是长期以来缺乏大战略构想,流通费用高,未能带动零售业"走出去"的一个重要原因。

(四) 交易秩序缺乏规范

由于商人批发商发展滞后,生产企业和零售企业避开批发商直接交易,造成多头插手、百家经商的局面,这就促使偶然性、随意性的交易活动蔓延。特别是大量的批发交易通过各种小商品批发市场进行,而这些小商品批发市场还带有很大的原始性和自发性,缺乏有效的市场规范和管理,市场交易秩序混乱的状况比较严重。一些不法分子正是利用这种市场的物流、信息不畅的特点,依靠随意性很强的不规范交易行为来获取利益。更有甚者,他们利用小商品市场在制度、管理上的不健全从事造假、售假活动,破坏了正常的经济秩序。究其原因,主要是主观上法制观念不强,缺乏规范的交易制度和自觉遵守和维护秩序的意识;客观上对违法者惩处力度不大,违法成本较低。其结果最终干扰了正常市场交易活动。

市场秩序是一个文明大国的基本内涵。在大国竞争中,文明的底蕴决定了制度、人心与战略思维。因此,只有高质量的、规范的市场,才能适应"中国制造2025",适应"一带一路"及融合国际间贸易的大流通,才能为批发业融入全球化开拓创造新的空间。

三、大批发商的构造使命:引领现代化流通经济体系

(一)现代化流通经济体系

现代化流通经济体系是这样一种经济体系,即由社会流通经济活动的各个环节、各个层面、各个领域构成,并能较好满足现代生产需求和生活需求的有机统一整体。从我国商人批发商的使命来看,它是现代化经济体系的有机组成部分,是充分体现新发展理念,能很好地满足人民日益增长的美好生活需要的流通经济体系。按照建设现代化经济体系的目标任务,现代商人批发业要建设"六大体系"和"一个体制",即建设引领创新、协同发展的流通产业体系;建设统一开放、竞争有序的市场与流通体系;建设体现市场运行效率、促进公平的收入分配体系;建设彰显优势、协调联动的城乡区域贸易、国际间贸易的发展体系;建设资源节约、环境友好的绿色发展的市场体系;建设多元平衡、安全高效的市场全面开放体系;建设充分发挥市场作用、更好发挥政府作用的流通经济体制。

为此,从大流通视角概括看,商人批发业应立足于大流通、大批发和大市场,通过"再中心化"建设现代化的批发产业组织,并以此构造现代化的供应链体系,承担大国批发商引领贸易全球化的历史使命。

(二) 商人批发商在大国贸易构建中的使命

目前,中国已经是贸易大国,但还不是贸易强国。中国商人批发商未来的发展使命,就是助力我国从贸易大国转变成为贸易强国。为此,商人批发商要有三个发展方向:

1. 大流通"再中心化"与现代化批发产业组织

中国20世纪80年代末的批发商业改革,总的趋势是由"中心"到"去中心化"的改革。随着中国经济进入新常态,对流通产业结构调整提出了新的发展方向,那就是通过"再中心化"过程,造就现代批发产业组织。要实现"再中心化",就必须首先让批发业实现现代化转型,其转型方向大致分为三类,即拓展业务范围、创新批发业态与主导供应链。其次,在此基础上实施"集中化"战略,创造"集聚"与"集群"的发生和成长条件,形成集成式、集约式的大批发贸易中心。再次,通过市场的作用提升核心批发企业自身的资源整合能力,让脱颖而出者担当起供应链的组织者与领导者角色,在竞争中增强自身持续提升流通效率的能力。

"再中心化"是造就"新技术+新制度+新组织+新业态"的大批发创新实体,是一种被高级化的现代产业组织。现代商人批发商,应该是在"互联网+"与人工智能技术基础上创新发展而形成的网络批发、集采批发和委托批发等一系列批发业态。它们是由传统"贸易中心型"走向为现代制造业和现代零售业服务的"服务中心型"批发产业组织。

2. 大批发构造与供应链整合

在移动互联网条件下,商人批发商特别是大批发商,非常可能获得"重生"的机遇,使其在流通中再获取占支配地位的构造能力。传统的批发模式以产品线为中心,把产品从制造商通过层层批发商送到零售商手中,最终由零售商销售到消费者手中。而当今网络时代的批发商则依托互联网、物联网和人工智能技术,以价值链为核心,可以即时经营基本经济活动的各个环节,调节采购、运输、仓库及物流配送以及客户服务体系等。批发商不再像过去那样把精力只放在关注厂家和客户之间的差价上,而是放在关注价值链的构造上,关注如何更好地为厂家和客户服务,进而获取共享利益。

在这种情况下,商人批发商可以利用互联网技术实现价值链前向整合,实现业务拓展与业态创新,最终获得供应链的主导权,以适应甚至形成"新零售+新制造+新物流+新金融"的大批发整合体系,建成现代化流通经济体系,在推进"中国制造 2025"、适应新一轮零售革命和提高人民群众生活水平中发挥中介作用,并以此为基础形成国内的统一市场。概括来讲,这个供应链整合包含三个维度,即供应商整合、内部整合和客户整合。其中,需要三个支撑。首先,进行信息整合,让供应链成员分享市场需求、库存状态、能力计划、生产日程、促销计划、需求预测和交货日程等信息,同时还可调整预测和补给计划,以发挥协调功能;其次,批发商还要整合关系。这涉及决策权、工作任务及对处于最佳地位的供应链成员资源的调整与配置;再次,建立组织互联机制。批发商通过电子数据交换(EDI)、互联网等 IT 技术来实现跨组织信息系统(Interorganizational System,IOS),也通过行政简报或行政组织等传统途径建立互联机制。

3. 商人批发商大市场与全球化战略引领

毋庸置疑,中国的"一带一路"贸易发展以及贸易全球化过程中形成的批发体系,将打通国内和国际市场。未来的商人批发业将以国际高附加值的获取为目标,打造以大批发商为龙头的制造业服务化型产业、国际高铁物流、智慧仓配体系、服务外包、跨国投资、互联网国际金融、境外零售业及跨境电商等现代化流通服务产业链。其使命不仅是拓展海外市场,而且是支撑人类命运共同体的实体力量。

为此,中国的商人批发商要有"中国服务"走向世界的战略定力,通过建设中国系的"网状跨境 O2O"平台体系,加快商人批发业跨境电商的全球化进程。其中,要注重锤炼国际型的企业掌门人,树立中国商人批发企业家锐意进取的风范和国际市场开拓精神。与此同时,发挥海外园区和海外仓的协同作用,通过自建、海外并购等方式加快布点步伐,运用国际合作机制将跨境电商平台建设、实体设施(实体店、仓配、运输等)及支付体系等纳入服务援外体系,形成跨境电子商务批发"实体连接"的"全球通"体系。海外园区(经贸合作区)具有综合性的平台性质,而海外仓具有专业性质,二者相得益彰,形成"综合—专业"关系,以此开展开放式的配送批发经济,形成互联互通的产业配合关系,引领国际产业链上的各方实现共赢。

第五章 制造业批发商

制造业批发商是由制造商投资设立的批发企业,是有别于传统批发商的一种相对特殊的批发业态,在批发产业及批发业态结构中居于重要地位。本章我们以分工深化以及批发与零售的分化整合为基本线索,揭示制造业批发商产生发展的大致轨迹及其内在逻辑,着重分析制造业批发商存在的社会经济基础,并就制造业批发商的发展提出对策建议。

第一节 分工深化与制造商分销模式变迁

批发与零售的分化及其整合是分工深化在商业领域的具体表现。批零分化既是考察商业发展变迁的重要依据,也在极大程度上影响着分销甚至流通的运行格局及其演进。

一、制造业批发商的内涵

较长时期以来,国内学界几乎没有关于制造业批发商的专门研究,在CNKI中按篇名或关键词检索,没有发现任何包括"制造业批发商"的期刊文献。扩大范围,也仅检索到刊印于2002年6月26日《中国机电日报》一篇题为"我国制造业批发商亟须转型"的报纸文章。在实践层面,我国关于制造业批发商的描述也较为少见。但是,这一批发业态的存在却又是一个不争的事实。例如,海尔在各省投资建立的海尔工贸公司就是典型的制造业批发商形态。2002年,由于得不到既有分销渠道的认可,国产手机品牌波导投入巨资,在全国范围内设置了28家省级销售公司和300多个地市级办事处,形成了比较完备的制造业批发商体系。应该指出,波导构建的专属批发销售网络,是其当初在国内手机市场迅速崛起的一个重要支撑。

制造业批发商,也称制造商批发商(目前国内可见的英文名称为Manufacturer Wholesaler)。在美国,菲利普·科特勒等营销学家,以及相关政府机构如美国国家统计局等则称之为"Manufactuers' Sales Branches and Offices",即制造商的销售分支机构和办事处。按菲利普·科特勒的解释,这一批发业态系由制造商投资设立,目的在于改进制造商的存货管理、销售和促销业务。其中,销售分支机构(Branches)持有存货,而办事处(Offices)则不具备物流功能。[1]

在美国,制造业批发商是非常重要并受到广泛关注的一种批发业态。美国国家统计局公布的数据显示,2000年至2012年,美国制造商批发机构销售额保持稳步增长,2012年实现销售1 844 872百万美元,年均增长3.04%。在相当长的时期,美国制造业批发商占整个批发机构的比例大体维持在9%左右,销售额占美国整个批发业销售额的比重接近30%。

目前,国内鲜有关于制造业批发商内涵的讨论。百度百科则借用学术界的相关研究成果对"制造批发商"(而非我们所谓的制造业批发商)给出了如下定义:一是指大型制造商自设的以批发业务为主的销售机构;二是指拥有制造工厂的批发商,或将指定商品委托特定制造商生产的批发商。百度百科认为,我国的制造批发商多指第一层含义的制造批发商,其具体形式是各生产企业自设的销售公司。[2] 事实上,国内学界和业界对于制造业批发商或制造批发商的关注度极低,恐未达到百度百科定义中"多指"的程度。此外,拥有工厂的批发商可以称为"批发制造商"或者"制造批发商",是制造与

---

[1] [美] Philip Kotler,Gary Armstrong.市场营销原理[M].赵平,王霞等译.北京:清华大学出版社,2003:457.

[2] 参见 http://baike.baidu.com/link?url=gpYsqnBtgP8zWZ_bc7Yhy2ZAJFOwmBaJMo3Esm2qkQNS1HEVSy2QhrxrT1Kiv23nXRwuf_uRdyJz66xMc9Xx2q.

批发一体化的企业组织,并不是某种专门的批发业态。百度百科所述第一层含义的制造批发商,与我们对于制造业批发商的认知基本一致。

我们认为,制造业批发商是指由制造商投资设置,相对独立并专门从事批发业务的销售分支机构。这一定义包括以下三个方面的内涵。

(一) 制造业批发商是制造商的分支机构

这是其区别于商人批发商的显著标志。商人批发商拥有独立产权,与制造商不存在产权层面的任何依附关系。毫无疑问,作为制造商的渠道企业,商人批发商必然或多或少地受制于上游制造商,但也仅限于买卖双方契约规定的范围。对于企业发展方向、经营战略和策略安排等一切经营管理活动,商人批发商具有法律意义上的充分自主权。

与商人批发商不同,制造业批发商由制造商投资建设,无论是由制造商独资或者与其他企业合资设立,也不论该制造商是控股或者参股,制造商都是制造业批发商全部或者部分财产的所有者。制造业批发商自身不具有独立产权,而是制造商的某种附庸,联结两者的纽带是产权而非契约关系。由于建设销售分支机构需要投入相当的人力、财力和物力,制造业批发模式不太适合于经济和市场实力一般的中小企业,通常以大型的制造商为主。

需要进一步强调的是,制造业批发商也不同于批发制造商(或制造批发商)。批发制造商或者制造批发商,是批发商通过后向一体化控制产品的生产环节,综合经营批发、制造业务的企业(或企业集团)组织,与批发业态不是同一个范畴,不宜将两者混为一谈。

(二) 制造业批发商以批发贸易作为核心业务

作为制造商的销售分支机构,制造业批发商是专司批发业务的贸易组织,他们不事生产,但并不绝对排斥零售。正如许多零售商都有一定的批发业务,却并不影响他们作为零售商的角色定位。在分工不断深化,网络化、一体化、多元化持续发展的背景下,企业的边界早已不像以往那样清晰可辨。一些大型零售商不只从事零售、批发业务,其业务组合甚至涉足房地产、金融服务、制造等诸多领域。麦德龙(Metro AG)被百度百科归类为"零售批发超市集团"。① 而在我国经营的麦德龙主要是现购自运系统(Cash and Carry, C&C),这是一种有限服务批发商,属于商人批发商的范畴。所以,界定批发企业属性的一个重要标准是其从事的主要业务或核心业务,商人批发商如此,制造业批发商亦然。

(三) 制造业批发商并不仅限于销售本企业的产品

制造商设置专门的批发机构,首要目的在于促进企业产品销售。20世纪90年代,金帝巧克力曾在南京设有营销公司,初期仅销售金帝品牌的巧克力产品。据调查,由于规模效益不显著,南京营销公司拓展了其经营的产品组合,涉及米、面、饼干等其他产品。即便如此,金帝南京营销公司依然是制造商的销售分支机构。

百度百科认为,专门从事"工业自销"活动的生产企业自设销售机构不是真正意义上的批发商,即独立批发商或者商人批发商。开始从事大量的"社会销售"业务后,才具有独立批发商的属性。② 我们认为,销售什么产品不是关键,重要的是制造业批发商在产权层面依附于制造商,即使完全从事"社会销售"业务,其作为制造商销售分支机构的地位仍然不变。

二、分工深化视角下的制造商分销

批发乃至商业本身都是分工的产物,厘清制造业批发商的相关问题,把握其发展脉络,需要从分工的视角展开分析。

(一) 生产者是批发贸易的起点

我们知道,早期的交换发生在生产者与生产者之间,这种交换具有买卖

---

① 参见 http://baike.baidu.com/link?url=eCycFey2-OUjNP_prvoZr-D7e8QUJo8LaR5E6CJ-sLXGlkYSKMRoaR1NO38p3rce46vDuDr—yqEt5tBERGdCWuSBPAgCJTjfAEpy_9wfYCkzs4yCNkyrJZH5KPaGoE65i5Vy—04R89BYQKclbeNHh3b81HbzDqSvV_6wFQUy0iq.

② 参见 http://baike.baidu.com/link?url=gpYsqnBtgP8zWZ_bc7Yhy2ZAJFOwmBaJMo3Esm2qkQNS1HEVSy2QhrxrT1Kiv23nXRwuf_uRdyJz66xMc9Xx2q.

合一,商流、物流、信息流"三流"高度统一的特性。在货币出现以后,虽然买与卖独立为两个单独的过程,"三流"在时空上发生一定程度的分离,但生产者仍然是交换行为的主体。

随着分工深化,商人作为独立阶层形成,交换活动成为商人的专门职能,贸易主体结构由此变得丰富,交换的深度、广度和范围趋于扩大。然而,这一切并不能改变生产者作为贸易主体的地位。

(二) 批零分化并不改变生产者的贸易组织地位

商人、商业是第三次社会大分工的产物。商人专司买卖职能,推动了经济社会的发展,而社会经济的发展又进一步促进了商业和商品流通的发展演化。尽管我们可以从多个维度研究商业演进的历史,但商业内部的分工,特别是批、零的分化组合,始终是极为关键的一条线索。批零分化,即批发商从商人中独立出来,成为一种专门的商业组织。

从世界范围看,批零分化早在我国西周时代即已发生。在周王的王城设有专门的商品交易市场——"王市"。按照时间的先后,市场一天开放三次,分别称为"朝市""大市"和"夕市"。其中,"夕市"主要是商贩之间互通有无式的交易,"大市"在"日中"时开放,满足"民"也即一般消费者的购买需求。值得关注的是,其中的朝市则以商、贾之间的买卖为主。[①] 商人在春秋时代就已经成为一种专门的职业或者社会集团。[②] 历史上,我国的商人统称商贾,而"商"与"贾"又有着明显的区分。《白虎通商贾》等史籍中提到,"商"的任务是商其远近、度其有亡、通四方之物。而"贾"则需固其有用之物,居肆列货,以待民来,所谓"行曰商、止曰贾"。"商""贾"的分野实质就是批发与零售的分化,"行商"指的是批发商,而"坐贾"则是对零售商的称谓。对于这一问题,本书其他章节有专门研究,这里不再赘述。

批零分化是分工深化在商业领域的重要表现,也是商业发展的一个里

---

① 胡寄窗.中国经济思想史(上)[M].上海:上海财经大学出版社,1998:37-39.
② 胡寄窗.中国经济思想史(上)[M].上海:上海财经大学出版社,1998:62-66.

程碑。从此,批发与零售成为两种基本的贸易方式,批发业与零售业构成了狭义的商业产业范畴,"生产者——批发商——零售商——消费者"的格局成为最基本的流通渠道类型和商品运动轨迹。批零分化既是社会分工不断深化的产物,也使得渠道或者分销成为生产者经营管理的重要内容。特别到了现代社会,分销网络建设已经成为企业营销甚至整个经营管理工作的核心,所谓"渠道为王""得渠道者得天下"等描述,正是业界深刻感悟的具体表现。但迄今为止,没有任何证据表明,在批发商成为一种专门的商业组织后,交换包括批量贸易的功能就从生产者手中完全剥离了。

(三) 批零一体化与制造业批发商

资本主义生产方式形成之后,商业、贸易与流通的发展呈现出许多新的特征。到19世纪中叶,西方国家(主要是美国、法国等)商业内部发生了进一步的分化组合,百货商店、连锁经营等新型业态或商业经营形式相继出现,批发与零售呈现出较为明显的一体化倾向。批零一体化是与批零分化逆向的一个过程,其直接表现就是连锁经营的出现。

关于连锁的源起,目前学界似无完全一致的结论,但大西洋与太平洋茶叶公司(A&P)、胜家缝纫机(Singer)分别作为直营连锁和特许经营的早期代表得到大家的普遍认可。此外,还有另一种连锁经营形式,即批发商主导的自愿连锁。总体上,上述三种连锁形式在展开的时间上差距不大。

这里之所以提及连锁经营,是因为这一被视作零售范畴的商业(流通)革命所产生的影响,实际上远远超越了零售领域,而直接关系到制造商分销格局的变化以及制造业批发商的发展。

从连锁经营初期的实践看,直营连锁、特许经营和自愿连锁分别以零售商、制造商和批发商为主导,这种区分传递了非常重要的信息。首先,连锁是批零一体化的最初载体。我们在此不具体讨论连锁的成因及其背景,仅就其结果看,连锁模糊了批发与零售的边界,全面开启了批零一体化进程。以直营连锁为例,零售企业通过连锁设置多个分店,在扩大规模的同时,大大拓展了销售的触角,强化了自身的"接触优势"。① 而作为一个集团组织,大规模的采购使其能获得明显的规模经济效应,连锁企业可以越过独立批发商,直接从制造商那里大批量地购买所需要的产品。在这种模式下,商人批发商从分销渠道中被剥离,批发与零售业务被统一到一个独立的连锁经营组织之中。与此类似,特许连锁、自愿连锁也都在一定程度上推进了批零一体化的发展。②

其次,连锁经营构建了最早的制造业批发商组织的雏形。从某种角度看,零售商主导的连锁组织实际上就是一种批零一体化的商业组织,而特许经营系统则具有与此不同的属性。尽管特许经营也将独立批发商从制造商的分销渠道中剥离,表现为制造与零售的一体化。但必须指出,这一体系实质上还涵盖了相应的批发功能,也就是说,特许经营系统实际上是综合了生产、批发与零售业务的体系。最初的特许经营属于商品商标特许,例如胜家,在收取一定费用的基础上,授予经销商在特定区域内销售胜家缝纫机的权利。经销商作为受许人(加盟店)拥有独立产权,按协议享有特许人给予的权利,并承担相应的义务。这里需要注意的是,加盟店并不能因为特许人的授权自动获得商品,而必须以交易(批量购买)而非其他方式从制造商那里获得商品,这使得特许经营总部或其专门的销售管理机构在一定程度上具备了制造业批发商的属性。

上述分析大致可以帮助我们厘清分工深化背景下,商业尤其是批发业的发展变化。同时,我们也在不断强调一个基本事实,即只要在商品货币社会,生产者就必然是交易者,是贸易的主体,是批发贸易的重要参与者。制造商从来都不可能游离于贸易体系之外,而仅仅作为产品的生产者存在。一方面,维系生产需要购进各种生产要素,特别是原材料。另一方面,企业生产的产品只有销售出去,劳动耗费才可能在价值与实物形态得到补偿。

---

① 张春法.基于网络背景的营销理论研究理念构造与模式[M].成都:西南交通大学出版社,2006:200.笔者认为,由于零售商最接近消费者,比任何其他贸易组织更能对消费者的购买行为施加直接或潜在影响,因而具有制造商和批发商所不具备的比较优势,即"接触优势"。
② 张春法.商业连锁的发展趋势与我国零售业的对策选择[J].南京财经大学学报,2000(6):11-14.

而通常情况下,无论原材料采购还是制成品销售,制造商基本上都是以批量交易的方式进行的。制造商自设批发机构只是对于分销体系的一种特定安排,尽管这种安排实质上开启了生产与批发的一体化进程。按照交易费用理论,一体化是企业代替市场的一种形式。这一形式似乎偏离了分工深化的要求,但一方面这并不必然导致效益与效率的流失,另一方面批零一体化的变迁本身就得益于分工和专业化发展。本章随后的部分,我们将从其他角度就此做出相应分析。

三、制造业批发商与分销模式变迁

传统分销模式的基本结构是"生产者——批发商——零售商——消费者",作为分销商的批发商与零售商都是独立的商业中介机构。其中,批发环节还可以具体区分为一级、二级、三级批发,或者产地、中转地、消费地批发,等等,由一个或若干个不同类型的批发商构成。比如,计划经济时代我国的分销体系就是所谓的"一、二、三、零"的格局。

在传统模式下,制造商将产品批量销售给独立批发商,再由其完成针对下一层级中间商的分销,是一种多层次的分销体系。由于多层次分销会增大销售成本,提高商品的最终销售价格,弱化制造商对渠道系统的控制,因此,制造商在一定程度上倾向于减少渠道层级,尽可能拉近与最终消费者的距离。对于消费者以及零售商,渠道层级的减少同样具有强大的吸引力。这是分销模式变迁的核心推动力量。如前所述,连锁经营开启了这进程。

值得注意的是,分销模式变迁并不简单表现为渠道层级的减少,它同时还催生了另外一个重要的现象,即制造商负责批发贸易的组织,从销售部的形式演进到相对独立的销售分支机构,如销售公司、营销公司等形态,这就是我们所谓的制造业批发商。格力于1997年在武汉成立了厂商股份合作的省级销售公司,专司批发业务。这是国内较早、且具有广泛影响的制造业批发商形式。

制造商的销售部或者销售公司,都是执行批发职能的组织。但是,从职能部门到销售公司的转变,并不仅仅是企业组织结构的优化、重组,也是企业对销售业务实施的一种更为专门化的管理,是分工深化在企业内部的特定表现。在传统的职能型组织框架下,销售部的营运受与其平行的各职能部门的影响和制约,这种横向的协作往往缺乏高效率。特别是在市场区域广阔、客户类别繁杂的情况下,销售部门难以整合分散在各部门的众多资源,及时响应市场需求。而销售公司或营销公司作为制造商投资设置的销售分支机构,独立执行批发贸易职能,原本相对分散的销售资源得以集中,批发贸易的组织化、集约化、专门化程度得到提升。凭借专业化的优势,销售公司能够更为有效地整合企业内外部各种资源、力量,放大协作效应。

在多层分销的体系下,制造商的销售公司实际上取代了其第一个层级批发商的地位,压缩了渠道层级,促进了分销渠道的扁平化。对于节约市场费用,强化企业对分销网络的控制都具有重要价值。从某种角度看,制造业批发商的形成、发展与制造商分销模式变迁是一个问题的两个不同侧面,互为因果。

第二节 制造业批发商存在的客观基础

就批发领域的实践而言,制造业批发商是早已存在的一种批发业态。尽管我国学界和业界对这一问题的关注度非常低,但事实表明,制造业批发商在国内的发展也呈现了良好的态势。十余年前曾有媒体披露,国内有一种观点认为制造业批发商的发展是一种倒退。[①] 因而,揭示制造业批发商存在的原因,在理论与实践两个方面都具有积极意义。

一、制造业批发商发展的基本状况

我国拥有批发业的行业分类标准。根据《国民经济行业分类》(GB/

---

① 参见 http://www.chinanews.com/2002-06-19/26/196096.html。

T4754—2011)标准,批发业被划分为"农、林、牧产品批发""食品、饮料及烟草制品批发"等 9 大类共 57 个小类。而在最新的 2017 版标准中,进一步拓展为 9 大类共 65 个小类。但在业态层面则没有统一的类别区分,更没有关于制造业批发商的任何统计分析。因此,考察我国制造业批发商的发展状况是一件非常困难的事情,尽管这并不能阻碍企业依据自身发展方向和战略规划展开丰富多样的实践。事实上,我国石油、家电、食品等许多行业中,大型制造商自设分支机构专司批发业务,已经成为一个比较普遍的现象。例如,海尔、格力等企业基本上完成了包括批发在内的专属分销体系布局。

格力电器于 20 世纪 90 年代开创了厂商股份合作的制造业批发商模式。格力以资本为纽带与独立批发商合作,建立股份制销售公司,将当地原先各自分散的格力销售和服务网络有机整合,通过增资扩权,目前 30 多个省级销售公司都由格力电器控股。① 省级销售公司在本省范围内是一级批发商,而代售商(在地级市场,格力选择的若干有实力的经销商)则相当于二级批发商,负责该区域内各指定经销商的货物供应。二级批发商实际上不再承担独立批发商的职能,而是作为指定经销商的"提货点",货款由指定经销商与销售公司直接结算,二级批发商获取 2.5% 的代理费和 3% 的运费补贴,而不再是通常在进销价差基础上的利润。而且,指定经销商须在指定的代售商处提取货物,并在指定区域内销售。② 2015 年,格力营业收入为 977.5 亿元,空调业务占销售额的 80% 以上。据此粗略推算,格力自营批发实现的空调销售收入应该不少于 780 亿元。

国内没有关于制造业批发的专门统计,我们借用美国统计局的相关数据粗略描述这一业态在美国的发展情况。

根据美国统计局的数据,我们绘制了 2002 年至 2011 年制造商批发业的销售额走势图,如图 5-1 所示。美国制造商批发业 2000 年销售额为 1 326 641 百万美元,2012 年增长到 1 844 872 百万美元,年均增长率约

---

① 参见 http://it.sohu.com/20160503/n447346191.shtml。
② 参见 http://www.795.com.cn/wz/80513_2.html。

3.04%,虽然由于金融危机的影响,2009年的销售额明显下滑,但总体上处于上升趋势。

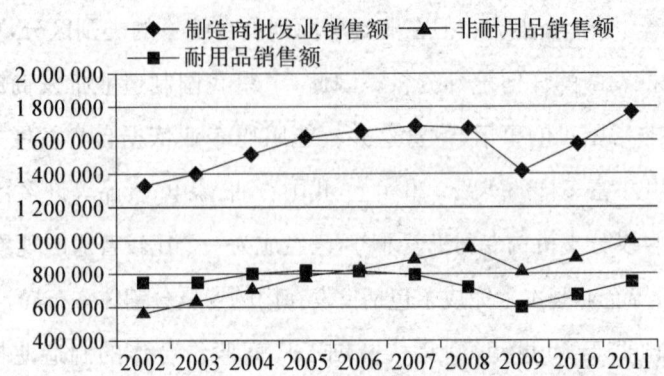

图5-1 2002—2011年美国制造商批发业销售额(单位:百万美元)①

2002—2012年间,按制造商批发机构销售额计算,耐用消费品中汽车及汽车零件和用品、专业和商业设备及用品、电器产品、机械设备和用品处在前四位,而在非耐用销售品中,石油及石油产品、药物和药商杂物、杂货和相关产品则居于前三位。如图5-2和图5-3所示。

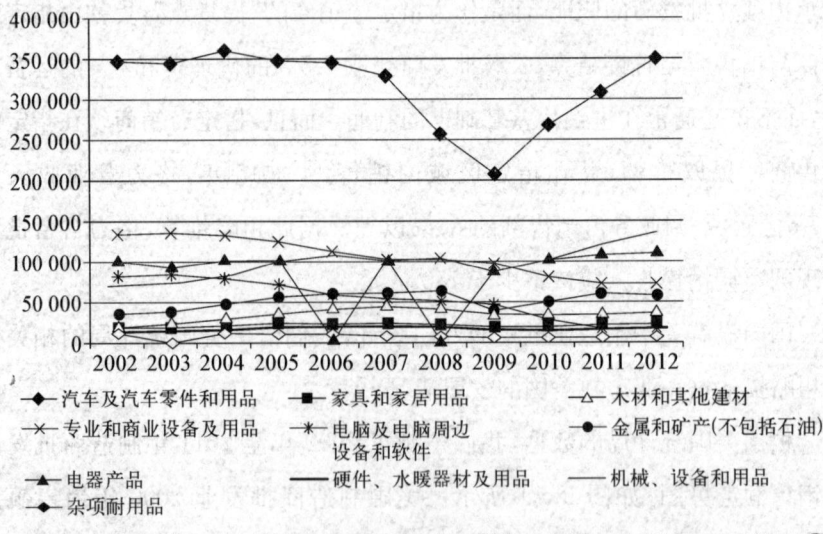

图5-2 2002—2012年美国耐用消费品各商品批发销售额走势(单位:百万美元)②

---

① 数据来源于美国统计局网站。
② 数据来源于美国统计局网站,并经计算整理。

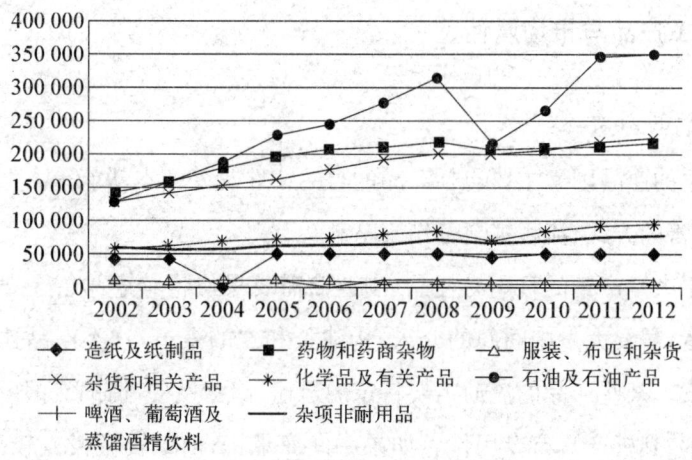

图5-3 2002—2012年美国非耐用消费品各商品批发销售额走势(单位:百万美元)[①]

由此,我们可以从某些方面归纳制造业批发商在美国的发展状况。其一,制造业批发商(美国所谓的制造商的销售分支机构和办事处)是一种非常重要的批发业态,占美国批发业销售总额的比例接近30%。尽管这一比值在上述时间段内趋于缓慢下降,但销售额总体上稳步增加。其二,美国制造业批发商经营的商品主要包括汽车及汽车零件和用品、专业和商业设备及用品、电器产品等耐用品,以及石油及石油产品、药物和药商杂物、杂货等非耐用品。2002—2012年间,制造业批发销售中非耐用品占比趋于扩大,大部分商品销售态势比较平缓,少数类别商品的批发贸易呈现出较为明显的波动。

二、制造业批发商存在的基础

制造业批发商的形成是分工深化的一种表现,又是企业替代市场的典型形态。一切分工的根源都在于生产与消费的矛盾,就制造业批发商而言,它的存在和变迁主要取决于以下几个因素。

---

① 数据来源于美国统计局网站,并经计算整理。

(一) 产品与市场属性

1. 产品因素

这里的产品因素主要包括产品的自然特性及其基本功能等。产品属性不同,销售的方式、流程甚至营销策略都会有一定差异。

对于大量产销的日用易耗品,制造商需要尽快将其产品售予尽可能多的消费者,需要大量中间商的介入,构建长和宽的渠道,这类产品比较适合商人批发。某些产品的流通需要特定的运输、储存设备,借助专门的商业设施和技术,其资产具有专用性。如果中间商承销,前期资金投入较大,更为重要的是,一旦与制造商的合作中断,或者中间商出于战略需要调整业务领域,其投入极有可能沦为沉没成本,企业将因此蒙受重大损失,严重制约自身发展。因此,这些产品比较适合制造商直销或者自营批发。

商品价格对于分销体系的选择也有一定影响。生产廉价商品的某些企业需要大量销售以获取稳定的利润,利用中间商的分销网络快速覆盖市场,是一个比较好的选择。而奢侈品价格高,服务的顾客群体相对有限,且因隐含的利润空间较大,由制造商直接面对最终消费者,或设置专门批发机构在剥离独立批发商的基础上实施终端销售,更有利于制造商控制分销渠道。

工业品往往有较为复杂的技术特性,比如某些精密仪器,不只销售过程中需要专门技术人员参与,在产品售出后仍需提供专业化的售后服务,这是独立批发商、零售商不易完成的任务。有些产品如金属零部件不仅技术要求高且具有专用性,只面向特定的客户需求,由制造商自营批发或直销是最为合理的选择。

2. 市场状况

市场状况主要是指客户需求以及客户空间分布等。不同顾客的需求及其特征、地域分布等不尽相同,对企业分销格局会产生不同的影响。如计算机及其相关产品,家庭与企业、学校、政府部门,农村和城市等不同细分市场需求存在一定差异,需要企业在营销的各个层面区别对待。联想通过独立批发商以及"1+N+N"的经营模式,将销售触角延伸到广大的城镇、乡村市场;而联想销售公司作为典型的制造业批发商业态,则专门面向大中客户,提供包含计算机软硬件批发业务在内的一揽子增值服务。

与消费品不同,生产资料的市场及行业相对集中,顾客数量有限,购买频次低且单次购买量较大,规模经济效应比较显著,可以由生产者直销或设置专门机构自营批发,如钢材、木材、煤炭等大宗商品。在美国,只有大约20%的工业品经由中间商完成销售。

事实上,在消费品领域,许多产品也并非必须经过中间商才能完成销售过程。例如,"太太乐"从2011年开始在国内超百万人口规模城市布点被命名为"致味馆"的直营门店,首批30个门店于当年在上海开业试点,计划在全国开设6 000家"致味馆"门店,面向最终消费者推行调味品直销。[①] 在这种制造、零售一体化的模式中,独立批发商和零售商都将从分销渠道中消失。我们对"太太乐"的前向一体化战略不作是与否的价值评判,但就调味品的市场结构看,除了传统的多层次分销以及上述的"直销"方式,由企业投资设立专门的批发机构,面向某些专业客户实施终端销售,也不失为一个可行的方法。

(二) 竞争格局

我们知道,现代企业的竞争早已完成从单个企业到产业链或供应链竞争的转变,注重在供应链高效协同基础上构建整体性的竞争优势。所以,制造商特别是大型制造商往往有纵向一体化的强烈动机,这种纵向约束具体到营销层面就表现为对企业分销渠道的控制。

在科斯的理论体系中,企业与市场是可以相互替代的两种制度安排,企业边界取决于市场交易成本和企业内部协调成本的比较,当外部交易的边际成本等于企业内部协调的边际成本时,就是企业规模扩张的界限。

海尔推行终端销售,在各省成立海尔工贸公司,面向零售商专门从事批

---

① 参见 http://www.shichangbu.com/2011/0214/14503.html。

发业务,独立批发商基本退出了海尔的分销渠道,这是外部市场交易内部化的典型表现。毫无疑问,海尔自营批发会增加企业的内部协调费用。按照科斯的交易费用理论,只要内部协调的边际成本不大于与独立批发商进行市场交易的边际成本,海尔的纵向控制就是合理的。从目前情况看,海尔的自营批发业务运行正常,而且,海尔还在不断建立完善自己专属的分销体系。海尔电器将着重于整合社会资源,做第三方渠道服务,让公司现有的渠道网络向"非海尔"品牌产品提供售后服务,目标是成为在中国家电分销领域举足轻重的渠道综合服务提供商。并且,海尔电器与英国家居用品及百货零售商 Home Retail Group 成立的合资公司,已于 2012 年起在我国以"Argos"品牌发展多渠道百货零售业务,直接销售各种非食品货品至终端消费者,顾客可以通过店铺、互联网或电话等方式订购商品,并通过另一种渠道取货。① 我们可以认为,包括自营批发在内的纵向一体化对海尔正发挥着积极的效应。

在保持适度边界的基础上,制造商实施纵向一体化,加强对渠道的控制,不仅有助于节约交易费用,构建基于供应链一体化的竞争优势,而且对稳定市场、维持和扩大销售,强化企业对市场需求的快速响应能力等,都有非常重要的意义。所以,在美国的石油、汽车行业,尽管用户比较分散,但制造商都实行一体化经营,其销售分支机构在渠道中发挥关键作用。即使软饮料行业的可口可乐也竭力推行"渠道扁平化",强化对零售终端的控制。

(三) 零售商一体化

与制造商相似,零售商也倾向于通过一体化控制供应渠道。以连锁经营组织为代表的大型零售企业拥有众多门店,具有非常突出的"接触优势",大规模采购也使它们在与供应商的相互关系中处于相对有利的地位,这会转化为零售商谋求更大利益的动力。所以,大型零售商的一体化(后向一体化)也就成为必然。而一些中小零售企业迫于大零售商的竞争压力,通过自

---

① 参见 http://finance.sina.com.cn/stock/hkstock/ggscyd/20111020/010410653118.shtml。

愿连锁等方式结成某种形式的同盟。例如,早在1926年,就由100家左右的独立杂货商在美国特拉华州创建了国际独立杂货商联盟(Independent Grocers Association,IGA)。迄今,IGA在美国48个州,全球45个国家和地区拥有4 400家连锁超市、37家分公司和55家主要制造商的支持,并于2004年正式进入中国。IGA成员可以通过共享采购平台获取优惠的采购价格,通过内部的各种协作,IGA帮助成员降低经营成本,增强单个零售商与大型连锁店竞争的能力。[①]

具有相对优势地位的零售商希望尽量缩短与供应来源的时空距离,甚至直接控制产品的生产环节。这一方面,压缩了传统批发商的生存空间,另一方面,零售商的大规模采购也要求制造商发展新的分销模式与之匹配。这样,由制造商设立销售分支机构以适应零售商的需求,在某种意义上就成为供求双方的一个共同选择。当然,零售商一体化发展的实践及其对于批发格局的影响远较上述分析来得复杂,这里不再展开进一步的讨论。

(四) 专业化分工

分工深化和企业间的协作为制造商自营分销提供了便利。例如,在汽车销售领域,所谓的4S店包含了销售(Sale)、维修保养(Service)、零配件供应(Spare part)和信息反馈(Survey)等功能,在我国,上述四项功能基本上是合一的。而美国2.2万余家汽车专卖店只从事整车销售业务,其他业务则由更为专业化的企业来承担。

第三方物流的迅速发展使制造商的物流服务得到了有力支持。在专业化物流机构的协作下,制造商的销售分支机构可以专注于核心业务,而不必耗费巨资涉足自己不熟悉,或者缺乏经营优势的领域。例如,为了实现不放弃任何一个小零售商的目标,可口可乐通常会在区域市场选择一个有一定规模的零售商作为"金钥匙伙伴",由"金钥匙伙伴"负责储存商品并向该区

---

① 参见 http://www.hb.xinhuanet.com/newscenter/2005-04/27/content_4137478.htm.

域内以杂货店为主的小零售商配送。① 在可口可乐的分销体系中,"金钥匙伙伴"仅仅作为服务提供商,为可口可乐提供专业化的物流配送服务,而不再执行传统中间商的购销功能。类似情况在啤酒、奶制品等产品分销领域都有相应表现。当然,这也从某种角度为传统批发商的转型提供了一个方向。

特许经营、专业化的代理也是制造商自营批发的重要支撑力量。汽车制造商给予专业零售商特许经营权,石油公司也通过特许经营,控制众多加油站,实现从生产、批发到零售的一体化经营。

第三节 制造业批发商发展的基本思路

制造业批发商在我国的发展历程不长,尽管作为专门批发业态的地位尚未得到必要体现,理论研究严重滞后,但企业层面的大量实践却在有力推动着这一业态的不断进步。目前,制造业批发商在客户管理、企业内部协同和渠道体系建设等方面还存在许多不足,需要在实践中进一步探索、完善。本节我们将从几个不同侧面,就其未来发展提出若干对策建议。

一、明确功能定位,构建营销优势

恰当的功能定位对制造业批发商的有序运行具有重要意义。在多层分销的格局下,制造商通过设立的专门销售分支机构,部分或完全替代了独立批发商的地位,面向零售商、批发商等中间商甚至最终客户开展批发业务。除了在产权层面缺乏独立性,就其基本功能而言,制造业批发商与一般的商人批发商并不存在本质区别。

但是在实际运行中,不同企业对于销售分支机构的定位有所不同。例如,早期美的电器派驻各地的分公司或者办事处只是管理服务型机构,不直

---

① 参见 http://sanwen8.cn/p/106RW5e.html。

接向零售商供货,主要负责和零售商建立联系,了解实际销售情况,向零售商提供包括店面或专柜装修、派驻促销员、提供促销支持等服务。① 格力通过厂商股份制方式建立的区域销售公司,则是从一开始就承担了批发商的基本功能,从事实质性的销售业务。2006年以后,美的整合家用空调、冰箱和洗衣机产品营销平台,在各地原有美的空调营销公司的基础上成立了60家美的制冷产品销售有限公司。② 在整合渠道资源、优化企业分销体系建设的同时,美的电器销售分支机构完成了由管理服务型组织向真正的销售公司的转型。

在此,我们并不排斥制造商销售分支机构承担相应的渠道管理职能。但作为企业分销体系的关键环节,制造业批发商的核心任务是销售产品。突出销售功能不是放弃对渠道成员和分销系统的管理,更不意味着制造业批发商可以忽视物流、信息流、促销流、货币流等其他各项业务,而是立足于销售这一中心有机整合企业资源,提高企业分销网络的效率和效益。彼得·德鲁克曾经指出,企业的基本职能只有两个:市场营销和创新。创新是企业研发机构和制造部门的任务,作为制造商专属的销售分支机构,在营销层面构建整个企业的竞争优势,则是制造业批发商必须承担的重大使命。

突出销售功能,需要在产业链(或供应链)一体化基础上对相关业务作出调整。对此,许多企业进行了积极探索,取得了较为明显的成效。例如,可口可乐对连锁超市和较大规模的零售商采取直销方式,物流由自己的灌装厂直接负责。而对于分布广泛的小零售商和杂货店,可口可乐则是将产品送达"金钥匙伙伴",再由其完成最后的配送。③ 这样,可口可乐不仅实现了对整个分销网络的严密掌控,也使企业有更多精力从事市场的开发和维护,提高客户服务水平和经营绩效。再如,早期的海尔工贸公司既要面向国美等大型连锁企业提供物流服务,又要负责零售商的小批量供货,不仅需要持有大量存货,而且管理难度大,物流成本高。所以,早在10余年前海尔就

---

① 参见 http://www1.chinaccm.com/09/0902/090202/news/20020401/102301.asp.
② 参见 https://club.1688.com/article/32242838.htm.
③ 参见 http://sanwen8.cn/p/106RW5e.html.

已开始逐渐剥离各地工贸公司的物流职能,对于国美这样的大型连锁企业,海尔物流的路径是从生产线直接到国美的配送中心,各分公司的仓储、运输成本随之大幅下降。[①]分销系统的运行效率得到明显提升。需要指出的是,上述分析仅仅针对物流这一项业务,在其他业务领域企业完全可以根据实际情况做出适当安排。

二、优化组织结构,强化流程协同

从销售部到销售公司的转变,不仅是制造商对产品分销体系实施的重大调整,同时也是企业业务流程的重组,并涉及组织结构的重新设计。这种重组和设计不仅服从并服务于企业的特定目标,而且不应成为某种恒定不变的状态。无论站在制造商抑或制造商销售分支机构的视角,都有必要深入思考这一问题。

在迈克尔·波特的理论体系中,企业行为本身就是一个价值链结构。而且,企业的价值链仅仅是更大的某个活动流的一部分,波特将其称为价值系统。价值系统包括供应商和供应商价值链、制造商及制造商价值链、销售渠道和渠道价值链、客户及其价值链,相关内容在第一章中已有分析。立足于波特的价值链理论,我们可以得出以下几个基本判断。首先,制造业批发商是下游价值链的核心环节,与上游各价值链构成一个不可分割的整体,共同服务并服从于企业创造最大价值的需要。其次,从销售部形态向独立销售公司的演进,无疑是企业组织结构的再造,其中有企业适应环境、实现发展目标等诸多考量。但组织结构的重组不是目的,恰恰相反,制造商批发机构取代独立批发商正是为了更有效地整合企业资源,进而优化业务流程,提高分销系统的运行效率。第三,制造业批发商的产品供应直接来源于母体公司,具有一般商人批发商无可比拟的优势,但也存在着与制造部门及企业其他相关部门的协同,上下游价值链并不能自动实现高效耦合。所以,无论

---

① 参见 http://3y.uu456.com/bp—e2d73d7202768e99s1e738de—1.html。

是制造商还是销售分支机构,都要以业务流程优化为中心,打破原来各部门的封闭状态,构建柔性化的组织结构,加强部门之间、销售分支机构与企业总部之间,甚至企业与企业之间的交互与协作。

在许多企业的发展历程中,事业部制的组织结构设计曾经并正在发挥着非常积极的作用,但其潜在的负面影响也不容忽视。事业部具有相当的独立性,各司其职,更多地考虑自身而不是企业整体的利益,在一定程度上存在条块分割、各自为政的现象。由于销售资源分散由各个事业部掌控,缺乏相应的共享机制,事业部层面对于分销体系的管理并不总是符合企业整体的战略目标,导致整条价值链的运行不能达到最优状态。因此,需要通过组织结构的重组来优化业务流程,以充分挖掘和利用销售资源,提高分销网络的营运效益。不论企业原来的组织结构是否基于职能、市场或者地区因素,随着环境、条件的变迁,都或多或少的存在进一步优化、完善的空间。

2009年,美的公司在成立销售公司的基础上,进一步将冰箱、洗衣机销售业务整合到销售公司中,美的中央空调的销售业务从美的暖通设备有限公司剥离,原美的中央空调在全国的30余家分公司根据销售规模或成立销售公司或直接并入当地的空调销售公司并成立中国营销总部作为各销售公司的总部管理机构。[①] 中国营销总部整合各产品市场职能,承担监控、协调、指导和服务全国各区域销售公司的功能。[②] 这样,美的电器的销售资源和营销力量就被纳入一个统一的框架中,便于企业在综合考虑环境、资源和目标的基础上,合理配置各项资源,提高整个分销体系的运行效率。从某种意义上讲,业务流程的实施过程实质上就是价值创造的过程,而企业对于业务流程的重新设计绝不简单等同于组织结构的再造,结构重组或者流程再造只是手段,目的是通过建立柔性化的组织架构,不断优化各项业务流程,为企业和客户创造更大的价值。[③]

---

① https://club.1688.com/article/32242838.htm.
② 参见 http://www.58kt.com/newsdetails-1781/.
③ 张春法.基于网络背景的营销理论研究理念构造与模式[M].成都:西南交通大学出版社,2006:148.

三、化解渠道冲突，完善分销体系

自营批发业务的制造商通常具备雄厚的实力，倾向于强力控制分销渠道，又与各类中间商存在长期的合作关系，形成了较为复杂的分销格局，渠道类型各异，渠道成员属性以及渠道层级有所差异。例如，海尔的分销体系就是一个多渠道的结构，包括以苏宁、国美等为代表的大连锁体系，专卖店渠道，众多的经销商渠道以及海尔专属的日日顺连锁体系。由于不同类型渠道、同一渠道内不同成员的功能、地位、目标、市场覆盖能力等不尽相同，渠道与渠道之间、渠道成员之间存在一定的矛盾冲突。

从某种角度看，分销渠道是联想的核心竞争优势。二十余年来，联想始终致力于分销渠道的优化整合，以提升企业的核心竞争优势。2004年7月，联想实施"整合分销"策略，将原来的七个大区合并为四个区域总部，共18个分区108个网格，覆盖全国各区域市场。为了获得渠道成员的支持，联想向39家核心分销商承诺，直销的比例将会控制在20%。但这并未有效解除分销商的疑虑，部分大分销商开始加快非联想业务的投资，并且将营销触角进一步延伸到终端，试图加强对零售环节的控制。[①] 2010年，联想集团成立大联想事业部，负责执行渠道分销职责，进一步推动和完善直销体制。在大联想事业部模式下，联想分销采取"总代制"，每个分区/省将有一家经销商被选择作为总代进行产品包销，由其独家运作大联想事业部的产品。通过独家包销激发总代的分销潜力，维系区域市场秩序，保证各环节的盈利水平，[②]进而强化竞争优势，提升大联想渠道的整体竞争力。联想意图在超越企业边界的一个更广阔空间里，构建直销和分销和平共处、供应链高度集成的合作伙伴模式。毫无疑问，这是联想具有战略意义的重大决策。但在多渠道分销格局下，联想仍然需要面对渠道中潜在的各种矛盾，妥善处理自

---

① 参见 http://www.qqdaquan.com/rizhi/xiaoshou/119762.html.
② 参见 http://news.cnfol.com/101015/101,1587,8598876,00.shtml.

营批发渠道与一般分销渠道、自设批发机构与渠道其他成员的利益冲突。

格力通过自营批发构建的渠道体系对企业发展起着不可或缺的作用，但渠道冲突始终是企业不得不面对的难题。据媒体报道，最近几年，格力与经销商的关系再次出现裂痕。有经销商反映，为了实施多元化发展战略，格力强行向经销商推送冰箱、净水器等产品；如果不能完成任务，格力将不兑现返利，致使某些经销商不堪销售压力而选择退出格力的分销体系。[①]

批发商并不能直接接触为数众多的最终消费者，因而离不开来自零售终端的支持，必然需要建设自己的分销体系。事实上，营销渠道对批发商有着非常重要的价值，商人批发商如此，制造业批发商也不能例外。制造业批发商不仅要善于协调渠道关系，恰当处理渠道成员之间，以及与其他类型渠道的矛盾冲突，还应采取必要措施完善自己的分销网络。

制造业批发商的渠道建设需着重解决三个方面的问题。其一，坚决剔除一切不必要的环节，构建扁平化的渠道网络。其二，强化终端控制。通过直接投资或合作等多种方式，将企业的触角尽可能延伸到零售环节，确立在下游价值链的绝对优势地位。其三，在供应链框架下实现一体化管理。作为制造商的销售分支机构，在任何时候都应服从并服务于企业整体的发展目标，在供应链一体化基础上，不断提升渠道管理水平和运行绩效，放大供应链协同效应，实现企业上下游价值链的有机耦合。

四、完善信息系统，提高管理效率

制造业批发商专司批发职能，面向客户销售产品，提供各种服务，需要研究市场环境，全方位把握客户需求状况和行为特征。而且，作为制造商分销体系的关键节点，制造业批发商必须在更为广阔的空间，依托供应链的合作和共享机制开展经营活动，实现与供应链各成员、业务流程各环节的高效协同。所有的这一切，都离不开通畅、高效率的信息运动。

---

① 参见 http://it.sohu.com/20160503/n447346191.shtml.

现实中,制造业批发商的运行面临许多问题,例如,不能及时响应客户需求,物流体系运行不畅,企业对销售、库存以及产品在途等情况缺乏准确把握,等等,这些问题都在一定程度上与信息管理的低效有关。据媒体报道,发布于 2016 年 5 月 7 日的"珠格销字(2016)005 号"文件显示,山东盛世欣兴格力贸易有限公司有 7 800 套空调失窃。公开信息显示,该公司是格力电器在山东的营销管理服务公司,负责山东全省格力空调、冰箱、热水器等全系列产品的经营销售、渠道、售后服务等,在 17 个地市设有办事处。该文件指出"经调查,被盗机器已被不法人员通过临沂批发市场销售全国各地,山东公司现正对该批被盗机条码信息匹配之中,待匹配完毕后将报总部及各销售公司。"文件要求全国各销售公司及经销商在本区域内对山东公司疑似被盗货物"不收货、不购买、不销售",并报山东盛世欣兴格力贸易有限公司跟进处理。① 我们无意就此事件作其他解读,但从中可见,制造商与其销售分支机构之间存在着信息流通不畅、缺乏共享机制以及管理缺位的现象。

无论制造商抑或制造商的销售分支机构,企业有效运行的前提都在于充分的信息共享和业务流程集成。在一个多维度、跨空间、超企业边界的环境中,制造业批发商需要建立和完善信息系统,利用各种先进信息技术提升企业的信息管理水平。着力构建"一对一"的信息分享机制,充分重视与客户的每一次交流,及时跟踪和响应渠道企业的各种需求;要优化各批发业务流程的运行效率,构建充分合作、重视学习的企业文化;不断强化与供应链各成员的信息交互和协同,全面改善基于供应链一体化的信息传递效率和沟通效果。

---

① 参见 http://tech.sina.com.cn/it/2016—05—12/doc—ifxsenvn7066146.shtml.

第六章 其他批发业态

除了传统意义上的商人批发商和制造业批发商,国内外批发领域还活跃着其他一些批发业态,如代理商、经纪人等。在我国的《国民经济行业分类》(GB/T4754—2011)标准体系中,贸易经纪与代理就已经被作为一个专门的业种类别列入批发产业体系,包括贸易代理、拍卖和其他贸易经纪与代理三个小类。此外,网络和电子商务也在极大程度上推动着批发产业和批发商的变革。本章我们将讨论代理商、经纪人等批发业态,介绍与批发贸易存在密切关联的会展,探讨网络与电子商务对批发业和传统批发商的影响及其对策。

第一节 代理商

代理商是一种比较重要的批发业态,广泛活动于社会经济的众多领域,对促进商品流通,加强生产和消费的有机连接发挥着积极作用。在美国,代理商实现的销售占整个批发销售额的比例长期稳定在 9%—10% 之间,是仅次于商人批发商和制造业批发商的一种批发业态。代理商在我国的实践活动相当丰富多样,学术界和业界对此给予了一定的关注。

一、代理商的内涵与特征

(一) 代理商的内涵

关于代理商的释义较多见于商法学界。例如,百度百科引用相关学者的观点,认为代理商是在其行业惯例范围内接受他人委托,为他人促成或缔结交易的一般代理人。在代理制度下,代理货物的所有权属于委托人而非代理商。由于不是销售自己的商品或服务,所以,代理商通常是指赚取委托人代理佣金的商业单位。① 我国在法律层面对代理商并无明确的界定,2016年6月,第十二届全国人大常委会第二十一次会议初次审议的《中华人民共和国民法总则(草案)》对于代理制定了较为详尽的规定,但主要不是指商事代理。比较而言,西方一些国家在其商法中对代理商及其行为有明确的规范。例如,在德国商法典中,代理商被界定为一种独立的商事经营者,他们接受他人委托,固定地为其他企业促成交易,或以其他企业的名义缔结交易合约。

我国某些地方性的法规对代理商却有相应界定,如广东深圳市曾经颁布实施的《深圳经济特区商事条例》②就指出,代理商是固定或持续地接受委托,代理其他商人或促成与其他商人进行交易的独立商人。代理商可以具体区分为两类,即区域代理商和独家代理商。该条例规定,除代理合同有明确限制,代理商可同时接受两个或两个以上委托人的委托,从事与委托人存在竞争关系的营业;委托人在区域代理商代理的区域范围内达成的交易,无论区域代理商是否参与这些交易,均享有对委托人的报酬请求权,等等。

我们无意基于法的视角讨论代理或者代理商,因为这并不是本书的任务。站在商业或者市场营销的角度,代理商较多地涉足批发贸易,是一种比较典型的批发业态。在许多情况下,代理商与商人批发商以及各种形式的零售商一样,仅仅构成供应链或者企业分销系统的一个环节。

我们认为,代理商是指接受他人委托,从事交易活动或促成交易以获取佣金的独立中间商人。这一定义包括以下几个方面的内涵:首先,代理商与

---

① 参见 http://baike.baidu.com/link?url=TFzWHyz3A8V_cTpry9oWVgPm8JAkR6z0glvzOYPVx7B-zTVkTgmdFDlUeumlF-rjz8gjZY0RYRVDLzq4rIEX1Yr911IW5OC52L32Fae3kDM_XcwoaJ0d7uROHAygaEw4.

② 注:该条例1999年10月1日起施行,2013年12月25日,深圳市五届人大常委会第26次会议通过《深圳市人民代表大会常务委员会关于废止〈深圳经济特区商事条例〉的决定》,废止了该条例。

委托人是委托代理关系,联结双方的是契约关系而非任何其他形式。其次,代理商所以从事某项交易或者与交易相关的事务,源于受人之托,为他人谋取利益,所以,委托人必须对代理商的行为及其结果承担相应责任。第三,代理商的职责是达成交易或者促进交易的实现,因此,代理商需要直接介入交易过程,从事商品(或者服务)的销售、采购,甚至物流配送等实质性的批发业务。

(二) 代理商的特征

代理商以委托代理关系为纽带开展经营活动,在一定程度上区别于商人批发商或者制造业批发商等批发业态,大致具备以下几个方面的基本特征。

首先,代理商是独立的中间商人。代理商是独立于委托人之外的组织或者个人,维系委托代理关系的是契约而非产权。所以,代理商与商人批发商相类似,都是独立的中间商人,但不同于制造商的销售分支机构。其次,经营范围狭窄,专业性强。代理商通常专门从事某些领域的商贸经营活动,具有良好的行业背景和专业技能。业务涉足的范围相对狭窄,专门化程度较高。第三,代理商不拥有所经销商品的所有权。代理商无须购进委托人的商品或者服务,与商人批发商的"买断"经营截然不同。与零售领域广泛存在的代销行为类似,代理商并不实际购买商品或服务,在委托人与代理商之间不发生商品所有权的让渡。代理商或者代行销售职能,或者受人之托为其采购商品,在代理商的贸易活动中,买与卖这两个过程不仅分离,并且原则上只能居其一,通常情况下并不同时执行买和卖的职能。第四,代理商的收入不是通常意义上的利润,主要以佣金的形式来体现。第五,和其他某些类型的居间商人相比,代理商与其委托人通常维持较长时期的合作关系。

(三) 代理商的盈利模式

佣金是代理商的主要收入来源。除此之外,代理商还可以依据完成的业绩或者提供额外服务获得其他收益。

1. 佣金

商人批发商既买又卖,其收入来源于购销差价基础上形成的利润。代理商不实际从制造商手中购进商品,因此,其报酬不是以利润的形式体现,而是由委托人根据代理商的实际销售额,按一定比例支付佣金。佣金占销售金额的比例往往因事、因地、因时甚至因人而异,在法律或者相关规定许可的框架内,由委托人与代理商双方协商确定,大致在3%至5%之间,但也不能一概而论。例如,格力电器除了给予其二级批发商(格力称之为代售商)3%的运费补贴外,还需支付2.5%的代理费。[1] 菲利普·科特勒曾在其著作中提到,美国代理商(包括经纪人)的佣金收入占其销售金额2%至6%的比例。[2]

2. 年终返利

由于代理商不必出资购买委托人的商品,资金压力及经营风险较小。与此相对应的是,代理商开拓市场、扩大销售的积极性也就有所不足。站在趋利避害的角度,委托代理双方都有寻找新的合作路径以增进彼此利益的动机。现实中,年终返利是一个得到较多运用的方式。通常,双方会约定全年销售目标,只要完成任务,代理商即可获取一定数量或一定比例的返利,超额部分另按合同约定的办法处理。为了鼓励代理商挖掘经营潜力,扩大产品销售,一些企业还制定了阶梯式的返利制度,合同期内完成的销售越多,代理商能够得到的返利比例就越高。在某些领域,年终返利对代理商的收入甚至有着举足轻重的影响。

3. 增值服务收入

随着市场环境变迁,以及分工和专业化经营的不断发展,代理商与委托人的合作也被逐渐赋予新的内容。委托人不仅需要代理商顺利达成销售或者采购任务,也希望他们能够立足于供应链一体化的视角,协助和配合企业

---

[1] 参见 http://www.795.com.cn/wz/80513_2.html.
[2] [美]菲利普·科特勒.市场营销管理——分析、规划、执行和控制[M].广东财贸管理干部学院市场学翻译组译.北京:科学技术文献出版社,1991:909.

提升整条供应链或产业链的竞争能力,全面改善经营管理绩效。所以,在西方一些国家,包括代理商在内的批发企业非常重视拓展业务内容,通过提供增值服务来增进双方的福利。国内批发业界也在积极发展增值服务,如中国汽车电机网的国际采购代理服务,就在产品技术支持、生产过程监理等许多方面为客户提供支持。代理商的增值服务主要包括销售人员培训、库存管理、促销援助等零售支援活动,以及面向制造商的市场覆盖、销售接触、顾客支持等服务。由提供增值服务所带来的收益,也成为代理商收入的一项重要来源。

二、代理商的主要类型

目前,国内对于代理商具体形态的研究很不充分,还没有形成明确的分类。实践中大量被冠以代理商名称的中间商人,实质上并不能称之为代理商。基于此,我们主要参考菲利普·科特勒等学者的研究成果,将代理商划分为四种基本类型,即制造业代理商、销售代理商、采购代理商和佣金商。①

(一) 制造业代理商

制造业代理商(Manufacturer'Agent),也称制造商代理商或者制造商的销售代表。菲利普·科特勒认为,制造业代理商代表两个或者若干个产品线互补的制造商,分别与每个制造商签订合同,内容涉及价格政策、销售区域、订单处理、送货和各种保证以及佣金比例等条款。制造业代理商了解制造商的产品线,熟悉市场环境和行业状况,经验比较丰富,在长期经营过程中建立了广泛的市场关系和相应的客户资源,具有一定的竞争优势。美国的制造业批发商多是小企业,普遍存在于食品、家具、汽车配件、服饰等行业。

例如,美国制造业代理商协会(MANA)拥有近 2 万家会员,包括 4 800 家销售代理商会员,2 200 家制造商会员,成员遍布全美以及加拿大、欧洲等

---

① [美]Philip Kotler,Gary Armstrong.市场营销原理[M].赵平,王霞等译.北京:清华大学出版社,2003:456-457.

地。其中的代理商大多是小规模的企业,但多有二十余年的经营历史,虽然体量规模有限,但经营状况比较稳定。①

制造业代理商一般只被委托代理制造商的部分产品,且无权决定交易条件。制造业代理商可以具体区分为两种类型,即独家代理商和一般代理商。在某一特定区域内仅此一家的制造业代理商称为独家代理商,同时有两家及两家以上者,就是一般代理商。显然,一般代理商的竞争格局较之独家代理商更为复杂。需要指出的是,通常情况下,在任一区域市场,无论采取独家代理或者一般代理方式,制造商都有权在该区域内设置分支机构开展销售业务。

制造业代理模式一般适用于三种情况,新建的小制造商、开发新市场的制造商以及发展潜力有限的市场。新建的小企业生产规模有限,甚至产品还不够成熟,面临开发市场的艰巨任务。而面对新的市场,有许多因素会影响企业的分销效率,市场和客户对企业产品的认知存在较大的不确定性。如果利用代理商长期积累的关系和丰富的营销经验,可以帮助制造商加快渠道建设速度,降低开发市场的成本和风险。对于那些发展潜力有限的区域市场或者细分市场,投入更多的资源并不能带来销售量的显著增长,因此,利用代理商而不是耗费投资构建自己的分销体系,往往是一个经济而又较为稳妥的选择。

(二) 销售代理商

销售代理商(Selling Agent)通常按区域设置,区域的具体范围可以是一个地级市、一个省或者更大的空间地域,如华东地区、东南亚地区,等等,通常由制造商确定。在全国销售产品的制造商,较多地按省设置销售代理商。销售代理商拥有较大的活动空间和自主权,经营范围一般不受限制。他们有权指定分代理商,因而具有较强的渠道控制能力。销售代理商不仅被授权销售制造商的全部产品,而且对价格等交易条件有较大影响。他们除了负责在区域内代理制造商的产品销售业务,还有权代表制造商处理其他非商业性事务。

---

① 参见 https://zhidao.baidu.com/question/495957429737356004.html。

有些制造商专注于产品的研发,无意在销售环节投入太多精力;或者企业自身缺乏必要的销售资源,无力有效掌控分销系统,就可能选择销售代理的方式。在销售代理制度下,制造商在每个区域只能使用一个销售代理商,并且不得在该区域另行设置自己的销售分支机构。在美国,销售代理商多见于纺织品、煤炭、产业用机械和设备、化学制品等产品分销领域。

在我国的分销领域,广泛存在着各种各样的"总经销商",或者称之为"总代理商"。例如,"老干妈"辣椒酱在各大区域选择总经销商,总经销商负责物流运输,并且必须进行下一层级渠道的开发布局,由此,"老干妈"的分销网络快速铺向全国各地,而"老干妈"对经销商的约束则主要体现在定价方面。[①] 在一般的描述中,"老干妈"辣椒酱采取的是按省设置总代理商的经销模式。但是,不论是收购农民辣椒,或者将产品卖给经销商,陶华碧永远是现款现货。[②] 所以,这里所谓的"总代理商""总经销商"与销售代理商并不是相同的概念。

类似的情况比较常见。例如,志高空调采取总代理制,"广东超市配货中心有限公司"主营产品是家用空调及中央空调,是志高空调和 LG 空调的广州总代理商,也是格力、美的、华凌、海尔等名牌空调的特约经销商。该公司为广东地区近 400 个家电大卖场、百货商场及大型超市提供空调销售与配送服务。[③] 无论是志高的"总代理商"、"老干妈"辣椒酱的"总经销商"抑或是联想的"总代",都有一个共同点,即必须实际购买并持有制造商的产品,这和代理商依托的委托代理关系完全不同,虽被冠以代理之名却未行代理之实。在苹果手机的分销体系中有指定分销商和授权经销商之分,将其借用来定义目前林林总总的"总代理商""总经销商",或许更符合实际。

(三) 采购代理商

采购代理商(Purchasing Agent)为买方代理购买事宜,一般与委托人建

---

① 参见 http://www.ccfa.org.cn/portal/cn/view.jsp? lt=4&id=426931.
② 参见 http://news.cnfol.com/chanyejingji/20160920/23498409_4.shtml.
③ 参见 http://elphen007.b2bvip.com/introduce/.

立长期关系并代其采购商品。他们负责接收、检验、储存商品,并负责将商品送达委托人。采购代理在我国的发展历史较短,风险和机遇并存。一方面,采购代理有着庞大的市场需求和良好的增长前景;另一方面,直接采购在国际贸易领域迅速拓展,更为重要的是,买方已不再满足于单一采购商品的模式,进而寻求产品设计、物流、品质管理等增值服务,给成长中的采购代理商带来明显的挑战。

(四) 佣金商

佣金商(Commission Merchant)是一种专门的代理商形态。佣金商主要活跃在农产品流通领域,与委托人没有长期合作关系。他们占有商品的物质所有权并负责销售、储存、保管和送货。由于代理的货物是农产品,时效性强,需要及时把握销售机会,所以,佣金商对代销货物具有较大的经营自主权。

第二节 经纪人

经纪是一种非常重要的居间行为。在大陆法系国家的商法中,居间商是指为获取佣金而从事促成缔结契约活动的中间商人,而经纪人就是一种居间商人。与代理商深度介入交易过程不同,经纪人并不从事实质性的批发业务活动。

一、经纪人的内涵

(一) 经纪人的定义

我国《国民经济行业分类》(GB/T4754—2011)标准将"贸易经纪与代理"归为一类,"是指代办商、商品经纪人、拍卖商的活动;专门为某一生产企业做销售代理的活动;为买卖双方提供贸易机会或代表委托人进行商品交易代理活动。"[1]在2017年新修订的标准中,贸易经纪与代理则被界定为"代办商、商品经纪人、拍卖商的活动;专门为某一生产企业做销售代理的活动;为买卖双方提供贸易机会或代表委托人进行商品交易代理活动。"[2]该行业分类标准将代理、贸易经纪甚至拍卖纳入批发产业范畴,与前列"农、林、牧产品批发""食品、饮料及烟草产品批发"等,在逻辑关系上并不契合。事实上,代理或者经纪的活动范围几乎涉及商贸流通的所有领域,它们本质上是某种特定的商业行为,对代理商和经纪人的概念界定也主要立足于经营形式等层面。所以,经纪人或者代理商只是一个业态概念,而非某种商业产业形式。

对于经纪人及其行为,我国政府相关部门有具体、明确的规制。1995年,国家工商行政管理局即颁布实施了相关管理办法。2004年8月28日,经国家工商行政管理总局修改的《经纪人管理办法》[3]公布实施,在该办法中,经纪人被定义为"在经济活动中,以收取佣金为目的,为促成他人交易而从事居间、行纪或者代理等经纪业务的自然人、法人和其他经济组织。"

按《辞海》的定义,经纪人是为买卖双方介绍交易以获取佣金的中间商人。我们认为,这一定义足以概括经纪人的内涵和外延。

(二) 经纪人的内涵

首先,与前述代理商一样,经纪人也是独立的中间商人。在商业领域,经纪人接受卖方或者买方委托,代行与交易相关的某些事务。以协商而不是其他方式如命令等建立起来的委托代理关系,是经纪行为赖以存在的前提。经纪人是独立于委托人的行为主体,与委托人不存在从属或依附关系,是独立的中间商人。

其次,佣金是经纪人的合法收入来源。经纪人从事促成买卖双方达成

---

[1] 参见国家统计局网站 http://www.stats.gov.cn/.
[2] 参见国家统计局网站 http://www.stats.gov.cn/.
[3] 注:依据《国家工商行政管理总局关于废止和修改部分工商行政管理规章的决定》,该管理办法已于2016年4月29日废止,参见国家工商行政管理总局网站 http://www.saic.gov.cn/.

交易的活动,并不实际购进和销售产品或者服务。因此,与前述代理商一样,他们获取的收入不是利润,而是委托人支付的佣金。

再次,经纪人不从事实质性的交易活动。汉、宋时期,经纪人被称为"驵侩""牙侩",而侩即为"说合人"之意。经纪人既不拥有产品(服务)的所有权,也不直接从事采购或者销售业务。他们的工作完全围绕交易双方的一纸协议展开,牵线搭桥、举荐媒引,尽力将买卖双方撮合到一起,沟通信息、提供机会,促成交易的实现。

第四,经纪人可以是个人,也可以是某种组织或者相关机构,即所谓的"自然人、法人和其他经济组织"。对此,上述《经纪人管理办法》有如下规定:符合《城乡个体工商户管理暂行条例》规定条件的人员,应当向工商行政管理机关申请领取个体工商户营业执照,成为个体经纪人;符合《中华人民共和国个人独资企业法》规定条件的人员,应当向工商行政管理机关申请,设立个人独资经纪企业;符合《中华人民共和国合伙企业法》规定条件的人员,应当向工商行政管理机关申请,设立合伙经纪企业;符合《中华人民共和国公司法》规定条件的,应当向工商行政管理机关申请,设立经纪公司。①

二、经纪人的功能

经纪行为和经纪人在我国有着悠久的历史。西周时代的"王市"中,"质人"就是一种专门的市场管理人员,负责给买卖双方订立书契券约,可以认为是最早的经纪人形态。西汉至唐宋,牙人、牙郎、牙侩等始终活跃在商业领域从事经纪活动,元代出现了专门从事外贸的经纪人,称为舶牙。到明清时代,经纪人有了进一步的发展,不仅形成了官牙与私牙的分野,甚至出现了牙行。清代后期,为大家所熟知的所谓"买办",成为经纪活动的主要形式。历史上,国人虽然曾用"掮客"这样的词语来指代经纪人,但不可否认的是,作为商贸领域的客观存在,经纪人具有某种不可替代的作用。

---

① 参见国家工商行政管理总局网站 http://www.saic.gov.cn/.

菲利普·科特勒认为,经纪人的主要职能是把买卖双方撮合到一起,并帮助协商。经纪人不保管货物,也不涉足融资事务或承担经营风险。① 也就是说,经纪人的主要任务包括两个方面:为买卖双方建立联系;协助并促进双方顺利完成协商,进而达成交易。

经纪人的一切活动以促成协议为目标。在任何一项交易活动中,买卖双方都有特定的需要和目标,通常情况下,双方的目标存在差异,甚至彼此冲突。交易过程实际上是双方不断调整各自需要,降低目标以适应对方并逐渐趋于一致的过程。这涉及一系列更为具体的过程。双方要意识到彼此的存在,借助一定方式建立联系,通过沟通、探测,判断合作的可能性,进行充分的磋商以确定与交易相关的各项条件,进而争取达成交易,等等。因此,收集并传递信息,营造良好环境并为双方提供交流机会,努力促成协议的缔结,在某种程度上就构成经纪人业务流程的核心内容。

我们知道,社会生活包括商贸活动中普遍存在着信息不对称的现象,如何去伪存真,搜寻真实而有用的信息,并不是一件容易的事。2015年以来,围绕美国总统竞选而进行的种种"民调"所传达的意愿,与2016年11月初选举结果的巨大反差,就是一个典型的例证。经纪人利用自己的专长,广泛、及时地收集和处理信息,能够在一定程度上克服信息的不完备和不对称,为委托人提供真实、有效的信息,此为其一。其二,经纪人通过自己的工作,帮助委托人搜寻、识别合适的交易对象,协助交易双方了解彼此的需要和利益诉求,化解分歧、增进信任,为合作关系的建立创造良好的条件。第三,经纪人拥有广泛的社会关系,熟悉市场行情、交易特点和交易规则,对法律、法规和各种政策规定有充分认知,具有丰富的专业知识和较强的专业技能。经纪人能够运用自己出色的观察、判断能力和娴熟的谈判、沟通技巧,适时、灵活地处理协商过程中出现的问题,从而促进交易双方缔结契约。

需要指出的是,经纪人并不仅仅从事批发业务。例如,在二手房市场,

---

① [美]Philip Kotler,Gary Armstrong.市场营销原理[M].赵平,王霞等译.北京:清华大学出版社,2003:456.

经纪公司那些辛勤忙碌的员工,大量的工作是一对一地接受买方或者卖方委托,代理一套房屋的买卖业务,而不是从事二手房的批量交易。"批零兼营"是多数经纪人采取的代理(贸易)方式。

经纪人在社会经济的生活各个领域都有相应存在,形态众多,如一般经纪人(也称商品经纪人)、期货经纪人、技术经纪人、劳动力经纪人、房地产经纪人、文化经纪人、体育经纪人,等等。例如,北京蓝凤凰文化发展有限公司就是专业的集明星经纪及品牌策划发布活动为一体的经纪公司,拥有成熟的谈判经验、透明的操作方式、全面的服务流程、诚信的服务理念等众多优势。[①]

经纪人的存在及其演进是分工深化和专业化发展的结果。将交易活动中的某些具体内容,如搜寻和加工信息、宣传、策划等剥离,交由经纪人专门负责,是分工和专业化效应的重要体现。而作为独立的中间商人,经纪人本身也面临着如何开展业务,谋求企业发展等问题。经纪方面的著作对此有专门论述,限于篇幅,这里不再展开进一步的讨论。

除了经纪,拍卖也是一种重要的居间商业行为。《中华人民共和国拍卖法》指出,"拍卖是指以公开竞价的形式,将特定物品或者财产权利转让给最高应价者的买卖方式。"在规范拍卖行为,维护拍卖秩序,保护拍卖活动各方当事人合法权益等诸多方面,我国都有明确的法律规定。拍卖行或者拍卖公司主要代理质量、规格不标准,或不易区分等级的物品,如农产品、工艺品等。与经纪人相似,拍卖公司(拍卖行)也并不专门代理批发业务。

第三节 会 展

会展(或者展会)并不是专门的批发业态,但会展与批发有着某种紧密的联系,特别是展览这种会展形式,直接以贸易为目的,是贸易行为的某种载体,许多企业更是将其视为特定的营销方式。类似"广交会"这样的展会,

---

① 参见 http://www.bpstar.cn/.

数以百亿美元计的成交额,实际上就是通过批发贸易的方式实现。因此,本章我们专门用一节的篇幅,简要介绍和讨论会展的相关问题。

一、会展与批发贸易

会展、展会、会展经济,这些在各类媒体高频度出现的词汇,显现出当今社会对于会展和会展业的高度关注。许多地方政府关于产业发展规划的构想中,会展业都被作为支柱产业,在经济发展和产业结构调整中予以优先考虑。

会展(展会)是为了展示产品和技术、拓展渠道、促进销售、传播品牌而进行的一种宣传活动。[1] 一般认为,会展包括会议(Meetings)、展览(Exhibition)、奖励旅游(Incentives)、大会(Conventions)等四种基本形式。

作为一个产业,会展业有狭义和广义的区分。狭义的会展业专指以会展为业的部门,包括会展行业协会、展览组织筹办公司、展览场馆、展览设计施工企业、展览道具制作公司,等等,这些企业或组织直接围绕展会开展经营活动。广义的会展业还包括交通运输、广告、酒店旅馆、餐饮、旅游等企业,它们为会展提供支持、延伸或者拓展性的服务,并从中获得收益。

会展特别是一般意义上的展览,直接就是以促进产品和服务的交易为目的,是生产与销售之间的专业性平台。所以,会展虽然不等同于贸易,但会展为交易包括批发贸易提供了载体和机会。

展览是指相关机构、组织或个人通过一定场所陈列产品或服务,借以宣传形象、商业交流、促进交易等的一种营销方式。按照世界展览业协会(The Global Association of the Exhibition Industry)的标准,展览有贸易会展和大型展览会之分。贸易会展的参与者多为各类企业、组织的商贸和专业人员,大型展览会则重在吸引普通消费者。[2]

---

[1] 参见 http://baike.baidu.com/link? url＝Ni4IkkS－iSeomt2vvuVVkb9dDmhNHZcAphuQhEYADSW0z6BKkI9d06gA5X0oZdtA2FwrD－xkrWeKYhyxqgc9M62msXMx4mIq9yol8qOflyS.

[2] 上海市经济委员会,上海科学技术情报研究所.2005—2006 世界服务业重点行业发展动态[M].上海:上海科学技术文献出版社,2005:113.

例如,第 120 届中国进出口商品交易会,来自 213 个国家(地区)的 185 704名采购商与会,累计出口成交 1 873.01 亿元人民币(折合 278.9 亿美元)。广交会一年举办两届,接近 560 亿美元的成交额(第 119 届出口成交 280.84 亿美元),就是通过批发贸易的方式实现。有调查结果显示,参展企业通过广交会达成的交易额,占全年出口额的比例高达 47.9%。[①] 2019 年 11 月 15 日开幕的第 126 届广交会,展览总面积 118.5 万平方米,展位总数 60 676 个,境内外参展企业 25 642 家,共有来自 214 个国家和地区的 186 015名采购商到会。其中,"一带一路"沿线国家和地区参会采购商占到会采购商总数的 45.93%,同比提高 1.37 个百分点。本届广交会出口成交总体平稳,累计出口成交 2 070.9 亿元,折合 292.88 亿美元。[②] 截至第 126 届,广交会出口成交累计达到约 14 126 亿美元,累计到会境外采购商接近 900 万人。

二、会展的经济社会效应

会展的原始形式是集市,或者说,早期形成的商品交易市场天然地具有展示功能。事实上,西周时代的"王市"既是商品和商人的集散地,同时也是商品的展示之处。商人中的"贾"居肆列货,以待民来,这里的"列"即是陈列、展示之意。但真正具有展览功能的集市则出现在公元 5 世纪的波斯,当时,波斯国王主要是借助集市陈列财物以炫耀本国经济实力,还不是今天意义上的"会展"。会展业的发展经过了漫长的过程,直到 18 世纪末才真正进入经济领域,并对贸易和社会经济格局产生日益重要的影响。[③]

会展的形成与贸易有着不可分割的联系。随着社会经济发展,产品日益丰富,市场的空间范围不断扩大,交易的难度逐渐增加,需要借助某些新的途径进行充分的信息沟通,这是会展形成与发展的重要基础。特别是贸

---

① 参见中国进出口商品交易会官方网站 http://www.cantonfair.org.cn/cn/.
② 参见中国进出口商品交易会官方网站 http://www.cantonfair.org.cn/cn/.
③ 张伟.朝阳中的会展业[J].深圳特区科技,2001(5):40.

易型的会展,主要目的就在于更好地解决信息的交互,增进人与人、企业与企业之间的沟通,为贸易各方提供交易平台,促进产品销售。会展是产品、技术、信息以及交易者等各类资源的某种集聚形式,尤其是大型的展览集聚了大量交易者,产生了几个方面的积极效应。

(一) 信息集聚与沟通

历时184天的上海世博会,多达246个国家及国际组织参展,吸引了7 308万余人到会参观,通过展示、论坛、表演等诠释"理解、沟通、欢聚、合作"的世博理念,在全球范围内受到广泛关注。一些专业性的大型国际性会展往往汇聚了世界范围内最优秀的企业、产品、技术和人员,新的设计、观念、思想得以充分交流,随着各种信息的聚集,通过加工和处理,能够在相当程度上揭示行业或产品创新的发展方向。如2010年汉诺威工业博览会,世界各地参展商就带来了4 000余项科技发明和新产品,对参展企业提供了重要的参考和启示。

(二) 直接与间接的经济效应

会展具有直接的贸易与经济功能。举办会展,可以获得门票、展台、运输、广告等直接收益。以2014年第115届广交会为例,从4月5日开展,前后分为三期,展商需要为展位支付相应费用。其中,第三期部分展位价格如表6-1所示。

表6-1 第三期广交会:(2014年5月1日—5月5日)部分展位价格

展区展位	展馆号	价格(元)
男女装展位	1.1小半、2.1、3.1、4.1、5.1	5.5万
运动服及休闲服	7.1全、8.1全	4.5万
内衣	1.1大半	4.5万
童装展位	6.1大半	4.5万
纺织原料面料	14.4全、15.4全、16.4半	4.8万

续　表

展区展位	展馆号	价格(元)
服装饰物及配件	8.0、4.0	5.5万
家用纺织品	14.1、14.2、14.3、15.1、15.2、15.3、16.2、16.3	4.5万
裘革皮羽绒及制品	6.1小半	4.5万

而且,展会还能间接带动餐饮、旅馆、旅游等相关行业收入的增长。相关研究显示,会展业的带动效应可以达到1∶9的水平(也有学者认为这一比例为1∶7),即会展业取得1元收入,可以带动相关产业实现9元的收益。

德国是会展业最为发达的国家。德国展览总面积达240万平方米,世界最大的四个展览中心有三个在德国。每年举办的国际性贸易展会有130多个,建有23个大型展览中心,其中有8个展览中心面积超过10万平方米。约有2/3的著名国际专业性贸易展会在德国主办,世界十大知名展览公司有六个为德国所有。会展业不仅为德国提供了几十万个就业岗位,还有效提升了服务业水平,经济结构更趋合理。会展业带动餐饮、宾馆、旅游和交通业的发展,一年的收入可达105亿欧元。通过展会达成的交易合同每年大约都在230亿欧元左右,而这又为物流业提供了足够的发展空间。[①]

北京奥运会也取得了明显的经济与社会效应。2002—2007年,北京市地区GDP年均增长12.1%,比奥运会筹办前高出1.8个百分点,其中有一个百分点是由奥运因素所推动。2009年,北京市地区GDP比2001年的增幅超过1倍。基础设施的大量投入,如三号航站楼的建设、信息化投入、水电气热等生活设施的改造以及环保设施的投入,等等,带来了城市面貌的改观。奥运会还推动了产业结构持续优化,到2008年上半年,北京第三产业增加值占地区GDP比重已从2002年61.3%提高到73.7%。[②]

(三) 促进和拉动周边地区经济与社会发展

举办大型会展,如世博会、奥运会,是一个国家及举办地区综合实力的

---

① 参见 http://paper.ce.cn/jjrb/html/2011-03/02/content_141401.htm。
② 参见 http://news.163.com/08/0821/12/4JSC7RGR000120GU.html。

体现,不仅能有力推进城市建设和经济发展,优化产业结构,提升城市形象和国际竞争力,对周边地区经济社会发展也有明显的推动作用。

  例如,位于西班牙南部的安达卢西亚地区经济长期落后于北部地区,失业率居高不下。自1987年启动世博会项目,西班牙政府在塞维利亚及整个安达卢西亚地区先后投资了100亿美元用于交通、通讯等基础设施建设。全长470公里的高速铁路、San Pablo新机场及马拉加等新建或扩建机场的落成,不仅改变了这一地区相对孤立的交通格局,也使得安达卢西亚成为连接地中海、北非和拉丁美洲的主要交通节点,刺激了地区经济的复苏。[①]

三、我国会展业的发展状况

  据国际展览业协会(UFI)统计,2014年全球室内展览面积达到20万平方米以上的场馆共17个,其中有4个在我国,与德国并列第1;由《进出口经理人》杂志社发布的"2014世界商展百强排行榜",我国在其中占19席,位于德国之后,居全球第2位。[②] 2016年6月8日,在浙江省宁波市召开的2016全球展览浙江论坛发布的《2016中国会展产业年度报告》显示,2015年我国综合会展经济指数为122.4,比2014年增长10%,稳中有增。当年,全国共举办展览9 505场,展出面积达11 907万平方米,出国境展览面积73万平方米,共为社会提供就业岗位1 971万人次,会展业实现直接产值4 358亿人民币,拉动效应达到3.9万亿人民币。[③] 2019年,我国出国展出面积92.13万平方米,全国91家组展单位共赴73个国家参办展1 766项,较2018年增加94项,同比增长5.6%。[④] 总体上,我国会展业的发展已经达到较高水平,其贸易和经济功能正在受到更为广泛的关注。如何适应内外部环境、条件变化,创新思路和方法,不断推动我国会展业发展,业界有诸多研

---

① 参见 http://baike.so.com/doc/7901507-8175602.html.
② 参见 http://www.docin.com/p-1361502206.html.
③ 参见 http://www.chinanews.com/cj/2016/06-08/7899066.shtml.
④ 参见 http://www.chyxx.com/industry/202002/834545.html.

究,这里不再作更进一步的探讨。

第四节 网络背景下的批发商

网络批发商与网络零售商一样,都是某种新型的商业业态。一方面,由于我们难以机械地将网络批发商与非网络环境下的批发商作简单区分;另一方面,对于网络环境下的贸易方式包括批发贸易,在运行、技术、管理等诸多领域,学术界已经有了较为全面和充分的研究。因此,本节主要立足于"互联网+"的时代背景,从网络对传统批发商的影响和对策角度展开讨论。

一、网络对批发商的影响

制造商拥有产品优势,能够为消费者提供为他们所需要的产品和服务;零售商则具有接触优势,最接近消费者,面向消费者销售产品,提供各种服务,能够对消费者的购买行为施以直接的影响。而处于两者中间的批发商缺乏明显的比较优势,总体上看,传统批发商面临的压力要远大于零售商。在网络背景下,传统批发商需要通过不断的变革和创新来构建自身的竞争优势。

(一) 我国网络与电子商务发展状况

第45次中国互联网络发展状况统计报告显示,截至2020年3月,我国网民规模已经达到9.04亿,网络购物用户规模达7.10亿,2019年交易规模达10.63万亿元,同比增长16.5%。并且,数字贸易不断拓展外贸发展空间。2019年,通过海关跨境电子商务管理平台零售进出口商品总额达1 862.1亿元,增长了38.3%。[①] 截至2019年6月,我国手机网络支付用户

---

① 参见 http://www.199it.com/archives/1041487.html.

规模达 6.21 亿,较上年底增长 3 788 万,占手机网民的 73.4%。[1] 网络和电子商务对购物、消费甚至整个经济社会运行,已经产生全方位的深刻影响。

2016 财年,阿里巴巴集团电子商务交易额就已突破 3 万亿元人民币。2020 财年,阿里巴巴数字经济体的消费型商业业务 GMV 达到 7.053 万亿元人民币,成为世界上首个平台销售过 1 万亿美元的公司。该公司财报还显示,2020 财年,阿里巴巴数字经济体全球年度活跃消费者达 9.6 亿。[2] 阿里巴巴的成就并不仅仅表现在企业自身的快速成长。2015 年发布的《网络创业就业统计和大学生网络创业就业研究报告》显示,截至 2015 年,仅阿里巴巴零售商业生态创造的就业机会就超过 1 500 万。[3]

以下这一串数据是 2019 年 11 月 11 日天猫商城的网上销售业绩。00:01:36,交易额破 100 亿元,用时 96 秒;00:12:49,交易额破 500 亿元,用时 12 分 49 秒;01:03:59,交易额超过 1 000 亿元;01:26:07,交易额超过 1 207 亿元,打破 2016 年天猫双 11 全天交易额纪录;10:04:49,交易额超过 1 682 亿元,打破 2017 年全天交易额纪录;12:00:00,半天成交额超过 1 845 亿元;14:21:27,交易额超过 2 000 亿元;16:31:21,交易额 2 135 亿元,打破 2018 年全天纪录;24:00:00,交易额达到 2 684 亿元。不得不承认,这是网络和消费者对企业营销创新的慷慨回报。

2016 年 11 月 18 日,第三届世界互联网大会发布了《2016 年世界互联网发展乌镇报告》,报告指出,互联网推动更多跨境货物和服务贸易,使更多企业和消费者摆脱国与国之间的边界限制。[4]

2016 年 6 月 29 日,在福建晋江举行的第六届 APEC 电子商务工商联盟论坛发布《2015 中国电商报告》,数据显示,2015 年,中国电子商务继续保持快速发展态势,交易额达到 20.8 万亿元人民币,网络零售额为 3.88 万亿元人民币。我国制造业领域电子商务采购和销售普及率进一步提升,平均

---

[1] 参见 https://www.askci.com/news/chanye/20190831/1121351152113.shtml。
[2] 参见 http://news.china-ef.com/666048.html。
[3] 参见 http://www.chinanews.com/cj/2016/03-21/7805678.shtml。
[4] 参见 http://www.ck365.cn/news/9/42974.html。

达到37.24%,部分行业已经接近60%。制造商通过建立交易平台,实现了上下游信息的高效整合,综合型电子商务平台逐步从单纯提供信息发布,向交易服务、供应链金融等综合性方向转型;行业性电子商务服务平台的业务范围逐渐向网上交易、物流配送、信用支付等服务领域延伸。① 据此《报告》可以推算,2015年,我国通过电子商务方式实现的批发交易额达到了16.92万亿元人民币的规模。

商务部电子商务司发布的《中国电子商务报告2019》显示,2019年,全国电子商务交易额为34.81万亿元,同比增长6.7%;全国网上零售额10.63万亿元,同比增长16.5%。② 网络零售增长迅速。类似于2015年,该《报告》依然无意给出借助网络实现的批发销售数据。但我们仍然可以认为,上述34.81万亿元与10.63万亿元的差额,即为批发贸易额。由此,2019年我国网络批发交易额应为24.18万亿元,占电子商务交易额的69.46%,大约是网上零售额的2.27倍。

(二) 网络背景下的企业及其运行

网络对社会经济最根本的影响是信息革命。在网络环境中,信息的流程包括了相辅相成的两个方面,即实时性和交互性。这是与传统信息运动的根本区别,并构成网络背景下信息运动的基本程式。从理想的状态看,一则需求或供应信息在网上一经发布,就即刻完成由传递者向接受者的运动,信息传递的过程同时也是接受者获得信息的过程,两者高度合一。所以,网络为企业与消费者提供了实时和直面沟通的机会。

当消费者需要购买某种产品,借助网络,便可以低廉的成本与所有生产该产品的企业进行实时的交互,这样,消费者就获得了充分的选择机会。在完整的选择机会集合中,一个理性消费者通常会做出最优选择,西方经济学所谓的消费者主权、利益、偏好,在网络环境下得以充分实现。而这同时也

---

① 参见 http://finance.ifeng.com/a/20160629/14541675_0.shtml.
② 参见 https://tech.sina.com.cn/roll/2020-07-08/doc-iirczymm1192345.shtml.

就意味着,如果某个制造商不能做到最优,不能为消费者带来最大利益和满足,就不可能为消费者所选择。我们知道,从购进原材料到完成产成品销售,企业需要执行一系列业务流程,制造商仅仅依靠一己之力,很难获取为生产和销售所需的所有优质资源。并且,随着分工不断深化,制造商在某些业务流程(或职能)如配送、维修、搜寻信息等积累的优势,会被日益显现的专业化效应所抵消。在网络环境下,随着市场空间不断扩大,流通和信息技术迅速发展,竞争关系日趋复杂,单个制造商越来越难以独立构造自己的竞争优势。为了成为消费者的最终选择,与那些在不同职能领域各具优势的企业组成跨企业、超边界的分工协作体系,而不是独立完成所有业务流程,在某种意义上就成为历史和逻辑的必然。[①]

由此,企业的运作方式必然发生深刻变化。站在制造商的角度,传统企业通常需要购买各种生产要素,分别设置不同部门,执行制造、销售、采购、物流、信息等各项职能或业务流程,企业通过纵向、横向的指挥和协调系统在内部实现资源的配置。网络背景下,企业只负责具有竞争优势的职能,而自身不具优势的业务流程则通过外包方式,交由其他专业组织或机构执行,由于分工和专业化效应,这些机构能够以更低的成本,以更高的质量完成制造商委托的任务。因此,原本资源在企业内部的配置,被企业间共同配置的方式所替代,企业职能(或业务流程)的内部整合转变为借助契约方式的外部协同。[②]

从配置资源到整合职能,从内部协调演化为外部交易,这是网络带来的深刻变化。从某种意义上讲,企业的运作过程也就是基于供应链一体化基础上,各具优势的不同企业间的动态合作和业务流程的协同过程。

(三)网络对传统批发商的影响

在西方国家,批发商曾经在大约一个半世纪左右的时期,凭借经营规模

[①] 张春法.基于网络背景的营销理论研究理念构造与模式[M].成都:西南交通大学出版社,2006:87.

[②] 张春法.基于网络背景的营销理论研究理念构造与模式[M].成都:西南交通大学出版社,2006:9-10.

和分销网络等方面的优势,在整个商业和流通过程中居于主导地位。英国工业革命后,随着生产规模的扩大和零售商实力增强,批发与零售严格分工的渠道格局增加了交易费用,延迟了商品到达最终消费者的时间,阻碍了流通效率的提高,引发了渠道两端变革的强烈动机。一方面,大规模零售商寻求摆脱批发商的约束,与制造商直接交易,甚至介入产品的生产过程,通过后向一体化建立供应和销售体系。另一方面,具有强大实力的制造商开始越过批发商,借助产权或者契约方式,控制分销渠道的若干环节甚至整个渠道,综合经营生产、批发及零售业务,形成了依存于企业内部的分销网络。①

传统批发商面临渠道两端的巨大压力,这在实体经济中早已有充分表现,随着网络和信息技术的进步,这种压力将呈现更多新的特征。在网络环境中,单个企业之间的竞争已经被供应链层面的整体性竞争所替代。从整条供应链看,批发商仅仅提供分销服务,是制造商的供应商,与所有提供其他服务,如财务、广告、零部件生产等企业一样,都处在供应链的"前端",如图6-1a所示。②

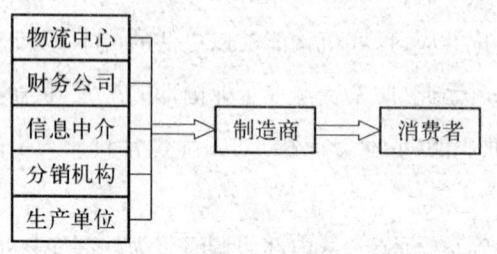

图6-1a 网络背景下的供应链模型

所以,网络背景下的供应链明显不同于传统格局下由供应商到制造商,再到批发商、零售商,最后到消费者的结构。制造商和消费者的协作而不是简单的交易关系,构成供应链的核心。当面对某个市场机会,制造商可以通过市场过程,在一个超边界的环境中实现所有业务流程的整合。③ 其他所有

---

① 张春法.发展我国批发商业的可行路径[J].中国商贸,2001(12):22-23.
② 张春法.基于网络背景的营销理论研究理念构造与模式[M].成都:西南交通大学出版社,2006:144-145.
③ 张春法.渠道结构变迁与网络背景下的营销渠道[J].财贸经济,2006(12):94.

成员,包括批发商以及各类中介组织,全部处于供应链的前端,都是制造商的供应商,通过一系列市场过程与制造商展开合作,为制造商提供信息、物流、分销、市场研究、融资、促销支援、决策支持等专业化服务。

站在制造商的立场,网络背景下渠道的存在方式将发生重大变化。图6-1b既是简化的供应链形式,也是网络环境下制造商分销渠道的基本型态。这是一种零层级的、直接的渠道类型。

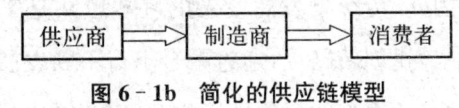

图6-1b　简化的供应链模型

传统的供应链体系中,批发商是一个相对独立并具有一定影响力的参与者。传统批发商也即商人批发商,不仅拥有所经销商品的所有权,从事实质性的交易活动,并且执行物流、信息流、资金流等几乎所有业务流程,有一定的经营规模和实力,具有比较稳定的渠道地位。网络背景下的供应链虽然并不完全排斥中间商的作用,但批发商甚至零售商都只是某种意义上的供应商,与其他组织和机构一起,以制造商为核心形成一个超边界的网络型组织,在为消费者创造价值的过程中实现自身价值。批发商不再是一个起枢纽作用的分销节点,而只是供应链内某一个或若干业务流程的执行者。即使他们仍然与最终消费者存在直接交互,但影响力明显削弱。随着网络和电子商务的不断发展,批发商作为独立分销机构的地位趋于弱化,这对传统批发商是非常严峻的挑战,分销服务与分销渠道也因此被赋予有别于以往的新的内涵。

二、网络背景下传统批发商的发展

基于网络的供应链是各具优势的不同企业相互协作的体系,合作的动力来源于顾客价值最大化的需要,并以企业与消费者的交互作为基本的存在形式。[①]

---

① 张春法.基于网络背景的营销模式及其运作[J].管理世界,2006(12):159.

原则上,只要在某个业务流程或环节拥有比他人更大的竞争优势,任何企业都有可能在供应链中找到合作机会和发展空间。构建自身的比较优势,是传统批发商网络化创新的基本原则。

(一) 融合创新,明确发展方向

网络既非一个孤立的存在,更不是由纯粹网络企业构成的系统,网络同样属于传统企业。因此,传统批发商发展的基本思路是实体批发企业与网络相融合,在融合中寻找创新路径,通过融合求得不断发展。

多年来,传统批发商面临的窘迫处境,在一定范围内再次引发了批发无用论的思考。事实上,批发商地位的弱化甚至传统批发体系某种形式上的分裂,受制于分工深化和产业融合发展等众多因素,对此,或许有是与非的评判。但批发这一基本的贸易方式,并未因此而成为某种多余的存在。2014 年,我国限额以上批发企业实现购销额约为 82.783 0 万亿元,较 2010 年增长约 97.92%;亿元以上批发市场成交额 8.632 37 万亿元,与 2010 年相比,增长 41.62%。① 2019 年,我国亿元以上商品交易市场成交额已经突破 10 万亿元,达到 112 016.8 亿元,其中,批发市场成交额接近 10 万亿元规模,达到 98 733.4 亿元。如此庞大并且持续扩大的交易规模,实在值得引起人们关注。同样,网络虽然使传统批发商面临诸多挑战,但并不等于批发这种贸易方式也因网络的发展而变为不必要。恰恰相反,网络是一个鼓励合作与分享的体系,网络需要批量贸易的方式,这是传统批发商谋求发展的重要基础。

网络世界不可能离开实体空间独立存在,两者的融合而不是彼此割裂是必然选择,因此,传统批发商应该并完全能够依托网络实现融合发展。传统与网络或者线下与线上的融合,不是建设一个网站就能涵盖。传统批发商要有明确的战略规划,认真研究环境,把握市场发展动态,在综合考虑环境、企业资源和发展目标的基础上,趋利避害,寻找适合自身发展的机会。

---

① 注:数据来源于《中国统计年鉴 2015》《中国统计年鉴 2011》并经计算整理。

网络是一个开放性的、基于共同利益的协作体系,站在企业运行和市场营销的角度,协作主要表现在三个紧密相关的层面,即企业与消费者之间的协作,企业与供应链成员之间的合作,以及各业务流程的协同。所以,网络背景下的营销乃至企业的一切行为,主要就表现为供应链管理、客户关系管理及业务流程重组的实施及其动态协同。[①] 传统批发商需要立足于网络开放和协作的基本属性,厘清方向,创新求变,实现线上线下的融合发展。

(二) 合理定位,再造批发功能

传统批发商的业务创新或功能重构,是其得以发展的重要前提,这在西方发达国家的石油、汽车、药品流通行业表现得较为明显。由于网络为制造商与消费者提供了直面交互的充分条件,制造商将有可能独自完成面向最终消费者的销售,批发商作为独立经销商的地位趋于弱化。如何结合自身的资源条件和企业发展战略,重构批发功能,对传统批发商有着十分重要的意义。

例如,对部分批发商,特别是实力相对有限的批发商,分销职能重构的核心或许是放弃原本承担的商流功能,完成从全职能批发商(或称完全服务批发商)向有限服务批发商的转变,作为物流、信息、促销支援等专业性服务的提供商,为制造商提供专门化的优质服务。有些批发商可以凭借原有的物流设施和配送体系,以物流配送为核心业务,构建自己的比较优势。传统批发商长期从事少量产品线的经销,拥有相对稳定的分销网络和客户群,了解市场和行业发展状况,经营管理经验丰富,具有比较独特的专业视野和信息来源,借助网络先进的信息技术手段,某些批发商可以在集成化、规模化的基础上构建专业化的信息服务优势,提供信息、策划、市场推广、决策支持等服务。即使是实力雄厚的批发商,优化和完善批发功能,不断提高服务能力,也不失为一个好的选择。

---

① 张春法.基于网络背景的营销理论研究理念构造与模式[M].成都:西南交通大学出版社,2006:153-154.

(三) 立足供应链一体化,优化企业营运管理

网络背景下,虚拟企业成为基本的企业形态。1992 年,William Davidow 和 Michael S. Malone 具体描述了虚拟企业的内涵,他们认为,"虚拟企业是由一些独立的制造商、消费者甚至同行的竞争对手,通过信息技术联成临时的网络组织,以达到共享技术、分摊费用以及满足市场需求的目的。"①

虚拟企业是一个动态联盟,在空间地域上没有特定的指向,在组织形态上也表现出极大的柔性化特征,一切都服从于最优化配置资源的需要。在网络背景下,虚拟企业的运行主要表现在供应链层面的企业功能的整合和业务流程协同。所以,传统批发商要立足于供应链一体化,构建高效的信息平台,改善信息流的运行效果,利用先进信息技术提升管理水平,创新管理模式,促进企业组织结构的扁平化和网络化发展,优化批发企业内部各业务流程的运行绩效,全面提升企业的经营管理水平。

---

① 参见 http://www.ie56.com/page/subject/articleshow.asp? articleid=253.

第七章 批发市场

人类社会出现分工和商品生产后,就产生了交换的场所——市场,但只有当商品交换发展到一定程度,随着商品品种增多,数量增加,交易空间不断延伸,批发交易从商品交换的一般形态分离出来以后,才产生批发市场,故而,批发市场是商品流通发展到一定阶段的产物。在新的历史时期,批发市场的发展不仅是丰富和完善我国商品流通体系的需要,对构建新型生产者服务体系,提升现代服务业水平,引导产业升级和结构优化,加快推进经济发展方式都具有十分重大的意义。① 本章主要阐述批发市场的理论内涵、特征与功能,分析其存在的客观基础和现实条件,揭示我国批发市场发展和改革变迁的历程,从组织结构的角度重点分析批发市场的交易模式,面临的困境及进一步发展的基本思路。

第一节 批发市场的内涵及功能

批发市场在国外是有特定含义的,即指专门经营农副产品、水产品、鲜活产品的市场。② 18世纪,英国就有许多商品交易市场,如布莱德福的布匹市场、维克费尔特的礼帽市场、利兹的呢绒市场等,但至今尚未有一个国家的商品交易市场像中国这样,规模之大、分布密度之高、政府参与程度之深,

---

① 徐从才.流通创新与现代生产者服务体系构建[M].北京:中国人民大学出版社,2011:241.
② 徐印州.对我国批发市场未来发展的思考[J].南方经济,2003(3):70-72.

对社会经济生活影响之广。在中国,批发市场几乎涵盖了各行各业、各种商品,广泛分布在农副产品、服装纺织品、日用工业品、生产资料等众多领域。[①] 20世纪80年代,随着农副产品加工工业的迅速发展,批发交易市场已成为中国商品流通渠道的重要组成部分。国家统计局数据显示,2019年,我国亿元以上商品交易市场4 037个,摊位数304.6万个,营业面积达到28 447.4万平方米,实现成交额112 016.8亿元。其中,批发市场成交额98 733.4亿元,与2014年相比,增长14.4%,交易规模保持稳步增长。

一、批发市场的内涵

批发市场为买卖双方提供了一个公开、规范的某一种类或多种类的商品批发交易场所。相对零售市场而言,批发市场是不直接针对最终消费者的商品交易市场。

有关批发市场的定义,文献提及不多,徐从才教授在其著作《流通创新与现代生产者服务体系构建》中认为"商品交易市场既是一个有形的空间存在,也是一种相对特殊的流通组织形式"。叶全良教授在《市场学词典》中指出,商品交易市场是实物商品的营销场所和领域,包括生产资料市场、生活资料市场和服务市场等,是最古老、至今仍是最主要的市场形态。夏春玉教授在《流通概论》中理解批发市场为"集中进行现货批量交易的场所",并指出其是一种有形市场。在百度百科中,对于批发商业市场的定义,认为是指向再销售者、产业和事业用户销售商品和服务的商业市场。所谓再销售者,是指二次及其以下的批发商和零售商;产业用户,是指从事生产和服务提供的营利性组织,即第一、二、三次产业的企业用户;事业用户,是指不以再销售为目的,而是为了业务或事业上的需要购买设备和材料的非营利性组织。

由此,本书认为,作为商品交易市场的一种重要形态,批发市场是连接

[①] 徐印州.关于批发市场未来发展之我见[C].第四次全国重点批发市场总裁联席会暨商品交易市场现代物流体系建设研讨会会刊,2007(8).

生产与消费的流通中介组织，它是专门为进行商品大批量交易活动的买卖双方提供服务的商品交易场所。

二、批发市场的特征

由于批发市场是一个大规模、多种类的规范商品批发交易场所，这为买卖双方经常性、大批量交易提供了可能。因此，批发市场具有以下基本特征。

(一) 市场交易主体的产权分离

由主办者出资兴建的市场为广大中小经营者提供了较为宽阔的交易平台和流通网络。市场的进一步分工，使得市场中的交易主体即所有者和经营者在产权上是分离的，从而促进了这一产权体制的形成。

(二) 交易客体是有形商品，且关联度较大

一般说来，市场交易的商品多为农副产品、日用工业品、工业生产资料等，而不是劳动力、房地产、证券、技术等无形商品或特殊商品。交易商品之间具有替代或互补关系，集中交易商品的离散性很小。

(三) 经营方式多样化

批发交易市场大多以出租摊位为主，有的兼营自办批发及配送，还有的开办相关联的储运、信息、服务等业务，但都是围绕批发贸易设立的。

(四) 采取批量作价，批量交易

批发交易市场的目标顾客多为机构用户，而不是最终消费者，也有部分市场属于批零兼营，但主要还是批量交易，商品价格因交易规模的不同而有差异。

(五) 交易制度规范,竞争有序

在批发市场提供的交易制度安排下,经营者们竞争有序,激发了蓬勃的活力,也激活了市场的资源。

三、批发市场的功能

所谓功能,是指该事物发挥有利于其发展的作用,由其内部要素结构所决定。批发市场因其特有的内部要素结构,具有稳定功能。

(一) 批发市场具有要素集散的功能

批发环节由于其所处的特定流通阶段,必定需要其具有承接上游生产商和连接下游企业的职能,因此,在批发交易市场不断运行的过程中,其容纳了大量的商品、劳动力、资金、信息等要素资源,具有广泛的积累效应。作为一个开放的系统,批发市场是双向的,一是自身具有比较优势,吸引和聚集了各种商品和要素的流入,具有集聚效应;二是其又具有扩散效应,随着各要素不断向外扩散,商品快速更新迭代,市场充满生机活力。

这种要素的集散功能体现在四个方面:

1. 商品的集散功能[①]

商品交易市场中的商品既专又全,产品组合既宽又深。这不仅节省了商品交易的搜索成本,而且大大提高了交易效率,具有明显的商品集散优势。1982年成立的中国浙江义乌小商品城现已成为"全球最大的小商品批发市场",2019年小商品市场实现交易额4 583.1亿元,同比增长12%,并将30多万种小商品运往国外,这一数字占了全球经常交易的50多万种商品的六成以上。义乌小商品市场的国内贸易不断发展,对外经济合作也不断

---

① https://baike.baidu.com/item/%E6%89%B9%E5%8F%91%E5%B8%82%E5%9C%BA/838223?fr=aladdin.

加深。

2. 人才集散的功能

商品交易市场的发展与成熟可以培养一大批批发贸易职业经理人和熟悉市场经济运行的专业治理人才,这些集聚而来的人才来自全国各地,甚至世界各地。随着各地交易市场的兴起,人才又纷纷扩散出去,如此往复,不断地进行人力资源的组合配置。

3. 资金集散的功能

批发市场具有大批量交易,资金伴随着商品等要素的流动而流动,资金的集散为市场商品投入生产、供应和需求、销售等提供了强有力的保障。

4. 信息集散的功能

商品交易市场中各要素大量频繁流动,使之自然成为商品供求的信息集散中心。信息生产、收集的目的在于扩散和不断地收集和扩散,信息的传递已成为批发市场生存和发展的要素。

(二) 批发市场具有价格形成的功能

价格体系是市场体系赖以形成和运行的核心,事实上,市场的问题说到底是价格问题。批发市场商品的价格与市场本身关系非常密切,由于批发市场供需集中,成交量大,且处于充分的自由竞争状态,其价格能代表此类商品的行情,因此,在商品供求关系形成过程中,价格机制的调节作用表现得特别显著。比如,江苏东方丝绸市场、山东齐鲁化工商城的每日价格分别代表了全国丝绸行业、化工品的价格行情。不仅如此,"义乌·中国小商品批发指数"已在 2008 年 1 月 23 日向全球发布,批发指数哪怕一个小数点的变化,都可能影响世界消费品市场的商品定价和交易。[①]

(三) 批发市场具有服务和管理的功能

服务功能是批发市场为商品交易者提供各种服务的功能。它主要包括

---

① 王轲真.义乌人搭上国际产业分工快速列车[N].深圳特区报,2008 年 2 月 13 日.

信息服务、物流服务与生活服务功能,它是批发市场最重要的一项功能。管理功能是批发市场对场内交易进行规范与管理的功能。为了保证批发市场的公开、公正和公平交易,批发市场需要有统一的交易规则、交易程序、交易方法和管理制度,并有专门的管理机构和管理人员。

(四)批发市场具有经济辐射的功能

批发市场是产业链条中的关键链,一方面,牵动生产,带动流通、衔接消费,因此,批发市场可利用自身优势,进行产业延伸或者为其提供服务。另一方面,批发市场能够带动本地经济发展,并对周边地区的生产与经济发展产生辐射效应,[①]对促进城乡产业结构调整起到重要的作用。

第二节 我国批发市场发展的基本状况

我国的商品批发市场具有悠久的历史,早在西周时代,王城即设有"王市",其中以商贾间买卖为主的"朝市"就已经具备了批发市场的雏形,这在本书相关章节中已有相应探讨。本节我们主要介绍新中国成立以来我国批发市场的发展情况,以便为随后的分析提供必要的基础。

一、发达国家批发市场的发展

相关研究表明,从发达国家的商业史来看,在工业化初期,批发市场就已诞生。因此,我们可以从农村的产业结构调整角度来看批发市场的产生,但是农村对批发市场无论是生产还是消费的支撑都不够。在美国和日本,批发同样是商品流通中的一个重要环节,批发市场承担了购销商品、融通资金、仓储运输等功能。这些国家都很注重多种批发商和批发形式的比例配合和相互联系。有文献显示,在厂商批发高度发达的美国,商业批发约占全国批发机构的

---

① 夏春玉.流通概论[M].大连:东北财经大学出版社,2006:202.

80%,人员约占75%,销售额占60%左右,独立批发商仍居主导地位。

早期学者通过对美日批发业的对比研究发现,美国最初的批发业是由商业批发、工业批发和经纪人三个部分组成。20世纪50年代以后,工业批发逐步成为批发业的主要力量。70年代末,工业批发部门的营业额占比为35.9%,但机构和人员仅占整个批发业的10%和19%。为了应对工业批发企业的竞争,商业批发企业开始走联合化的道路,组建大型批发公司,提高购销效率,扩大资金融通范围,减少流通环节,加快商品流转。到80年代末,专业批发商中的批发联合公司占商业批发企业总数的65%,营业额占比为79%。[1] 藤田武弘在其著作《地場流通と卸売市場》中将日本农产品批发市场主要分为中央批发市场、地方批发市场和小型批发市场,并分析了日本批发业的变迁过程。1923年,日本开设了第一家农产品中央批发市场,此后,随着经济的发展,日本批发市场地位日益提高。1971年,日本政府将《中央批发市场法》改为《批发市场法》,地方政府和有关部门依此制定具体地方性法规和市场运行规则,将地方批发市场纳入了法治轨道,批发市场流通为主的农产品物流在日本逐渐确立起来。[2] 日本通过近一个世纪的时间来建立农产品批发市场体系,基本上实现了经营规模化、功能综合化、资本股份化、市场开设和经营管理分离化。

二、我国批发市场产生的条件

有学者指出,发达国家批发市场首先出现在城市,我国则先诞生于农村。[3] 可以看出,现代批发市场是在传统的农村集贸市场不断发展的基础上形成的。新中国成立后,我国实行的计划经济体制,建立封闭式、行政式和垄断式的批发体系,生产资料实行统一调拨,农产品由国营部门统购统销。到1978年以前,国营商业向生产部门收购的工业品,在一级批发站、二级批

---

[1] 刘军琦.我国批发业与美、日批发业的比较分析[J].四川经济管理学院学报,2008(1):8-9.
[2] 俞菊生.日本的农产品物流和批发市场[J].上海农村经济,2003(4):43-44.
[3] 徐婧.我国与发达国家批发市场发展差异分析[J].理论界,2008(12):57-59.

发站、三级批发站和零售商店之间,除经批准的若干大型零售商店外,都是按照固定供应区域、固定供应对象、固定倒扣年价的"三固定"批发办法组织流通的。[①] 这对短缺条件下的经济运行,实施合理分配,为满足基本需要起到了保障作用。这种传统批发在生产和消费方面呈现出一地生产多地消费、集中生产集中消费,或集中生产分散消费的特征,因此就出现了产地批发、销售地批发和中转地批发的形式。

改革开放后,我国打破了原先传统的流通模式,批发交易市场应运而生。从国情和历史的角度分析,批发市场的形成具备了以下一些条件。

(一) 地方乡镇企业的大量出现,为批发市场的形成提供了前提条件

改革开放后,我国兴起了大量的乡镇、个体经营企业,这些企业的特点是数量多、规模和生产批量小、效率低、生产关系不稳定。他们生产出的产品在市场上经常受到排斥,较难通过传统的流通渠道进入国有流通领域,不得不寻求其他的分销渠道。乡镇企业产品进入传统国企销售渠道存在很高的制度壁垒,乡镇企业主要通过推销员直接促销的方式来解决产品销售问题,但由于缺乏营销的规模经济和市场的秩序性,推销成本很高。

(二) 中国特有的区域性块状经济发展为批发市场的形成提供了充分条件

以家庭作坊和小型的民营企业为主的手工业成为农村工业的主导,并具有明显的特征,经营主体规模相对较小,但数量众多。由于农村手工业地区分工的差异性,它们大多形成了"一乡一品""一区一品"的块状经济结构,虽然生产规模日益扩大,但周边地区的市场相对有限,要突破区域市场的束缚就必须拓宽流通渠道。此时,众多规模小而散的经营主体希望以相对较少的费用获得大规模流通网络。

---

① 武爱民.关于商业流通领域的计划与市场相结合的问题[J].计划经济研究,1991(4):36-41.

(三) 居民收入水平较低,为批发市场的形成提供了必要条件

尽管经济增长速度较快,但在改革开放初期,居民收入水平并没有在短时期内得到提高,因此,消费能力受到很大制约。随着经济发展,商品生产者增多,提供了大量商品,但由于生产批量小、效率低下,而且生产关系不稳定,买卖双方为了节省交易费用,仍然以批发市场为主要渠道进行交易。

(四) 地方政府的支持和培育,为批发市场的形成提供了关键条件

自发形成的批发交易市场由于符合当时社会的需要和生产力的发展,有利于促进当地经济繁荣,形成了依托优势产业,又促进优势产业发展的良性循环。这些都有利于增加当地政府的财政收入,所以,地方政府和行政部门在自身利益的驱动下,有意为批发交易市场营造一种较为宽松和有序的经营环境,从而促进当地经济更好地发展。

三、改革开放以来,我国批发市场的发展历程

政府有意识地引导对当地批发市场的发展起到了关键性作用,以 20 世纪 90 年代中期为分界线,我国批发市场的发展由以自发形成为主转向政府扶持与引导为主。特别是在初期,批发市场的发展需要多种要素资源,如土地、资金、技术、人才和信息,以及规范的市场环境和政策支持。随着资源的集聚,批发市场发展所需的其他要素成本会下降,多个要素的高密度聚集,在内部整合后会产生集聚效应,加速各种要素资源向批发市场流动。

根据中国经济改革发展的实际情况和重要会议出台的文件为时间节点,我们把改革开放以来我国批发市场的发展历程大体分为五个阶段。

(一) 第一个阶段:重新起步阶段(1978—1984)[①]

中国商品批发市场的恢复和重新起步阶段,1979 年建立的武汉汉正街

---

① 任兴洲.我国商品批发交易市场发展现状与趋势[J].经济纵横,2000(8):26-30.

小商品市场是我国改革开放后最早的小商品批发市场,尽管农产品产量迅速增加,但乡镇企业产品的销售渠道受到了制约。1983年国务院颁布的《城乡集市贸易管理办法》指明城乡集市贸易是我国社会主义统一市场的组成部分,它有促进农副业生产发展、活跃城乡经济、便利群众生活、补充国营商业不足的积极作用,如浙江桥头钮扣批发市场、浙江义乌小商品市场、山东寿光蔬菜批发市场等。

这一阶段,大部分批发市场集中在农村地区,产品主要是农产品的批发和乡镇企业的工业品批发,经营者大多为个体户。农副产品批发市场发展较快,工业消费品批发市场发展较为缓慢,且经营的商品基本上是价值较低、档次不高的工业品。政府逐步放开小商品价格,对部分工业产品实行了浮动价格,一部分生产资料价格实行了"双轨制"等改革措施,促进了一些小型批发市场的发展,部分生产资料市场建设也开始起步。但是,当时这些市场既无规模,也没有较大的辐射能力,处于小规模、分散化的粗放式发展阶段。这期间,农产品进入城市市场主要由供销社承担,由此解决了工业品下乡的问题。

(二)第二个阶段:建设全面开展阶段(1985—1991)

1984年,我国开始实施商品流通体制改革,逐步赋予了流通领域发展的空间。同年,第一家产区蔬菜批发市场——山东寿光蔬菜批发市场成立。批发市场价格形成机制的作用逐渐上升,批发领域向非国有经济成分开放。大量新型市场主体进入生产流通领域后,由于市场制度不健全、市场信息不充分、交易风险和交易成本增加,有形市场集中交易带来的成本优势逐渐凸显。批发市场逐渐成为大量中小企业依托的主要流通渠道,促进了批发市场的建设。城市经济体制改革的全面展开,特别是乡镇企业异军突起,为批发市场的迅速发展奠定了基础。在这一阶段,批发市场的发育和发展步伐明显加快,农副产品批发市场、工业品专业批发市场纷纷建立。各地政府也开始重视培育商品批发交易市场。

这一时期,批发市场发展的步伐明显加快,在农产品批发市场方面表现得更为明显。批发市场呈现专业化发展趋势,出现了一些较为活跃的专业批发市场,如河北香河县沙发市场、江苏邗江牙刷市场等。批发市场全面建设,市场体系雏形大体形成,逐步发展成为区域市场和全国中心批发市场,市场功能和作用明显显现出来,农产品产地和销地批发市场、工业品批发市场均得到较大发展。

(三)第三个阶段:快速发展阶段(1992—1995)

1992年,邓小平发表南方谈话,我国确立了社会主义市场经济体制改革的目标。1993年,《中共中央关于建立社会主义市场经济体制若干问题的决议》指出:改革现有的商品流通体系,进一步发展商品市场,在重要的产地、销地或集散地,建立大宗农产品、工业消费品和生产资料批发市场,严格规范少数商品期货市场试点,国有流通企业要转换经营机制,积极参与市场竞争,提高经济效益,并在完善和发展批发市场中发挥主导作用。商品流通规模快速扩张,商品批发市场也加快了发展势头,出现了大量产地型、销地型和集散地型的农产品批发市场、工业消费品批发市场和生产资料批发市场,辐射范围不断扩大。多种经济成分的市场经营主体出现。到1996年,已形成一定规模的农副产品批发市场3 000余个,日用工业品批发市场600多个,生产资料批发市场800多个。

这一阶段,批发市场快速发展,其中,农产品批发市场和工业消费品批发市场的市场数量和成交额都以极快的速度增长。基本形成了以大中城市为核心、遍布城乡、多层次、多门类的市场体系,形成了以综合市场为主、综合市场和专业市场共同发展的市场结构。批发市场的发展大多是地方政府有意识地推动,但管理仍然不够规范,法制不健全,加上政府政策的引导偏差,呈现出一定的盲目性。

(四)第四个阶段:规范化发展阶段(1996—2003)

1996年后,我国对批发交易市场实行管办分离,实施市场登记与年检制度,进一步整顿市场秩序,调整基层工商行政管理机构的归属。这一阶段批发市场发展出现了一些明显的变化。一方面,一些原有的批发市场交易出现萎缩,功能明显弱化,一些大型批发市场也面临"二次创业"的挑战;另一方面,一批重点骨干市场成长发育起来,到1999年,年批发交易额超过50亿元的特大型市场26个,成交额占同期全国市场的10.7%。这些特大型市场交易规模大,辐射功能强,对我国批发交易市场体系发展和商品流通产生了重要影响。2001年,国务院决定进行市场经济秩序整顿与规范,并将集贸市场作为治理整顿的重点。同时,在这一时期,一些采取新型组织形式和交易方式的现货批发市场出现,在加入WTO的背景下,我国经济发展客观上要求商品批发交易市场进一步规范化、制度化和法制化。政府主管部门和行业组织都将批发市场的规范化问题提上了工作的议事日程。

这一阶段,批发市场的管理逐步规范,市场秩序趋向好转,批发市场的功能得到更好的发挥。在此期间,亿元以上商品交易批发市场数量增长速度放缓,成交额逐年增加,到1999年增速表现为先下降,后隔年交替升降。2000年增速最快,为29.2%,1999年增速最慢,为7.4%,这一阶段亿元以上批发市场成交额年均增速为17.3%(见图7-1)。

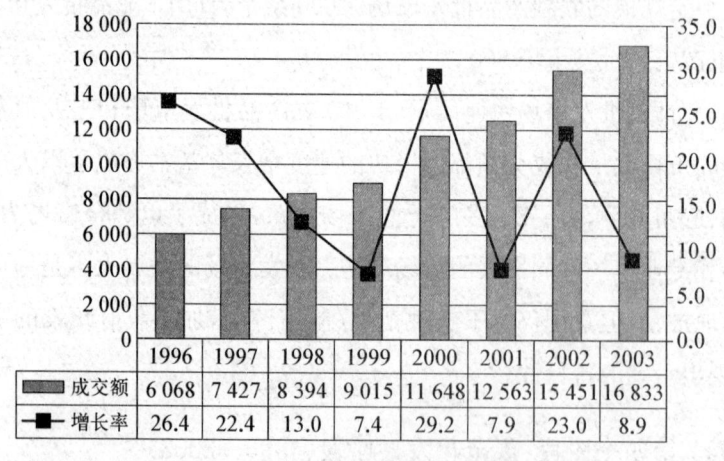

图7-1 亿元以上商品交易批发市场销售及增长情况(1996—2003) 单位:亿元、%
资料来源:《中国统计年鉴》(1996—2003)计算整理而得。

（五）第五个阶段：全面开放阶段(2004—)

2004年以后，中国商品交易市场进入全面开放时期。按照WTO规则，2003年年底开放外资批发经营，2004年我国批准设立11家外资批发企业。2005年商务部批准入华的外商批发企业多达571家，外资批发企业明显增加。消费品商品交易市场的变化是市场结构调整的必然结果，一方面，在市场结构调整过程中，出现了一些大型商品交易市场，且规模越来越大；另一方面，出现了一些专业性越来越强的市场。据国家统计局统计，2007年，交易额在亿元以上的商品交易市场有4 121家，全国最大的商品交易市场是上海物贸中心有色金属交易市场，交易额超过9万亿元，排在第2名到第5名的分别是江苏吴江中国东方丝绸市场、上海逸仙钢材现货交易市场、天津储宝钢材交易市场和江苏常熟服装城，我国商品交易市场在国民经济中发挥着越来越重要的作用。

这一阶段，批发市场的市场数量减少，城市市场充分发挥其区域经济增长极的作用。农村市场相对传统，层次较初级，数量在减少，在结构调整过程中，一部分市场规模越来越大，另一部分市场越来越小，有的退出或者转变为其他业态形式，如农产品超市等。这期间，亿元以上商品交易批发市场成交额增速在2004—2010年表现为持续下降，2015年为最低点，之后开始反弹上升，2018年增速又回落5.6个百分点。2007—2019年，亿元以上批发市场成交额年均增速为24.1%（见图7-2）。

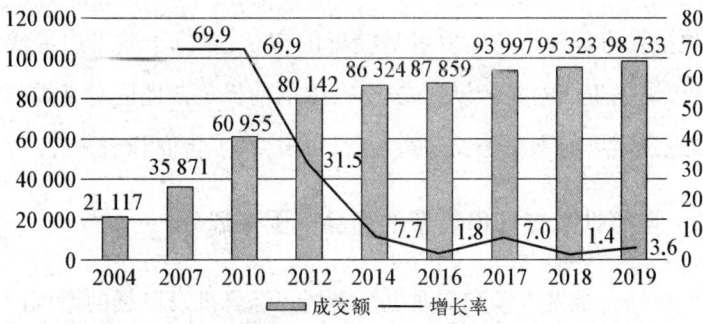

图7-2 亿元以上商品交易批发市场销售及增长情况(2004—2019)单位：亿元、%
资料来源：《中国统计年鉴》(2004—2019)计算整理而得。

第三节 批发市场的组织形态

组织形态是指由组织中纵向的等级关系及其沟通关系与横向的分工协作关系及其沟通关系形成的一种无形的、相对稳定的企业构架。[①] 批发市场的组织形态则是批发市场组织成员之间形成的分工协作关系，体现了一种分工和协作框架。

一、批发市场的分类

（一）按照批发市场服务的地域特点来划分

它包括产地批发市场、集散地批发市场和销地批发市场。产地批发市场位于某地区某特色产品的主要产区，主要起着向外扩散、辐射的作用，进入批发市场的主要是农户、生产商、合作经济组织和中间批发商等。

集散地批发市场也称中转地批发市场，处于交通枢纽地或传统的集散中心，起着连接产地和销地的中转站作用，往往受到区位、交通运输、仓储设施等条件影响，进入市场的主要是长途贩运者和产地、销地的批发商、代理商。

销地批发市场是指与消费者最接近的市场，多位于城市边缘或城市内部，是城市居民生活的配套设施之一，产生的前提是该地区对某类商品有大量需求，进入市场的主要是长途贩运者、批发商、零售商和消费者。

（二）按照批发市场内经营的商品范围来划分

它包括综合批发市场和专业批发市场。综合批发市场的市场内经营多

---

① https://baike.baidu.com/item/%E7%BB%84%E7%BB%87%E5%BD%A2%E6%80%81/8760153?fr=aladdin

种产品线,各种产品线可能关联不大,如批发市场内同时经营服装、鞋帽、首饰品、工艺品、小家电、装饰材料等。改革初期比较常见,特别是乡镇企业的迅速发展,因正规流通渠道的限制,使得批发市场成为主要销售渠道,但随着生产的逐步发展和流通渠道多元化,有逐渐被淘汰的趋势。

专业批发市场是专门经营一种商品及相关商品的批发市场。它是为满足生产专业化发展的需要而出现,是目前主要批发市场类型,也是批发市场发展的一个主要方向。在现实中,专业批发市场可进一步划分为农副产品批发市场、工业消费品批发市场和生产资料批发市场。

(三) 按照批发市场发展阶段来划分

它包括初级批发市场、中级批发市场和高级批发市场。初级批发市场是指交易方式较为传统,管理方式较为落后,基础设施不齐全,经营环境较差的批发市场。在早期的集贸市场基础上发展起来的批发市场,相当一部分属于初级批发市场。其特点有:主要采取地摊式经营,甚至没有固定的摊位,但因不受特定场所限制,交易时间更加灵活,双方意见一致即可;参与交易的经营者大多为分散农户或个体户,无须办理任何进入市场的手续,只向有关部门交纳一定的市场管理费,没有交易主体资格审查制度。

中级批发市场是由初级向高级规范化、组织化市场过渡的市场。其特点有:基础设施较完善,市场配套齐全,但管理不够规范,缺乏完整的管理体系;市场组织是成型的,有专门化的微观管理主体,参与市场交易的主体一般是具有流通职能的企业,以及在比较规范、成型的交易所从事批发交易的商人;商品交换在固定场所内进行,政府部门可通过管理手段,规范商品交易行为;进入市场需要办理一定的手续,政府不对交易人进行严格限制,进入市场比较自由。

高级批发市场是具有高度的组织性,采用现代交易方式,管理制度健全,拥有先进的通信设备和信息系统、必要的仓储系统、严密的安全保卫措施和规范的运行规则,是具有物资集散、形成价格、信息中心、产品质量检测、市场促销、整体形象较好的批发市场。其特点有:买卖双方一般为组织化程度较高的批发商、代理商和零售商等,进入市场交易一般需经过一定资格审查;商品价格自由变动,该市场的价格会左右同类商品的市场价格,进而形成区域性乃至全国性的市场指导价。

表7-1 不同阶段批发市场发展特征

特征	初级批发市场	中级批发市场	高级批发市场
经营方式	地摊式经营	柜台式经营	门店式经营
投资者理念	经营重心是收取租金	关注经营商户的需求,能够提供部分服务	重视调研与开发,注重市场维护与宣传,主动向商户提供配套服务
投资者收益	唯一来源是租金	以租金为主,外加有限的服务收益	租金和配套服务收益并举
市场功能	交易为主	商品交易和信息交流	商品交易、信息、服务、展示、博览功能
经营户状况	散户,游击经营	个体商户为主,有相应固定场所	公司化经营,有相当的经营规模,管理正规
竞争手段	唯一竞争利器是价格	价格服务和有限的售后服务	具有品牌与信誉,完整的售后服务

(四) 按照交易规模及其辐射面来划分

它包括中央批发市场、地方批发市场和自由批发市场。[①] 中央批发市场必须由政府设置,比如,日本由省一级地方政府或拥有20万人口以上的城市负责开设,目前其56个城市共开设有87个中央批发市场。日本政府对中央批发市场采取开设和经营相分离的办法,以保证政府部门对批发市场监管的公正性,并将开设中央批发市场作为公益性事业来举办。由地方省一级政府负责向中央农业管理部门申报,取得农林水产大臣的开设许可后负责筹集资金建设市场,然后,中央财政给予2/5左右的资助。市场建成后,由省政府农业主管部门负责不动产租赁与管理、卫生检疫及相关配套设

---

① 夏春玉.流通概论[M].大连:东北财经大学出版社,2006:202.

施(如银行、邮局、餐饮等)建设与招商等。政府一般不干涉经营管理,经营活动由进场的批发公司和中间批发公司承担。

地方批发市场的开设主体多样化,可以是半官半民,也可以是企业或者公司开设。目前,全日本有1 513家地方批发市场,地方批发市场和其他批发市场的开设许可权由省一级地方政府行政长官掌握。[①]

自由批发市场则多数由小型公司或个人开设并经营。日本禁止在批发市场内的零售行为。

二、批发市场构成主体

市场的参与者构成了批发市场的主体。根据国内外经营实践,批发市场的构成主体大致包括以下几类。

第一是代理批发商,他们将货物运到批发市场,可以称之为上市者,包括制造商、产地批发商、进口商等。第二是批发业者,即代理批发商,他们接受上市者委托,向中间批发商及其他交易者销售商品,一种商品通常要有两个及以上批发业者。第三是中间批发商,即在批发市场内从事批发买卖业务的商人,中间批发商须经市场开办者批准,并取得资格,方可从事批发业务。第四是交易参加者,即经市场开办者批准,可以直接从该批发市场购买商品,但不得从事商品转卖交易的人或经济团体,如生产加工企业、零售商等。第五是批发市场法人,即从事商品收集,并拍卖给中间批发者,作为批发市场商品流通的第一环节经营组织者,必须具备相关知识,如农产品拍卖经验和能力。第六是中介批发者,即经批发市场开设者的许可,在批发市场内将从批发市场法人处拍卖到的商品再批发给零售商等。第七是买卖参加人,即除中介批发者以外的参与拍卖的商品购买者,如制造商、零售商、出口商、消费者团体等。

[①] 李凤荣.日本农产品批发市场发展趋势及原因探析[J].世界农业,2015(9):47-52.

第四节　批发市场的交易模式

改革开放40多年来,我国批发市场经营形态发生了巨大变化,特别是一些全国性的大型批发市场,已向规模化、集约化、信息化、国际化、现代化的交易形式转变。一些依托大中城市居民消费对象而建的区域性批发市场显现出以当地居民日常消费为主的定位交易形式,并逐步形成了以某个综合市场为中心,与城区各个分市场联网的格局,为当地商品流通和丰富人民的生活、方便居民的日常用品采购做出了巨大的贡献。目前,我国批发市场的交易模式大致包括以下几种形式。

一、集市

集市是由农民及其他小生产者为交换产品而自然形成的市场,是人们在固定的地点,定期或临时集中买卖商品的市场。集市有多种称谓,如集、墟、场等,在中国古代,常被称作草市。农村集市一般以小城市或以农村小城镇为根据地,每逢单日或双日规定为一个地方的集市日,农民将自己种植的农产品多余部分或一些手工日用品拿到集市上销售,是农村商品交换的主要方式之一。一方面,人们可以为未来生产、生活资料的进一步购买积累资金;另一方面,以卖为买,出售自己商品的同时也可以购买其他生产、生活用品,集市上买卖的商品主要有农副产品、土特产品和一些日用品等。

二、庙会

庙会是一种传统的展览形式,是中国民间宗教及岁时风俗。在古代,庙会地点多设在寺庙或祭祀场所内,所以称作庙会,常常在祭祀日或规定的时间举办。庙会在唐代就已很流行,庙会的内容比集市更丰富,除商品交流外,还有宗教、文化、娱乐活动。广义的庙会还包括灯会、灯市、花会等,它是城乡物资交流、文化娱乐的场所。现如今,庙会已成为促进地方旅游和经济发展的一种方式。

三、商品批发市场

在三线城市以上地区,由于其自身较大的消费客群,所辖范围内的区域性集贸市场、城市小商店、农村小卖部等商业机构的采买需求,渐而培育出较早的中心批发市场。这类批发市场的许多经营户一般是全国各地中小生产企业的总代理、总经销商及全国驰名商标、知名品牌、省级著名品牌的专卖店。

四、大商场模式

这类批发市场一般在大中城市的闹市区,建筑结构类似于大商场,按楼层布置,分类经营,以摊位或柜台形式租给具有相对独立经营主体的商户。依托城市小商店、集团性消费群体以及部分中低消费层次的居民作为主要消费对象。比如,武汉汉正街、上海城隍庙、贵阳西市路市场等。

五、展览会模式

展览会作为一个概念,《辞海》中的定义是:"用固定或巡回方式公开展出工农业产品、手工业制品、艺术作品、图书、图片,以及各种重要实物、标本、模型等供群众参观、欣赏的一种临时性组织"。展览会是在集市、庙会形式基础上发展起来的更高层次的展览形式。从狭义上讲,展览会是以贸易和宣传性质为主的展览,包括交易会、贸易洽谈会、展销会、看样订货会等。展览会的内容一般限一个或几个相邻的行业,主要目的是宣传、进出口、批发等。从广义上讲,它可以包括所有形式的展览会,不再局限于集市和庙会的简单贸易和娱乐形式,更扩大到科学技术、文化艺术等人类活动的各个领域。

六、商品期货市场

商品期货市场是交易双方达成协议或成交后不立即交割，而是在未来的一定时间内进行交割的场所。期货交易所是买卖期货合约的场所，是期货市场的核心。比较成熟的期货市场在一定程度上相当于一种完全竞争的市场，是经济学中最理想的市场形式。所以，期货市场被认为是一种较高级的市场组织形式，是市场经济发展到一定阶段的必然产物。现代期货交易始于19世纪初，1848年，由82名商人组成建立了中央交易所——芝加哥期货交易所。1865年，芝加哥期货交易所采取措施，使谷物交易规范化，逐步形成了"标准"。期货市场是构建"新秩序"的制度创新和组织创新，是世界农产品价格的形成中心。

第五节 批发市场发展的总体展望

进入21世纪以来，中国商品交易市场仍处于较快增长时期，批发交易市场担负重要的历史任务。尽管我国批发交易市场发展中面临着结构不合理、功能不完善、流通成本高等问题，但随着市场功能和管理规则的不断完善，展望新时期，我国批发市场将会得到进一步完善，并将会出现新的模式和新的特征。

一、当前批发市场存在的主要问题

（一）市场结构不合理

20世纪90年代初期出现"建市场热"，一些地方不顾客观实际需要推动市场建设，目前，我国仍然存在"有场无市"的"空壳"市场，造成了社会资源的浪费。只注重市场载体的建设,热衷于招商和出租摊位,把办市场简单地等同于物业经营。① 这与较长一段时间我国产业的重复建设和趋同投资、批发市场盲目发展、批发市场准入条件较低和包税制有直接的关系。

(二) 功能不够完善,管理制度和规则不健全

目前,我国商品批发市场大多采取摊位式管理,其经营手段体现在出租摊位、收取费用方面,市场信息指导、综合服务等功能没有得到有效利用,忽视了市场功能的发挥和拓展,对流通服务、市场主体的培育及市场规则等软件建设不够重视。批发市场发展中存在重经营轻服务、管理水平低、功能不完善、管理制度和规则不健全等问题。这些相互分割的初级化市场在发现价格、分散风险、为市场参与者提供稳定的市场预期等方面存在很大局限性。1994 年颁布的《批发市场管理办法》至今已有二十多年,存在不少需要修改和完善的地方,因此,我国亟须对相关法律进行修订。

(三) 市场上仍然存在质次品低、假冒伪劣的商品

城乡居民收入水平仍然不高,需求层次较低,批发市场经营的产品大多为低档次的日用消费品和生产资料,其特点是产品档次低、价格低、技术含量低、质量较为粗糙,甚至存在大量的假冒伪劣商品。在当时的经济水平下,批发市场获得了较大的发展空间,然而,在相关法律法规不健全的情况下,这种现象危及了批发市场的健康发展,并且严重损害了被侵权品牌企业的利益。进入 21 世纪,随着消费需求结构不断升级,低层次的产品受到了严峻挑战,已经不能满足消费者对于优质商品的需求。

(四) 商品流通成本高,缺乏现代化流通手段

批发市场物流配送的发展仍然相对滞后,属于粗放型经营。一方面,由于物流过程缺乏统一调配,大大限制了先进物流管理技术的应用,造成物流

---

① 任兴洲.我国商品批发交易市场发展现状与趋势[J].经济纵横,2000(8):26-30.

经营成本较高,服务效率低下;另一方面,物流技术含量较低,不仅限制了批发和零售环节,而且其他生产性配送也较为薄弱,社会化服务程度也比较落后,流通成本较高。订舱、集疏、储运、包装、理货、分送等综合功能薄弱,物流设施不足,运力紧张,不能及时提供合适的运输服务。而且,批发市场与连锁经营、电子商务等方式的结合程度也不高。物流问题极大地阻碍了传统批发市场的转型升级,需要运用现代化流通手段,才能有效降低流通成本,提高批发市场的流通效率。

二、批发市场发展模式展望和思考

(一)第一种模式:全产业链模式

批发市场的功能优势主要在于它的集散效应:一方面,这里聚集了大量的商品、各类市场主体和信息;另一方面,随着通信技术、国家交通基础设施和经济的发展,传统批发市场的聚合效应逐步减弱,扩散效应正在增强。采购商可以跨过批发市场,直接向生产厂家采购,使得采购商对于批发市场的依赖性大大降低。如今,现代企业之间的竞争已经转变为产业链之间的竞争,批发市场的转型升级迫在眉睫。

基于全产业链的整体布局,批发市场带动产业发展,产销一体化特征日趋明显,新型批发市场产业链应该是包括从制造端到零售端,涵盖市场、物流、信息、金融等多种业务的安排。在制造端,由于部分产业开始转移到东南亚等劳动力成本更低的地区,产地型批发市场的优势正在丧失,中国批发市场面临产业转移的压力。在零售端,批发市场应加大招商力度,对接国内外各地区的优势产业,通过扩大市场网络,提供高品质的物流、金融等增值服务,把更多零售商纳入自己的供应体系,增加市场经营户的聚合效应。因此,必须加强产地型批发市场的产业支撑,鼓励批发市场周边的产业集群向研发、创意设计、营销等领域发展,形成总部经济模式。这种产业与市场的互动作用带动了产销一体化发展,也促进了地方经济结构的调整,如深圳农产品股份有限公司在强化农产品批发市场功能的同时,进一步确定了以批发交易市场为核心,分别向生产和零售两个领域延伸的发展战略。

(二) 第二种模式:供应链模式

供应链模式具有多方面的功能,其一,可以实施批发配送共同化。这是通过建立仓储、配送基地,众多企业在物流运动中实施横向联合,共同利用物流资源,物流管理共同化的一种组织形式。投资完善物流配送体系,通过补贴物流服务,加强批发市场网络对经营户和采购商的黏性,为经营户和采购商提供强大的物流支撑。

其二,可以建立物流信息公共平台。依托信息平台,整合中小物流企业,发布实时货运信息,调配中小物流企业的配送能力,实现批发市场物流信息平台作为运力管理、调配和优化中心的功能。未来的批发市场通过交易掌握物流信息,再通过物流信息平台整合主要仓储基地和各地中小物流企业,最终实现批发市场网络与物流网络的有机结合。

其三,可以提供供应链金融增值服务。同一供应链内部各方相互依存,处于供应链中上游的供应商由于资金短缺会直接导致后续环节的停滞,甚至出现"资金链断裂",降低供应链的管理成本,于是,提高资金运作的效力已经成为新一代批发市场战略的重要组成部分。因此,新型批发市场应该利用掌握的交易数据,推动供应链融资增值服务,提高制造商和经营户的竞争力,从而增强批发市场主导的供应链凝聚力。

(三) 第三种模式:电子商务模式

随着电子商务的发展,商品可以方便地进行展示和购买,传统市场的集聚优势正在被逐渐削弱。未来的批发贸易将是融合线上与线下交易的全渠道商业模式,而不是像大多数 B2B 电子商务体系,仅仅是为买卖双方提供一个信息发布和搜寻的平台。截至 2019 年底,浙江义乌市经工商登记注册的电子商务经营主体超 19 万家,全市累计备案筹建电子商务园区 35 个,建筑面积超 200 万平方米,全年实现电子商务交易额 2 768.9 亿元,增长 16.9%。

全年跨境电商保税进口(1210)业务突破871万单,整体业务量位居全国第三批跨境电子商务综合试验区第一位。网红经济的发展迅速,带动从业人员约5万人,全年邮政和快递业务总量累计完成49.9亿件,增长72.1%,浙江省内排名第1位,在全国城市排名第2位。

由于电子商务有跨越时空、最大限度地获取客户资源的特征,线上线下融合的新型批发市场不仅可以提供服务和商品体验,还能成为物流配送点完成对周边区域订单的配送,为厂家、经营户和采购商提供信息匹配、物流和支付等电子商务服务,从而打造新型批发市场的聚合优势。①

---

① http://www.nbd.com.cn/articles/2019-04-11/1320100.html.

第八章 批发战略管理

战略是一种全局性的谋划,是管理者对组织未来一定时期发展方向、发展目标的总体性构想。管理者的任务就是发现并明确这一方向,进而通过综合运用各项管理职能,卓有成效地引导组织实现预期目标。恰当的战略管理能够使企业摆脱那种"碰运气"式的、偶然的成功模式,帮助企业在一个较长时期得到持续、健康、稳定的发展。因此,战略是管理所内含的一个极端关键的内容。本章所谓的战略管理主要立足于批发企业,涵盖商人批发商、制造业批发商以及代理商等各类批发组织。

第一节 批发战略的内涵与实质

战略是一种长期性的考量。所谓的"摸着石头过河",只能是一种权宜之计,不是管理者应取的态度,也不是批发管理应该遵循的思路和原则。其一,这种探索带有偶然性;其二,在探索中会不断发现问题、累积经验、提高认识,所以,应该及时总结提炼,进而上升到战略的高度。批发企业面临复杂多变的环境,对外需要提高适应性,增强企业的竞争力,内部也要创新求变,因而必须有明确的战略规划。

一、批发管理的层次

就某个经济活动来讨论管理问题,主要的立足点是组织(或企业),或者说"管理者"是从企业角度来实施管理职能的。正如德鲁克认为,管理是界定企业使命并实现这一使命的过程,这里所讲的管理主要是指企业(或组织)的管理。毫无疑问,管理或者更具体的企业管理,其含义是非常清晰可辨的。之所以要在这个问题上略作讨论,主要是因为事关批发行为管理的基本范畴,也即批发管理到底"是什么"的问题。因为在本书中,批发管理所涵盖的内容比通常所谓的企业管理要来得宽泛。

(一)批发管理的内涵

1. 批发管理是一系列管理职能的实施过程

如前所述,管理的目的在于使某种活动具有效率或者更为有效。所以,管理与活动本身是有差异的,这或许也是人们有意区分经营和管理这两个概念的一个原因。批发管理是对批发活动的管理,需要管理者有意识地运用各种方法、手段以实现预期目标,而所谓方法手段的运用实际上也就是各种职能的实施过程,这些职能可以概括为计划、组织、领导和控制等。

2. 批发管理的立足点是批发企业

任何活动都有其指向的特定对象,从管理最基本的属性出发,批发管理主要是指批发企业的管理活动,这里的批发企业可以是独立批发商、制造商的分销机构,也可以是代理商等居间商人。这一判断虽然简单而且过于直白,但对随后的分析非常重要。我们知道,依据中国经济社会的实际,至少可以从两个视角来考察批发贸易及其管理问题。

其一,分销。站在微观企业,如某个制造商的立场,批量交易不论如何重要,都只是企业行为的一个方面而非全部。更具体的,批发是企业分销渠道的一个环节。我们知道,分销渠道正在越来越大的程度上受到关注,实践界诸如"渠道为王""得渠道者得天下"等说辞,都是很好的例证。但分销或分销渠道管理不等于批发管理,前者属于营销管理的范畴。在市场营销体系中,分销是营销组合的一个部分,而批发或者批发商只是营销渠道的一个环节,分销管理并不等同于批发行为管理或者批发企业管理。

其二,流通。西方国家没有专门的流通理论问题,这一方面取决于西方市场经济运行的总体格局,另一方面与研究者的偏好及其研究方法有关。西方主流经济学研究假设生产者与消费者直接接触,舍弃了事实上存在于两者之间的媒介要素,即流通。与此不同的是,我国理论界对流通问题有着较为系统的研究,其中,关于流通方式、流通组织、流通渠道等的研究就涉及批发。但这些研究更多的是将批发纳入产业范畴,与批发管理没有太多关联。

因此,批发管理既不是从企业经营层面考虑的分销或分销渠道管理,也不是从流通经济、流通产业角度出发的产业管理或者产业发展。批发管理主要是指从事批发贸易各类批发企业的管理活动。

(二) 批发管理的层次

批发过程的实现涉及人、商品、组织、环境等诸多方面,从管理的视角讨论批发贸易问题,就需要厘清这个过程所关联的所有方面。批发管理不只是执行各项批发职能的过程,而且涉及相对宏观的行业管理,如政府对于批发业的规划、政策、法规等,以及批发商及批发行为管理等领域。换言之,批发管理大致包含批发行为管理、批发企业管理、批发行业管理等三个层次的内容。本章及随后两章,我们将分别就这三个层次的内容展开分析。

1. 批发行为管理

管理必然是一种有意识的活动,是一个过程,是对客观活动自觉、主动的掌控,或者如德鲁克等所言,其目的在于使活动有效率或者更为有效。

就特定的批发行为而言,从开始到结束,包含了一系列彼此关联的业务环节或流程。从大的方面讲,批发贸易是"商流""物流""信息流"和"货币流"的有机集成。从更为具体的层面看,批发交易涉及搜寻顾客、洽谈、采购、存货控制、运输、包装、定价、促销、支付或结算、顾客服务等活动。没有这些具体的活动,也就不存在批发行为。批发管理首先是对这些相互紧密关联的业务环节或者业务流程的管理。

2. 批发企业管理

如前所述,我们是从批发企业的角度来讨论批发管理问题。因此,企业管理必然是批发管理题中应有之义。企业管理包罗万象,涉猎甚众,既有战略管理,也有策略安排,既包括批发业务管理,也包括企业组织结构设计、人力资源管理、财务管理等,而批发行为管理则是其中的核心内容。

3. 批发行业管理

20世纪90年代以来,我国的批发行业体系较为混乱,缺乏有效的管理和协同。这里所谓的行业管理,首先是指地方性的行业规制。近些年来,基于转变经济发展方式的迫切需要,我国对于现代服务业发展给予了极大关注,各级地方政府几乎都制定了现代服务业发展规划,强化对现代服务业的规制和引导。其中,大多有关于批发业的内容,例如,许多城市的"商业网点规划"就涉及批发业的布局问题,但纯粹指向批发行业的规制则比较少见。

与此相对应的是,我国地方政府对批发市场(或商品交易市场)给予了足够重视,许多地区省、市、县三级政府都制定了批发市场或商品交易市场发展规划,对批发市场的发展目标、空间布局、配套政策、保障措施等都有具体、明确的规定,法规建设也早已起步。这一状况或许与批发市场迅速发展,对经济与社会运行的影响日益加深有关。

行业管理的第二个层次是指国家层面的发展战略、产业政策、法律法规等。如前所述,地区性的相关规制甚至法规建设已有长足进展,但迄今为止,全国范围内对批发、批发商、批发产业的宏观管理,远未形成有效的体系。比较而言,美国、日本在批发领域的宏观管理比较到位而且有效。日本早在1921年就制定了专门的《批发市场法》,而且该法并不仅仅对狭义的批发市场具有约束力。《批发市场法》对市场管理者的地位职责,以及从事批发贸易的经销商都有明确的资质和规范要求,对引导整个批发行业的发展也具有重要价值。

批发行业管理另一个重要内容是行业自律。各种类型的批发行业组织,如行业协会、行业联盟、商会等,是实施批发行业管理的重要力量。通过行业组织,依靠相应的规则、制度,引导和约束各成员的经营行为,维护行业运行的正常秩序,促进行业健康发展。例如,批发市场联盟或者批发市场协会等,就是一种批发行业管理组织。

二、批发战略的内涵

战略经营、战略管理已经成为广为人知的概念,在管理学界得到充分的研究,对实践的影响也不断深入。关于战略或战略管理的内涵,不同的学者在理解上略有差别。科特勒等指出,战略计划(Strategic Planning)是"创造并且保持组织的目标能力与组织不断变化的营销机会之间的大略适配过程。"[①]加斯·塞隆钠等学者认为,战略管理是向管理者提供帮助,通过开发一系列的工具和概念性图形,揭示管理者的选择和企业所实现的业绩之间的系统关系;而战略则是"确立了用以指导对行动进行选择的框架"。[②] 其他学者及国内学界对战略或者战略管理的内涵也有相应描述,这里不再作更多介绍。关于批发战略,目前还很少看到相关论述。我们认为,批发战略是为实现企业的经营目标而制定的长期稳定的行动纲领和行动方案。关于批发战略管理的具体内容,将在下一节详细讨论。上述批发战略的定义包括以下两层含义。

(一) 批发战略是指企业层面的战略规划

现阶段,我国的批发体系处在不断的变化和调整之中,新的批发格局正在各类企业的实践中逐步形成,有大量的问题需要分析、研究。

传统批发商面临来自上游制造商和下游零售商一体化发展的巨大压力,其生存空间被压缩。随着改革开放的不断深入,我国计划经济时代"一、二、三、零"格局彻底瓦解,传统批发商和批发商业趋于式微,并不是某一个

---

① [美] Philip Kotler,Gary Armstrong.市场营销原理[M].赵平,王霞等译.北京:清华大学出版社,2003:44.
② [美] 加斯·塞隆钠,安德里·谢帕德,乔埃尔·波多尼.战略管理[M].王迎军,汪建新译.北京:机械工业出版社,2005:1-2.

因素孤立发生作用的结果,需要企业站在更高的角度思考和应对。制造业批发商、代理批发商等的发展路径中也充斥着各种矛盾,它们的未来走向存在着许多变量,其中,既有外在的客观条件,也有企业自身需要解决的难题。如何借助有效的战略规划来厘清问题,辨明方向,确实是事关企业发展的一个重大问题,也是批发管理要解决的一个关键问题。

(二)批发战略的核心是战略目标与战略方法

批发战略管理的任务主要包括两个方面。

第一,确定合适的战略目标。这里所谓的目标,不是一时、一地或某个业务环节的目标,而是整体性的长期目标,并且是"合适的"目标。

例如,在代理体制下,一个省级或者区域总代理商活动空间仅限于一省或一地,这是代理模式下厂商博弈的结果,是一种必然的制度安排,对此,代理商缺乏话语权。因而,在既有模式不能改变的情况下,代理商关于在更大空间拓展市场的任何决策,都应被视为不恰当,因为这根本无从实现。如果代理的是一种新产品,那么如何在本区域市场拓展渠道、扩大销售则是需要重点考虑的内容,这不仅符合自身发展的需要,也符合委托方的利益。相反,如果代理的产品市场已经非常成熟,则销售即使会有增长,增长的幅度也是非常有限,那么,维持稳定的销量或许就是企业应当坚持的目标。目标是对行为结果的预期,对行为具有直接的导向作用,目标选择一定要合适。

第二,选择合适的战略方法。目标是行为的预期结果,而方法则是实现目标的方式、手段或者路径。如果说目标使行为成为必要,因为没有无目的的人类行为,那么,方法则使行为成为可能。从这个意义上讲,方法和目标都是行为的元要素,是行为发生的先决条件。

问题在于,就企业的某一个特定的战略目标而言,其得以实现的路径或方法往往不是唯一的,这就需要管理者在充分比较的基础上选择最为合适的一个、数个或若干种方法的组合。经典营销理论认为,企业利润率的高低与市场占有率紧密相关,而市场占有率的高低主要取决于三个因素:产品质量、新产品率和市场费用。优质意味着可以为客户带来更大的效用,但提高质量的努力在有些市场并不能得到相应回报,不断推出新产品可以提供更多的选择机会,而市场费用(主要是促销费用)一般与销售量呈正相关关系。上述方法都能起到扩大销售、提高市场占有率的目的,需要管理者抉择。

而这些方法主要是提供给制造商选择的,除了增加市场费用,其他两种方法对商人批发商并不适用,因为产品是制造商生产的,新产品的开发也由制造商完成。批发商,主要是商人批发商,尽管无法决定产品的质量以及是否开发新产品,却有权决定经销什么产品。优化产品线,改善产品组合,或许是不错的选择。格力是目前我国空调产品的著名品牌,但成长并非一蹴而就,格力关于分销渠道的建设、调整,多年来一直受到关注。江苏五星电器在格力空调发展的早期即介入其分销网络,就不失为一个有效的战略决策。选择战略方法和确定战略目标,对战略管理而言几乎具有同等重要的意义,决定着战略的有效与否,是批发战略管理必须解决的两个基本问题。

三、批发战略的实质

批发战略管理有其明确的任务,而战略管理甚而企业的一切管理活动,是否还有更深层次的使命? 回答这一问题,就需要从企业存在、生存和发展的最基本问题入手,讨论批发战略的实质。

企业依存于特定的环境,环境是企业生存的土壤。经典理论将环境界定为企业的外部存在,环境是不确定、不可控的,并且对企业有强制性,企业必须适应环境而不是与之对抗。当然,环境中包含企业所需的机会,需要企业识别和挖掘。但是,有些机会并不一定适合于某个企业,因为无从把握,或者企业缺乏利用这些机会的资源条件,或者与企业的发展方向和目标不相吻合。这里就提出了一个企业存在与发展的最基本问题,即环境、资源、目标及其相互关系。这是一个非常重要的战略三角。

从另外一个角度看,即使没有战略构想和严谨的战略管理过程,一个企业也起码要对发展目标有基本的考虑。目标的设定既必须考虑企业自身的资源条件,也需要充分认清环境机会以及企业把握机会的可能性。依靠一切手段促进环境、资源、目标的动态协调,从而最终实现企业与环境的动态平衡,是关于企业的一个本原性质的命题。批发商的战略规划甚至企业的一切经营管理活动,其终极目标都在于此,是批发战略的本质所在。

第二节 批发战略管理过程

批发战略与战略管理(或战略计划)是同一个事物的两个侧面。批发战略是指行动纲领和行动方案,而批发战略管理则是确定并实施方案的过程。从某种意义上讲,战略管理是战略的手段,而战略则是战略管理的结果,没有必要作过于明确的区分。战略管理是一个动态的过程,大致包括环境分析、明确战略目标、制定战略方案、执行和控制战略等四个方面。

一、环境分析

环境是企业赖以依存的唯一外部存在,而环境、资源与目标的动态平衡是批发战略的本质所在,因此,分析环境是战略管理的首要任务。

环境是一个多因素的组合,宏观层面包括政治、法律、经济、社会文化、科学技术、自然环境等;微观层面包括供应商、营销中介、竞争者、公众、顾客等。所以,包括客户在内,所有企业外部的因素或者力量,都是环境的要素。其中,企业客户处在一个相对特殊的地位,是环境分析所要考虑的重点内容。

现实和潜在客户的一切未满足需求,都是企业可能的机会。分析环境的目的就在于寻找机会,规避风险。环境分析可以利用"SWOT"方法,在充分认识自身条件的基础上,综合分析企业优势(Strengths)、劣势(Weaknesses)和机会(Opportunities)、威胁(Threats),借此发现可资利用的市场机会。"SWOT"分析方法的运用在很多管理学和市场营销著作中都有介绍,这里不再赘述。环境分析是一个非常复杂和极端重要的问题,企业要将其置于战略高度来对待。麦德龙的商业系统包括现购自运、大型百货商场、超大型超市折扣连锁店、专卖店等多种业态。在进入中国前,麦德龙对我国市场进行了长达六年的市场调研,在充分论证、分析和预测的基础上,最终决定采用现购自运这一批发业态类型。[①] 下面,我们仅仅从企业一体化发展的角度,在一个侧面分析传统批发商面临的竞争环境问题。

传统批发商的竞争主要来自渠道的两极,即制造商和零售商。研究批发商的竞争环境,要从社会再生产的全局,从生产与消费、生产者与消费者的相互关系入手。在买方市场条件下,由于供给大于需求,总体上应该是消费决定生产,即消费者处于主导地位,生产者的一切活动必须全面适应和满足消费者的主权、利益和偏好,消费者的每一个美元都是一张选票,决定着企业的生存发展。这是西方经济学理论早已解决的问题,也是人们提倡"消费者中心""顾客至上"的逻辑基础。但进一步分析会发现,上述命题存在明显疏漏。

其一,企业难以充分了解消费者。现实中的企业缺乏全面了解消费者需求的手段,惯常运用的"抽样调查"只能帮助企业认识少部分消费者的欲望和偏好,其结论天然的只具备部分真理性,是一种典型的"以点代面"。企业据此生产的产品事实上不能完全适应多数人的需要,绝大部分消费者只能在企业已经生产出来的产品中作被动选择,消费者的主权并未得到应有的尊重。其二,消费者的选择集合不完整。在现有条件下,当人们需要购买某种产品时,消费者几乎不可能与该产品的所有生产者达成直接有效的沟通,这就意味着消费者的选择机会并不完整,因而其选择很难被视为最佳或最优。还有一个问题是,企业是否愿意传递真实有效的信息,进而帮助消费者作出最优选择?遗憾的是,答案并不总是那么肯定。其三,消费者缺乏群体合力。由各个体消费者构成的整体,是一个极为松散并缺乏合力的群体,在和生产者的"竞争"中往往处于劣势,无力维护自身的最大利益,对此,大

---

① 参见 http://baike.baidu.com/view/70316.htm.

量中外企业的营销实践可以作为佐证。此外,如果考虑现实中各种超经济力量的影响,消费者主权更是无从谈起。

这是一个悖论:在总体上消费决定生产,而从个体角度看,当个人消费者与某个企业因为发生交换而相对应时,生产决定着消费。而这一矛盾背后的真相是"流通主导",即在买方市场条件下,流通已经从社会经济的一个从属性的职能,演化成为居于主导地位的职能。①

流通主导的一个直接效应就是推进了企业的一体化发展,主要是制造商的前向一体化和零售商的后向一体化,企业的边界也随之趋向于模糊,出现了零售制造商或制造零售商,等等,足见流通主导的重大影响。例如,中国石油天然气集团公司是一家集油气勘探开发、炼油化工、油品销售、油气储运、石油贸易、工程技术服务和石油装备制造于一体的综合性能源公司。

在美国等西方发达国家,一体化已经经历了很长的历史阶段,我国企业的纵向一体化也呈现快速发展的趋势。如果从分销层面来考察这个问题,一体化的结果就是,制造商越过批发环节,与零售商交易甚至直接面向最终消费者,如海尔的终端销售;而零售商同样可以舍弃批发环节,直接面向制造商或者控制制造环节,如沃尔玛、苏宁等。一体化的动因还可以从科斯关于企业与市场相互关系的理论中得到解答,是企业与市场的一种替代。前向、后向一体化的实质是全面控制分销渠道,一体化大大压缩了批发商的生存空间,是传统批发商目前所面临的最为严峻的挑战。当然,传统批发商并非无从应对,既可以加入对渠道控制权的争夺,也可以在这种纵向一体化过程中发掘自身优势,寻找适合于自身的生存机会和发展空间。

二、明确战略目标

通过环境分析,企业对自身的优势和劣势,如何趋利避害,发掘和利用市场机会有了全面、清晰的认识,随后,就需要规划企业的发展方向,明确从

---

① 张春法等.电子商务背景下流通格局的重构[J].江苏商论,2000(9—10合刊):12-15.

事的业务领域和发展目标。

(一) 界定企业使命

企业使命有多种表述,如宗旨、任务等,是指企业存在的目的、从事的事业和需要完成的任务。使命回答了企业为什么存在以及如何存在等问题,是企业管理和战略规划的一个根本问题。

著名零售企业沃尔玛的使命是"我们以低价的方式向美国的中产阶级提供价值"。施乐公司关于企业使命的表述是"我们帮助人们校对、存储、再现、修改和发布资料信息,以提高工作效率。"[1]而批发商弗莱明的使命则是为零售商的成功经营提供服务。

弗莱明是美国最大的食品批发商,公司有32个分销中心,186万平方米储存空间,向全美50个州及世界各地配送货物。客户有3 000家超市、3 000家便利店、近1 000家其他种类零售商。服从于其使命,弗莱明于1927年成立独立食品商店联盟(IGA),帮助零售商与连锁店抗衡,到20世纪40年代,弗莱明拓展了业务内容,为新开设的零售商店提供选址、房屋租赁以及资金支持等服务。1998年,推出"好生活"牌冷冻食品,专为关心健康,又无时间做饭的顾客设计,弗莱明向消费者保证不满意可以立即退货,并投入资金由零售商连续三个月推出免费品尝的促销活动,致力于使消费者"苗条",让零售商"肥胖"。[2] 弗莱明实行所有的这一切,都是"为零售商成功经营提供服务"这一使命的具体表现。

(二) 明确战略定位

对一个经营性的企业,定位就是确定自己的市场位置,不同于营销层面的产品定位和品牌定位,战略定位主要解决从事什么业务,为什么市场提供什么服务的问题。战略定位可以更为清晰地勾勒企业基本的经营方式和发

---

[1] [美]Philip Kotler,Gary Armstrong.市场营销原理[M].赵平,王霞等译.北京:清华大学出版社,2003:46.

[2] 胡音.一心二用的批发商——弗莱明[J].中国商贸,2001(12):73.

展方向。如南京医药股份有限公司在2011年中国500强企业中排名第212位,公司的战略定位是"以社会公众的健康消费需求为订单,以药事管理服务为核心特征,以互联网、物联网技术为依托,以提供健康产品与服务为目标的集成化供应链,为公众和社会提供健康利益管理与服务。"①战略定位主要包括业务定位、市场定位和职能定位等三个方面的内容。

1. 业务定位

业务定位就是确定企业从事的业务领域,即确定具体的业务范围,在什么样的业务领域为客户创造最大价值。任何企业都是以一定的业务内容为依托,否则就不称其为企业。弗莱明从事食品批发,日本的综合商社虽称为贸易商,但其业务范围甚广,并且是典型的产、供、销一体化组织。业务定位解决的是"做什么"的问题,按照通俗的说法,就是"三百六十行,你干哪一行"。只有明确了业务领域,知道自己是做什么的,正在从事怎样的业务,可以从事怎样的业务,才会有明确的发展方向和发展目标。

传统批发商虽然面临渠道两极一体化的巨大压力,但并非完全没有优势,有的可以通过变革,坚持现有的业务;有的企业则可以考虑向物流业转化,或者由一般的商业服务转向信息服务,等等。②

2. 市场定位

每一个企业都必须明确自己为之服务的市场,即客户是谁。这里所谓的市场定位,解决的就是"为谁服务"的问题。食品经销商弗莱明坚持为零售商服务,帮助他们"成功经营",而麦德龙(指麦德龙现购自运)则是为"专业客户"提供服务的批发商。

麦德龙现购自运国际公司属于有限服务批发商,是国际自助式批发业务的领导者,这个"领导者"一方面名副其实,另一方面也是企业一种定位形式。麦德龙在全球29个国家拥有700多家门店。"麦德龙现购自运独特的商业模式,包含产品组合和服务项目都是以餐饮企业、中小零售商、机关团

---

① 参见南京医药股份有限公司网站:http://www.njyy.com/.
② 张春法等.网络化与电子商务对批发业的影响与对策[J].商贸经济,2005(11):89-92.

体为目标顾客。公司为这些特定的客户提供食品、非食品产品组合,以及有吸引力的批发价格。"①麦德龙现购自运不为个人消费者提供服务,其市场定位于专业客户,即餐饮企业、中小零售商和机关团体,等等。

3. 职能定位

批发商的职能定位(或功能定位),实际上就是企业为客户提供"什么服务"的问题。在信息化、网络组织、虚拟企业不断发展的今天,合作和竞争格局都已经发生很大变化,批发商不能囿于传统观念,需要从新的视角来考虑企业的运营及其管理。在供应链一体化模式下,企业只实际执行具有优势的职能,而不具有优势的职能,完全可以借助交易或契约形式从企业外部获得。从理论上讲,由于各成员专司某一项或某几项职能,实行专业化的经营,因而更能充分利用社会资源,实现资源的优化配置。企业必须明确自己在哪个方面具有优势,需要从外界获取怎样的服务,能够在哪些方面与其他企业进行有效的合作。

可口可乐公司对分销渠道控制程度极深,在渠道中,批发商被压缩到一个非常小的范围,其渠道管理的目标是决不放弃任何一个哪怕是最小的零售商。这种深度控制对物流提出了较高的要求,而恰恰在这一方面,可口可乐构建了自己的竞争优势。可口可乐推出了"金钥匙伙伴计划",在一定区域物色一家略有规模的零售商,专门负责区域内的物流事务,可口可乐将产品直接送达该零售商,再由这个伙伴完成对更小规模零售商的配送,费用由可口可乐承担。显然,可口可乐渠道中的金钥匙伙伴实则是为可口可乐提供物流服务。而借助这一计划,可口可乐也可以更专注于分销渠道的开发和管理,各得其所。

(三) 确定战略目标

目标是企业希望完成的任务,是对行为结果的预期,也是企业使命的物

---

① 参见"麦德龙(中国)"网站:http://www.metro.com.cn/metro/front.do? go = WEB_HOMEPAGE_PG_Index.

化或具体化,通过目标,企业的发展方向和对未来的总体预期变得更为具象和明确,从而更为有效地引导企业的一切活动。

批发商需要实现的目标不止一个,如销售额、利润水平、利润率、市场占有率、投资收益率、分销渠道体系,甚至还有企业声誉、品牌形象方面的目标,等等,都是企业在确定目标时需要考虑的方面。企业有总目标、子目标之分,有专业性的目标,也有分阶段实现的目标,这些不同层次的目标密切相关,组成一个完整的目标体系。这就需要企业从战略高度认真研究,审慎决策。

企业目标应该具体、明确,尽可能以数量化的指标来表现。例如,显著提高利润水平的表述就过于模糊,最好予以明确,10%或者20%,等等。目标要恰当、切实可行。过低的目标,既不符合企业的利益,也不能起到激励、引导企业行为的作用;而目标定得过高,即使穷尽努力也无法实现,会挫伤管理者和员工的积极性,反而产生负面影响。通常,企业可以设定三个层次的目标,即最低目标,这是必须确保的目标;最高目标,是企业的理想目标;可接受的目标,则是企业应当实现的目标。

三、制定战略方案

在界定企业任务,明确发展目标后,就可以着手制定战略方案,包括确定战略重点、选择战略方法、明确实施战略的总体步骤。

(一) 战略重点

战略重点是事关战略全局的重大问题,是达成目标所必须解决的关键问题,需要在战略规划中给予充分关注。

在流通格局和竞争态势发生显著变化的背景下,如果传统批发商期望维持甚至增强渠道地位,就需要对整个渠道系统的竞争状况有充分、清晰的认识。原则上,这项工作应该在战略规划的开始阶段完成,本节第一部分已有相应分析。

制造商拥有品牌以及能够给最终消费者带来满足的产品或服务,这是一切利益、需求或价值的物质基础,是制造商拥有的"产品优势";而零售商直接与消费者接触,拥有相对稳定的顾客资源、丰富的管理经验和服务技能,能够对最终消费者的选择产生直接、持续的影响,这是为零售商所独有的"接触优势"。总体上看,接触优势更利于企业获得有利的竞争地位。批发商如果没有优势,就可能在渠道两极的一体化进程中被边缘化。因此,批发商的战略重点应当是努力构建自己的竞争优势,借此谋求一定的渠道权力和竞争地位。

(二) 战略方法

战略方法是实现战略目标的手段或者可行路径。因袭上面的分析,从大的方面看,传统批发商获得竞争优势的方法主要不外乎三种。其一,提升服务水平。批发商承接上下、服务供需,且其专业化程度较高,具有一定的专业优势,可以通过机制创新、职能重构等途径进一步增强服务能力,提升服务水平,营造"服务优势"。其二,品牌化战略。通过品牌化提升企业形象,控制供应来源。麦德龙就是有效实施品牌化战略的批发商。麦德龙(中国)从 2003 年开始发展中间商自有品牌,在我国所有麦德龙商场的 27 个食品、非食品品类中,共开发了 3 900 个自有品牌商品。① 其三,前向一体化。加强对零售环节的控制,合作或独立构建零售体系,将触角延伸到零售终端。这些方法或许不适用于所有批发商,需要企业根据自身的资源条件、企业任务和战略目标的要求审慎抉择。

(三) 战略步骤

战略目标区分不同层次,而战略目标的实现也是一个渐进的过程,所以,战略实施也应分若干不同阶段有序进行。

我们仍然延续上面的分析。如果批发商选择前向一体化,通过控制零

---

① 参见"麦德龙(中国)"网站:http://www.metro.com.cn/metro/front.do? go = WEB_HOMEPAGE_PG_Index.

售环节来构建企业竞争优势,大体需要完成以下工作。首先,进一步细分消费者市场,选择零售商控制相对薄弱的细分市场作为目标市场;其次,通过收购、兼并或自建等方式,构造零售网络;第三,在组织、财务、营销等各个层面进行重新设计,打造与零售业务相匹配的运营和管理体系;第四,拓展供应来源,强化与目标市场的沟通、互动,优化业务流程,树立企业形象。

四、战略执行和控制

在完成以上步骤后,战略层面的行动方案和计划总体形成。如果不是出于保密和其他特殊需要,应该以书面报告的形式示众,并以不同形式与企业员工进行沟通,让所有员工理解、接受战略意图,明确各自的目标和工作任务。随后,企业就要将战略付诸实施。从某种意义上讲,制定战略和实施战略对企业具有同等重要的意义。有效的战略实施,是战略有效性的保障。为使战略规划达到预期的效果,企业还需建立必要的机制,控制战略计划的执行过程。

(一) 执行计划

计划执行回答了由何人、何时、何地、如何做的问题。企业必须做出恰当的组织安排,以便整合企业的所有力量执行计划,同时为组织建立有效的信息、规划、控制和激励制度,引导员工顺利完成各项工作。在分析计划执行问题时,科特勒借鉴了麦金希公司(Mckinsey)的7-S研究成果。麦金希认为,善于经营的公司应具备7个要素,其中,策略、结构、制度是成功的"硬件",而风格、职员、技巧、共同价值观则是企业走向成功的"软件",[①]可供我们在理解这一问题时参考。我国传统批发商的经营理念、信息化水平、管理

---

① [美]菲利普·科特勒.市场营销管理——分析、规划、执行和控制[M].广东财贸管理干部学院市场学翻译组译.北京:科学技术文献出版社,1991:92-93.

手段和管理能力等,都存在较大的提升空间,在优化战略管理,提高决策水平的同时,需要认真考虑如何提升执行力的问题。

(二) 控制计划

一般,企业战略在实施过程中会出现不同程度的偏差,这种落差主要基于两种情况。一是战略本身存在某些不足,在制定战略的过程中,可能环境分析不够严谨,或问题考虑不周,战略方法的选择不太适宜,等等。经实践检验,证明战略计划本身存在缺陷;二是企业的市场、竞争者或者宏观环境等发生了无法预见的变化,这也会导致计划与现实的偏离,需要企业建立完善的信息系统、提供相应的机制和制度保障,以便及时发现问题,适当调整战略计划。

计划控制的手段主要有两种,即运行控制和战略控制。运行控制是一种年度性的计划控制,通过检查和监控当前的工作绩效,确保企业顺利实现年度目标。战略控制则是对企业的环境、目标、战略和活动进行全面、定期和独立性的观测、检查,[1]以发现问题并及时采取措施,保证企业战略的有效实施。

第三节 批发商的营销组合战略

批发战略是企业层面的整体战略,是粗线条和概要性的,在实际操作中还需进一步细化、具体化。在具体工作中,企业经营管理包含的组织、人力资源、市场营销、财务等,都应该有相应的战略安排,本书难以一一涉猎。鉴于市场营销对于批发商的极端重要性,本节将着重讨论批发商的市场营销组合战略。

---

[1] [美] Philip Kotler,Gary Armstrong.市场营销原理[M].赵平,王霞等译.北京:清华大学出版社,2003:68。

一、市场营销组合的内涵

市场营销组合是企业对各种可控营销因素的综合性运用,是企业适应不可控外部环境的基本手段。彼得·德鲁克非常重视市场营销对于企业的价值,他认为,如果某一个组织没有营销业务,或者营销只是业务的一个部分,这个组织就不能称之为企业,企业的基本职能只有两个:市场营销和创新。类似地,如果没有市场营销组合,市场营销也就失去了最为核心的内容。

(一) 市场营销组合的一般分析

经典管理和营销理论将企业和环境界定为两个完全不同的体系,环境不仅是企业的外部存在,而且对于企业具有强制性。因此,企业或者市场营销的根本任务就是在综合考虑资源、目标的基础上,运用各种可控因素,使企业与不可控的环境相协调,这就是前面描述的战略三角。传统营销是一个封闭的体系,企业与其外部环境之间有着明晰的边界,市场营销是企业的任务,消费者是营销的对象。企业的终极目标实际上是自身利益的最大化。因此,在传统营销的理论框架中,市场营销是一种以企业为唯一营销主体的行为过程,这种"单一营销"是传统经济条件下市场营销的固有程式。

两个对立系统必须通过一定的途径连接,营销组合就是这一节点。E·J·麦卡锡的策略性4P(产品、价格、地点、促销)、科特勒的战略性4P(探测、分割、优先、定位)或者策略性6P(产品、价格、地点、促销、公共关系、政治权力)即"大市场营销",都是企业与环境连接的"节点",是企业适应环境的必然要求。上述分析可以通过图8-1来体现。

(二) 营销组合模式的变迁

数十年来,理论界对营销组合的发展给予了极大关注,研究成果甚多,如4C、4R、4V等。4R模式是美国学者Done Schultz的研究成果,也是一个四因素的结构,它所包含的四个因素分别是关联(Relationship)、反应

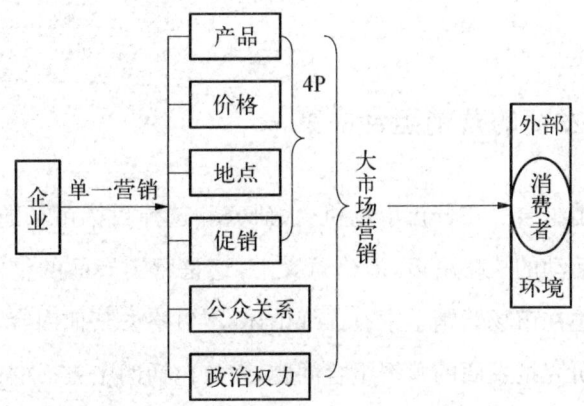

图 8-1 传统营销模式及其实现①

(Reaction)、关系(Relation)和回报(Respond)。4V 是指差异化(Variation)、功能化(Versatility)、附加价值(Value)及共鸣(Vibration)的组合。4C 则是消费者的需求和欲望(Consumer's wants and needs)、满足消费者需求和欲望的成本(Cost to satisfy wants and needs)、便利购买(Convenience to buy)和沟通(Communication)的集合。学界对 4C 的开创性多有肯定,但 4C 是完全对应于 4P 的一个结构,就其实际涉及的内容看,只是对麦卡锡 4P 组合的某种深化或者修正,更为重要的是,4C 所依据的逻辑基础与传统的营销组合完全一致。

如果从网络角度分析,市场营销的主体就不再是唯一的,不仅包括消费者,甚至还包含了供应链的所有成员企业,网络背景下的市场营销是一种协作式的共同营销模式。共同营销的实现与传统营销不同,具体表现为一个 5C 结构,即消费者价值管理(Consumer's value management)、信息共享(Communion of information)、实时沟通(Communication in time)、流程整合(Conformity of process)以及相互信任(Credit)。② 上述所有内容都可以从其他著作中获知,其中的有些成果可以应用于批发商的营销实践,这里不

---

① 张春法.基于网络背景的营销理论研究——理念、构造与模式[M].成都:西南交通大学出版社,2006:160-162.
② 张春法.基于网络背景的营销模式及其运作[J].管理世界,2006(2):159-160.

作具体讨论。

二、批发商的营销组合决策

市场营销组合是在分析市场机会、研究和选择目标市场的基础上作出的关于营销活动的战略决策,严格意义上,这是营销层面的整体战略规划。由于相关问题在市场营销学中有详细论述,本节略去其他内容,以经典营销理论为依托研究批发商的营销组合问题,大致包括四个方面的内容,即产品组合与服务决策、价格决策、地点与分销决策、促销组合决策。需要指出的是,这里关于营销组合各要素的分析都是粗略和框架性的。[①]

(一) 产品组合与服务决策

除了麦德龙这样实施品牌营销战略的企业,批发商通常不生产产品,只是制造商产品的经销者,提供流通中介服务。因此,批发商的"产品"主要有两个方面,一是经营的产品组合,一是提供的具体服务。产品组合与服务是关乎批发商业务领域的重大战略问题。

不同的产品组合对企业整体运行有不同要求,并且体现在组织结构设计、人力资源管理、物流、营销等各个层面。麦德龙现购自运经营 2 万多个品种,以致给人以麦德龙是零售商的错觉。麦德龙的产品组合是典型的深而宽的类型,综合化程度高,远非一般的综合批发商可比,可以满足客户"在同一个天花板下一次购齐"的要求。迄今,麦德龙在我国 60 个城市开设了 97 家商场,拥有约 11 000 名全职员工和 1 700 万客户,"源自专业,服务专业"是公司的座右铭。[②] 麦德龙采用会员制,重视客户关系管理,有着世界一流的单品管理系统,信息化水平高,能够及时分析客户的消费结构,进而为客户(尤其是中小企业)提供特色咨询服务,并与主要的客户进行沟通,向他

---

① 其中的有些内容在前面有关章节已经有所描述,有的则会在随后的相关章节中详细讨论。
② 参见麦德龙中国官方网站:https://www.metro.cn。

们提出采购建议,帮助客户降低采购成本。① 麦德龙的成功或者不可复制,但它的许多做法对我国传统批发商改善经营管理具有重要的参考价值。

专业批发商往往只经营一条产品线,甚至产品线上的某个或某几个产品项目,产品组合虽然单一,但可以为客户提供更优质和专业的服务,因而也能获得良好的发展。某些批发商纯粹提供无形服务,是一种新的批发业态,可以称之为"服务提供商",如信息服务、物流服务等,这些企业同样存在产品(服务)组合决策问题。此外,服务水平越高,客户的满意度越高,但成本压力也越大,需要企业在服务水平、服务成本和客户满意之间寻找某种平衡。

(二) 价格决策

价格取决于客户需求、成本、竞争及企业目标等因素,价格决定大致有三种方法,即成本导向定价、需求导向定价、竞争导向定价。制定价格,也是一个动态的决策过程,需要在目标导引下,分析研究影响和制约定价的因素,运用一定的方法,审慎地做出决策。

制造业代理商无权决定价格,这在代理契约中会有明确的约定。销售代理商拥有较大的话语权,定价相对灵活多样,但具体方法也因经销商品的不同而有不同,有的是成本加成,有的或许采用其他方法。据相关调查,高档白酒销售的典型渠道是制造商——总经销商——地级市总经销——批发商(特约经销商)——零售商(专卖行、超市)——消费者,中间层次有 4 个之多。其中,每个中间环节会预留大约 30%—50%左右的销售利润。如果白酒的单位出厂价格为 600 元,经过渠道各环节的层层转手,到最终消费者,零售价将达到约 1 700 元,正所谓"茅台可以称作'坐商',坐着就可以收钱,不愁市场,拿到茅台酒就赚钱",是一条利润相当可观的渠道,因而,高档白酒的营销渠道被称为"销售的利益链条"。② 在这样的渠道系统,批发商只需

---

① 参见 http://baike.baidu.com/view/70316.htm.
② 参见 http://sh.sina.com.cn/citylink/mo/f/2012—03—23/101910884.html.

按照业内"规则",以30%—50%的利润率目标定价即可,是一种典型的目标利润定价。

而有的批发商可能不存在定价问题,如经纪人,只是在买方与卖方之间充当举荐媒引,是促成交易的中间人,并不从事实质性的交易活动,通常对交易条件包括价格并没有决策权。

另外,价格不是固定不变的,只要决定价格的某个因素发生变化,企业就要及时了解其发展变化的趋势,适时调整价格决策。例如,我国的国有大型石油石化企业集生产、批发、零售于一体,既从事制造,也有零售和批发业务,它们的价格调整就有专门的机制,对此媒体有很多报道和分析可资参考。

(三) 地点与分销决策

与零售商类似,批发商也存在选址问题,但在具体空间上又不同于零售商,往往选择比较偏僻、地价和房屋租金较为低廉、交通便利的地区,麦德龙进入南京市场亦是如此。批发商对内部设计、办公设施等,也不像购物中心、百货商店那样重视。从西方国家看,批发商在信息化、智能化、物流设施现代化方面已经达到相当高的水平,美国医药批发商之间的竞争主要集中在服务层面,尤其是配送的及时性。与此相比,我国批发商亟待提高自身的业务能力和服务水平。

由于介乎制造商和零售商之间,分销渠道建设对批发商具有非常重要的意义。绝大部分批发商不可能像麦德龙那样直接面向专业客户,因而必须构建或者依存于特定的分销网络。苏宁公司在主营批发业务之初,就开始了分销体系的建设,从1995年起,形成了拥有15家全资子公司、50余家直营和120多家合资、加盟店的专属分销网络,这个网络为拓展全国市场提供了基本的支撑。

渠道关系是企业间合作、竞争的重要表现,渠道也是不同企业共同争夺的重要"资源"。纵向一体化带来垂直渠道系统的迅速发展,目前在渠道中居于支配地位的主要是制造商和零售商,渠道层级减少,渠道空间布局向大型零售商和大型制造商控制的连锁系统集聚。在消费品分销领域,扁平化、强零售和高集成的渠道特征大体形成。① 批发商要了解渠道结构的发展趋势,结合企业自身状况确定渠道目标,作出符合企业整体发展方向的分销决策。

(四) 促销组合决策

促销区分两大类型,即人员促销和非人员促销,又可进一步细分为四种手段,即人员推销、广告、公共关系和营业推广(或称销售促进),后三者统称非人员促销。这些手段的综合运用,就是促销组合。

由于绝大部分批发商专业化程度高,客户数量有限,人员推销是使用最为广泛,也是最有效的促销手段。在下一章,我们会较为详细地讨论人员推销问题。营业推广在零售领域得到普遍运用,而对批发商的作用有限。一般而言,公共关系和广告的使用对批发商的意义也不突出。

当然,促销组合的应用因时、因地、因企业以及客户的不同而有不同,有的时候广告对批发商也可以发挥重要作用。例如,SCP 是全球最大的游泳池用具批发商,产品批发给一个由新房建造商、旧屋翻新公司、独立零售商和物业维修公司构成的中间网络。该企业秉承"任何人都需要一个游泳池,它不但可以让你强身健体,更能令你的人生如池水般清澈畅快"的理念,为自己确立了"泳池生活的传道者"这一定位。为了传道,SCP 发起了一场唤醒消费者"游泳乐趣意识"的运动,包括建立一个名为"后院美景"的宣传网站,每年安排专门经费为整个行业造势,仅电视广告就超过 6 万条,耗费接近 1 000 万美元。因为据称美国有 6 900 万户家庭有充裕的资金和场地建造私人游泳池,但真正拥有自己的"一方池水"的家庭只占总数的 11%,可见预期的市场空间巨大。难得的是,SCP 的所有广告都不出现公司名称,②该公司的广告目标不是宣传企业自身的形象,而在于扩大整个游泳池用具行业的影响。在拥有稳定的渠道系统、能有效控制渠道权力的背景下,这一做法体现了决策者的智慧。

---

① 张春法等.渠道结构变迁与网络背景下的营销渠道[J].财贸经济,2006(12):92-93.
② 参见 http://finance.sina.com.cn/g/20060125/0253526340.shtml.

第九章 批发业务管理

批发业务是批发行为的具体表现,是紧密相关的一系列业务环节或业务流程的集合,批发管理则是对批发业务活动的规划。从交换或者流通角度看,是商流、物流、信息流、货币流等一系列流程的集成,而从市场营销或者经营管理的层面,批发业务可以划分为面向客户的业务流程、企业内部的业务支持流程和企业间的业务协作流程等部分。以本书的篇幅,我们无法涉猎所有的批发业务流程。本章将在介绍批发业务管理总体内容的基础上,重点从策略角度讨论批发采购、销售、谈判、物流等内容。

第一节 批发业务管理的核心内容

批发业务管理是与批发战略管理相对应的一个范畴。战略管理解决全局性、根本性的重大问题,业务管理则侧重于对具体业务活动的计划和控制,解决的是怎么做以及如何更好地做的问题。

一、批发业务管理的内涵

批发业务管理是在执行企业战略规划过程中,对各项具体业务活动的筹划和管理,属于策略的范畴。

从某种意义上讲,企业就是由一系列目的相同、彼此相关的业务及其流程构成的整体。只有每一项业务、每一个业务流程都处于理想的运行状态,企业整体运行才能维持有序高效,所以,业务管理是企业管理的基础性内容。每一项业务活动,都是有目的、有计划的。例如,批发商的销售人员每一次拜访客户都需要事先制定计划,时间、地点、对象、沟通内容、可能出现的问题、处置方案、总结等都要纳入推销计划中予以认真考虑,要为每一个客户建立档案,并及时将接触中发现的新情况补充到客户档案或客户信息管理系统。

习惯上,传统批发商被认为"专司"买卖职能,就某一次具体的买卖活动看,交替进行着四个方面的流程,即商流、物流、信息流和货币流。商流指商品所有权的运动,包括洽谈、展示、采购、销售、客户服务等;物流是商品的实体运动,包含订单处理、分类、包装、编配、储存、送货等业务;信息流则是指信息的流传、分析、处理和应用过程,客户搜寻、客户分析、广告、公共关系活动等属于信息流范畴;而货币流则是资金或货币的运动,支付、融资、贷款、应收账款管理等就是货币流的组成部分。其中的任何一项业务都可以进一步细分,并进行策略甚至某种程度的战略性规划。

二、批发业务管理的核心内容

客户(顾客)是批发商存在的基础,因此,满足客户需求的一切活动是核心,类似于酒店的前台系统。而满足客户的活动需要来自企业后台各个系统的支持,所以要求整个业务流程的协同。由于企业还必须在一个更大的空间,从外部获得各种支撑,因此,需要整个供应链的高效协作。基于这样的分析,我们认为批发业务管理总体上包括了三个方面的内容,是一个三位一体的结构,即客户关系管理、供应链管理和业务流程重组。业务流程重组是对业务流程优化、再造,目的就是实现所有业务流程的无缝连接和高效协同。

(一) 客户关系管理

客户关系管理(Customer Relationship Management,CRM)是与客户

的获取、开发与保持相关的一系列行为、技术、方法和过程的总和。客户关系管理不仅是一种管理理念、管理方法,也是一个有机系统。尽管客户关系从来都是企业最重要的一种关系类型,但直到 20 世纪中叶以后,客户关系管理才在西方国家逐渐得到重视,并随着买方市场格局的不断变迁,经历了从 CM(Contact Management,接触管理)到 CC(Customer Care,客户关怀)再到 CRM 的演进。

客户关系管理包括依次展开,又相互作用的三个层次,即客户信息管理、客户需求管理和客户价值管理。管理信息是为了更好地了解客户,建立长期、稳定、相互信任的密切关系。管理需求旨在全面把握客户的需求、欲望、购买习惯和购买行为,以便提供有针对性的服务,而信息管理或需求管理的最终目的都是为客户创造价值。毫无疑问,这也是企业自身实现最大价值的基础。信息管理虽然贯穿始终,但它始终只是 CRM 的具体表现,客户关系管理的实质在于为客户创造最大价值。上述三个层次及其相互关系如图 9-1 所示。

图 9-1　CRM 的三个层次[①]

20 世纪 90 年代中期,在中国市场,宝洁改变它与沃尔玛"端到端"的推压式分销模式,转而建立以服务于经销商为主导的"帮助式"关系。这是因为它意识到我国批发商普遍存在回款难和市场覆盖率低的问题,只有帮助批发商成长,为批发商带来价值,宝洁才可能达成预期的发展目标。

客户关系管理涉及客户获取、开发与保持三个阶段,既是一个动态过程,也包含着各种方法、技术、手段的运用。客户关系管理并不一定要遵循某种固定的程式,这方面的研究成果甚众。帕翠珊·B·希伯尔德等美国学者根据研究得出了一个八阶段的客户关系管理实施框架,具体内容为:① 创建有影响力的品牌个性;② 通过各种渠道和接触点,给客户完美的体

---

① 张春法,岳琳.客户关系管理(CRM)与零售业的网络化发展[J].江苏商论,2003(9):3.

验；③ 想顾客所想、思顾客所思；④ 随时监控对客户有影响的事物；⑤ 不断完善运营状况；⑥ 尊重客户的时间；⑦ 以客户的 DNA 为核心；⑧ 不断演变。[1] 其中有一些共性的内容，如完善运营状况、创建有影响力的品牌个性、给客户完美的体验等，可以为批发商的客户关系管理实践提供一定参考。

(二) 供应链管理

一个企业不可能独立完成所有满足客户需求的活动，批发商需要从制造商那里购买产品，制造商也需获得各种生产要素，需要外部其他企业的协作。另一方面，企业的业务及其流程繁杂多样，几乎没有哪个企业可以在任何领域都做到"最优"，因此，专注于自己的优势职能，通过契约关系和市场过程从外部获得不具优势的企业职能，就成为一个必然，可以用业务外包或职能的外部化来表述，这也是我国之所以成为世界工厂的一个原因。职能的外部化使企业组织向网络结构演进，企业运行方式发生重大变化，企业由原本的配置资源向配置企业职能转化，由内部整合向借助契约关系的外部协同演进。而这种跨企业的协同，实际上就是供应链管理（Supply Chain Management，SCM）涉及的问题。

供应链管理理论形成于 20 世纪 80 年代末的美国，到 20 世纪 90 年代末期，国内关于供应链的理论研究进入了迅速发展的阶段。美国学者伊文思（Evens）认为，供应链管理是通过前馈的信息流和反馈的物料流及信息流，将供应商、制造商、分销商、零售商，直到最终用户连成一个整体的模式。IBM 公司则认为，供应链管理是"借助信息技术和电子商务，将供应链上业务伙伴的业务流程相互集成，从而有效地管理从原材料采购、产品制造、分销、到支付给最终用户的全过程。"[2] 这个过程主要强调对物流的控制。上述观点所表达的思想可以通过图 9-2 来体现。

按中国《物流术语》国家标准的定义，供应链管理是"利用计算机网络技术

---

[1] ［美］帕翠珊·B·希伯尔德等.客户关系管理理念与实例[M].叶凯等译.北京：机械工业出版社，2002：184.
[2] 马士华等.供应链管理[M].北京：机械工业出版社，2000：407.

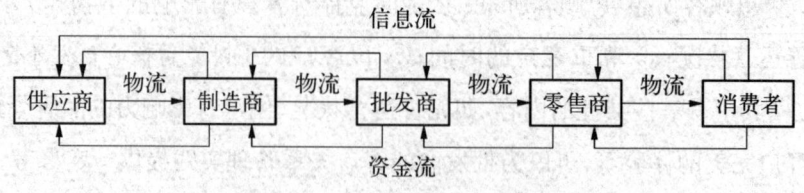

图9-2 传统供应链的一般模型

全面规划供应链中的商流、物流、信息流、资金流等,并进行计划、组织、协调与控制。"事实上,供应链不是简单的商流、物流、信息流、资金流过程,本质上是价值运动。对此,迈克尔·波特从不同的视角进行了充分研究,这里不再展开讨论。

我们认为,供应链管理是依托现代化网络和先进信息技术,在专业化分工前提下,以企业间基于优势职能的合作为基础,管理并创造价值的过程。因此,SCM与CRM在目标上具有高度的一致性,即为最终消费者创造最大价值。在供应链框架下,批发商既要坚持客户价值最大化的行为方向,又要发掘和构造具有优势地位的职能,以便在新的竞争合作格局中,寻找适宜的生存发展空间。

(三)业务流程重组

客户关系管理和供应链管理的具体实施过程,实际上也是数据集成和信息在各成员企业、各项业务流程之间充分共享的过程,而信息共享又直接服务于业务流程协同的需要。所以,一切管理最终都必然还原为业务流程的执行及其动态协同,即业务流程管理。面向客户的各项业务流程要与后台各过程集成,同时,批发商要实现与制造商、财务公司、咨询企业等供应链各成员企业之间的业务流程集成。所以,客户关系管理和供应链管理最终都可以还原为业务流程的管理和动态协同。批发商不仅要面对不断变化的客户需求,更要在一个跨企业的环境中处理和集成各个业务流程,整个系统必须保持高度的灵活性和适应性。所以,柔性化是业务流程管理的基本要求。基于这样的分析,业务流程管理在本质上就是业务流程重组(Business

Process Reengineering，BPR）。

1990年，美国学者米歇尔·哈默（Micheal Hammer）最早提出了业务流程重组的思想。1993年，哈默与詹姆斯·钱贝（James Chamby）合作出版了《重组企业》(*Reengineering the Corporation*)一书，BPR的思想得到了全面的论述。哈默和钱贝认为，业务流程重组是"对商业流程进行根本再思考和彻底重设计，从而获得在质量、成本、速度、服务等企业关键绩效指标上的大幅度提高。"业务流程重组思想的出现，为企业优化营运过程和提高管理效益提供了一个全新的思路和实践路径。

业务流程重组以业务流程为中心，构建企业的组织体系和管理活动，是管理思想领域的重大创新，但有些业务流程重组理论过分突出了组织结构重组的作用。实际上，组织结构再造只是业务流程优化的手段而非结果。BPR不可能偏离客户关系管理和供应链管理的基本框架，否则企业的混乱将不可避免。业务流程重组与客户关系管理、供应链管理执行不同的管理职能，但三者在本质上具有同一性，即为客户创造最大价值。业务流程重组的实施十分强调信息的充分共享和业务流程合作，需要企业形成共同的理念和统一的思想，鼓励信息共享。要以业务流程优化为中心，突破原来各部门的封闭状态，构建柔性化的组织结构；倡导合作精神，加强部门之间、企业与企业之间的沟通与协作。①

客户关系管理、供应链管理和业务流程重组密切关联、相互作用，共同构成一个有机整体。在本章随后部分，我们将主要从采购、销售、物流等方面，具体讨论批发业务管理问题。

第二节 批发采购与销售管理

恰当的产品和服务组合是批发商一切业务流程的物质基础。企业不仅

---

① 张春法.基于网络背景的营销理论研究——理念、构造与模式[M].成都：西南交通大学出版社，2006：151-152．

要获得适应客户需求的产品组合,更为重要的是如何顺利完成产品的销售,在满足客户的利益和价值追求的同时实现企业的预期目标。采购管理和销售管理,特别是销售管理,是批发业务管理的重要内容。

一、批发采购管理

在买方市场条件下,采购虽然不似销售那样复杂、困难,但批发商如何获得适合客户需要的产品,维持稳定、高质量的供应来源,仍然是业务管理的重要一环。

批发商的采购可能是惯例化的,所需购买的产品以及服务的市场既定;也可能是全新的类型,即购买新的产品、服务新的客户、满足新的市场需求,等等。无论哪种采购类型,都需要制定计划。批发商的采购决策大致包括六个方面的内容,即明确目标、确定采购组织、选择供应商、业务洽谈、决定购买、履行协议。

(一)明确目标

任何一次购买都有几个必须回答的问题,包括买什么、买多少、何时买、怎么买、买谁的、谁来买,等等,应当预先确定。这一阶段,企业的首要任务是在明确采购目标的基础上,围绕如何满足客户需求来确定拟购买的产品及其组合。有些购买是惯例化的,可以执行原定计划或对原计划略作修改,有的则需要执行一个新的决策流程,如服装采购。服装的批发、零售贸易在时间方面的要求差异明显,总代理商往往提前两个季度制定计划,不仅需要认真研究下游经销商的需求,还要对消费市场的特征和流行趋势有清晰评判。

(二)确定采购组织

在计划和目标确定后,批发商要建立一个组织具体执行采购计划。与家庭购买决策不同,企业的采购计划通常由专门的机构负责实施,跨国公司甚至设置全球采购中心。采购组织可以是非正式的,也可以是一个正式的机构。正式采购组织使用专门的采购人员,职责明确,容易在知识、技能和管理方法等方面形成专业优势,但构建独立部门的营运成本(包括协调成本)相对较高。

决策权分配是组织决策的重要内容。有的批发商拥有不止一个经营同类业务的分支机构,必须处理采购决策权的集中和分散化问题。麦德龙现购自运采用连锁制度从事批发贸易活动,就面临采取集中化采购、分散化采购或者集中与分散相结合的不同选择。集中化采购优势明显,统一部署、形象一致、控制严格,还能获得大批量购买的高折扣,但缺乏灵活性,不能兼顾不同区域市场或细分市场的差异,[1]因此,在集中化模式下给予各分支机构一定的灵活处置权,或许是一个不错的选择。此外,在职能分化不断加快的背景下,批发商还可以通过外部的优质力量完成采购任务。是建立自己的采购组织,还是借助采购代理商等中介机构,或者将两种形式结合起来,也是批发商在采购决策时面临的一个基本问题。

(三) 选择供应商

选择并确定供应商,是采购决策的第三项工作。批发商要通过各种途径搜寻并传递需求信息,发掘尽可能多的潜在供应商,建立比较完整的选择机会集合。同时,建立科学的评估机制和一整套指标体系,在全面掌握供应信息的基础上系统分析、综合评价,确定恰当的供应来源。评价指标可以包括企业声誉和市场形象、生产或经营的产品及其组合、价格和折扣、技术水平和产品质量、市场覆盖率和市场占有率、企业的经营理念和战略、财务状况、融资、新产品开发、物流和供应保障、市场开发和整体促销计划、其他服务支持,等等。

批发商的供应商可以是制造商,也可以是其他类型的批发组织。在总

---

[1] [美]巴里·伯曼,乔尔·R·埃文斯.零售管理[M].吕一林等译.北京:中国人民大学出版社,2002:388.

代理模式下,代理商和批发商的供应来源以及产品走向都有明确规定,没有任何协商余地,只要进入这个体系,就不存在选择供应商的问题。在有些领域,批发商则可以考虑选择若干个供应商,尽可能避免出现单一供应来源的状况。过分依赖一个供应商会削弱批发商的议价能力,使批发商在谈判中处于劣势地位。而且单一的供应来源容易导致不确定性,如果市场环境和竞争格局发生重大变化,会影响供应的持续性和稳定性,给企业经营造成难以估量的损失。

(四) 业务洽谈

这是进一步沟通信息、了解各自需求,缩小分歧并达成一致的过程。一般情况下,当批发商与某一个特定的供应商以买卖关系对应时,双方的行为目标和利益往往存在差异。比如,批发商希望以尽可能低的价格购买,而供应商的要求恰恰相反。双方必须在不断交互中降低自己的目标,彼此适应对方需求,所以,业务洽谈是双方通过协商来消除分歧、谋求一致的过程。

某些惯例化、程式化的采购,需要协商的事项有限且少有歧义,不必进行面对面的磋商。有些复杂的交易则需要各自组织专门人员,原则上,谈判由企业的采购组织承担,需要事先制定周密计划,成员之间要合理分工,各司其职。从策略的角度考虑,在明确主要对象的基础上,批发商可以同时安排与几个供应商接洽,以使对方处在竞争性的环境中。

(五) 决定购买

通过磋商,如果双方的利益差距不能减少到可以接受的范围,交易就可能中止。倘若经过彼此不断地让步,双方对交易涉及的各个问题都达成一致意见,批发商认为已经实现了预期目标,就可以作出购买决定。

在这一阶段,双方需要审慎地回顾整个洽谈过程,确认双方具体在哪些方面形成了一致意见,并通过协议或合同方式确定下来,以有效约束双方的行为。

(六) 履行协议

签订协议并不意味着购买活动的终结,协议是否得到全面履行才是采购决策成败的关键。为此,企业需要建立必要的系统和管理措施,密切监控协议的履行过程,保证企业获得及时、充足的产品供应。

二、批发销售管理

批发销售管理涉及众多内容,包括制定销售计划、建立销售组织、管理销售人员、激励与控制,等等。人员推销只是销售管理的一个方面。鉴于批发交易行为的特殊性,本节对销售管理的分析重点是人员推销,特别是从行为过程的角度分析人员推销的策略问题。[①] 参考海因兹·M·戈德曼、乔·吉拉德等专家学者的研究成果和实践中大量行之有效的做法,我们认为动态的人员推销过程大致经历制定计划、明确销售对象、谋求良好开端、控制洽谈进程、处理顾客异议、达成交易和顾客跟踪等7个阶段。

(一) 制定计划

每一次推销活动都应有事先的计划安排,作为行动的指南。计划应该包括目标、推销对象、洽谈内容、洽谈方法、预算、控制和反馈等,可以因人、因时、因地而异,并没有统一的规则。

(二) 明确销售对象

推销领域有一个著名的"MAN 法则",是购买能力(Money)、决策权(Authority)、欲望或需要(Need)的集合。这一法则要传达的主要思想在于,顾客应该是合适的,而合适的顾客必须具备三个条件,即购买欲望、购买

---

① 注:本章对销售管理的分析,部分参考了(美)海因兹·M·戈德曼、(美)乔·吉拉德、(日)原一平、吴健安等中外大量学者专家的研究成果(特别是关于"MAN 法则""AIDA 公式""DIPADA 公式"的描述,得益于戈德曼教授的研究),不再一一列举并另作标注,在此一并致谢。

能力和购买决策权。

推销员首先要明确向谁推销的问题,除了充分研究客户的购买能力和需求状况,还要特别关注购买决策权的归属。家庭决策有权威中心,组织市场的购买决策也有一定之规。批发商的客户主要是企业组织或者各类机构,如制造商。制造商的采购组织包含多种角色,例如,使用者是产品或服务的实际使用者;影响者是对购买决策有重大影响的人员;购买者是购买行为的实际执行者;决策者是拥有选择和决定供应商的人,通常是高层人员,负责最终决策;信息控制者是能控制信息流传,进而对决策施加影响的人。[①]简单而言,买与不买、买什么产品、买谁的产品,这些不同层面的决策权往往属于购买组织的不同成员。只有兼顾不同成员的不同作用,关于顾客的选择才可称之为恰当。同样,零售商也有与其企业类型相匹配的决策模式。例如,连锁公司一般是由总部的专门组织负责采购,小型的单体零售企业的决策权主要由最高主管(如总经理)控制。

(三) 谋求良好开端

良好的开端是成功的一半。为了引起采购人员的重视,在双方接触之初,需要尽快让对方明白几个问题。首先,你来拜访他是要讨论重要的事务。推销不仅为了销售产品,也是满足客户需求,帮助客户创造价值的过程,推销员应当明确告知此行对于客户的重要性。其次,你是与客户本人而不是其他人讨论问题,这样就不至于与无关人员做无谓的交谈。第三,让对方知道你有极强的时间观念,珍惜时间,因而不会浪费顾客的时间。

在这一阶段,还有几个重要问题需要认真把握。① 掌握主动权。除非有策略方面的特别安排,推销员应该尽量掌握洽谈的主导权。如果在推销员表明来意之前,顾客提出诸如"我能为你做些什么""你需要我提供哪些帮助"等问题,推销将很难如期进行。② 开门见山。在见面之初做一些题外

---

① [美]Philip Kotler,Gary Armstrong.市场营销原理[M].赵平,王霞等译.北京:清华大学出版社,2003:198-199.

的交流,对融洽气氛确有所帮助,但这并不是唯一的办法。推销员的到访应该是有益的,是为了帮助客户解决问题,以恰当的方式开门见山地表明来意,不仅显示了对客户的关切与重视,容易造成一种友好气氛,而且可以节省时间,因为问题已经明确,随即开始的说服工作变得顺理成章。③ 保持镇静。客户或许制定了购买策略,借以谋求主动或者对推销过程施加影响,推销员必须冷静面对一切突发情况,保持镇静,这样有助于推销员理智、清晰地分析和判断问题,准确表达思想和意图。实践表明,缺乏自信和恐惧,是推销成功的极大障碍。

(四) 控制洽谈过程

洽谈是说服顾客,拉近双方距离的重要阶段,相关策略的运用最为丰富,这里介绍几种基本的洽谈方法。

1. "刺激—响应法"

"刺激—响应法"运用了行为学派学习理论的相关成果。这一方法的基本逻辑是,对于推销人员提供的一个刺激,顾客会形成某种反应,针对不同的反应,推销员再进行响应。在这里,所谓的刺激可以是推销员的一句话、一个动作、一幅图片或者产品实体,而面对刺激,顾客可能产生四种典型反应,即赞同、冷淡、怀疑和反对。其后,推销员分别以同意、试探、提供证据和应付反对来响应。

2. "AIDA 公式法"

"AIDA 公式法"将顾客从心理到行动的过程划分为四个阶段,即注意(Attention)、兴趣(Interest)、欲望(Desire)和行动(Action)。

(1) 吸引注意。注意是指心理活动的集中性和指向性。注意是唯一没有对象的心理现象,但它决定着知觉、态度、学习等心理过程的效率。只有将顾客的注意力集中于推销员、产品和批发商,洽谈才有可能取得好的成效。在这一阶段,推销员要有与众不同的表现。开口第一句话也影响着最初的接触效果,因为多数情况下,顾客会通过推销员的第一句话来判断这次洽谈对自己是否有意义。

（2）激发兴趣。兴趣是需要和动机的进一步深化，在心理学范畴，兴趣与需要、动机共同构成人行为的动力结构，因此，兴趣对人的行为具有重大的制约作用。激发顾客购买兴趣的最好方法是让产品"说话"，即通过实际使用来展示产品的价值。

（3）刺激欲望。购买欲望是购买的打算、愿望，是实际行动的前奏。要让采购人员相信，他的购买决定不仅在情感上合理，在理智上也是正确的，符合公司的利益和公司对他的期望。

（4）促成行动。欲望并不必然导致行为。顾客通常不会主动提出购买，需要推销员采取措施，引导和鼓励顾客采取购买行动。

3."迪伯达公式法"

有的时候，我们只是对老客户进行重复性拜访，不必刻意引起注意或兴趣，可以直接围绕客户的需要和愿望展开讨论。戈德曼为此总结了一个以需求为导向的洽谈方法，即"迪伯达（DIPADA）公式"，包含依次推进的六个阶段：① 明确指出顾客需要（Definition）；② 把顾客需要与产品紧密结合起来（Identification）；③ 证实产品符合顾客需要（Proof）；④ 促使顾客接受产品（Acceptance）；⑤ 刺激顾客的购买欲望（Desire）；⑥ 促使顾客做出购买决定（Action）。每一个阶段都有相应的策略性要求，具体内容不再详细介绍。

这一阶段还有其他一些问题，如竞争关系的处理，需要特别关注。对于竞争，推销员应持的态度最好是"排除"。首先，不要主动谈论竞争。主动将自己置身于竞争性环境，不是一种好的选择，推销员面临的竞争越激烈，对客户就越有利。其次，不要直接比较产品和服务。客户会有意无意地将讨论引向竞争，要求推销员比较优劣。即使如此，也应避免产品和服务的直接对比，可以将企业的产品和服务与客户的需要结合起来，陈述彼此的一致性和共同点。第三，避免谈论竞争者的不足。如果推销员必须对竞争者有所评价，那么，最好不要讨论他们的不足。在推销场合，怀疑、否定甚而指责竞争对手的做法通常不会产生正面的效果。

（五）处理顾客异议

异议是顾客提出的各种不同看法和反对意见，是推销成功的障碍。异议本质上反映了企业的产品和服务与顾客需要存在某种差距，需要采取恰当方法化解冲突，进一步挖掘双方的利益共同点。

正确处理顾客异议的前提是了解异议形成的原因。产品和服务、质量标准、价格水平、推销员的工作风格、企业形象，等等，都有可能成为顾客的反对目标。而形成反对意见的原因更是多种多样，如产品存在不足、借口、偏见和成见、了解情况、自我表现、个人性格特征，等等。某些情况下，顾客提出异议完全是出于了解更多信息的需要，推销员要站在顾客的立场，多为顾客设想。

如果顾客的异议基于借口，最好的处理方法是不响应。借口是不成立的理由，一旦进入争论状态，顾客会觉得有义务使借口成立，进而寻找新的借口来支持原本那个虚假的理由，结果是旧的异议未除，反而产生新的反对意见。下面粗略介绍几种处理顾客异议的方法。

1. 利用处理

将顾客的异议转化为顾客购买产品的理由，以此说服顾客购买。这就是所谓的"以子之矛、攻子之盾"，运用这一方法需要较高的技巧。

2. 补偿处理

即肯定顾客异议的合理成分，同时指出产品的优点足以抵消它的不足。如果顾客的反对意见确实基于真实的情况，一味地逃避问题绝不是正确的态度。

3. 提问处理

即通过对顾客的异议提出疑问来答复异议。一句简单的"为什么"，往往会使双方角色互换。这样，就不是顾客在向推销员提出疑问，而是共同来解决问题。

4. 预防处理

在顾客尚未提出异议之前,推销员先行表述,并随即进行处理。这样既有助于掌握主动,而且设身处地为顾客考虑,容易赢得对方好感。使用这一方法的前提是必须对顾客有充分了解,而过分了解也可能给顾客带来某种不安全感。

5. 推迟处理

推迟处理是暂时搁置问题,延后处理的一种方法。如果顾客不断地提出反对意见,甚至带着怒气提出问题,说理的方式往往不起作用,可以暂时不直接应对顾客的反对意见,集中力量将谈话进行下去,稍后再择机响应。

(六) 达成交易

在充分沟通、消除分歧的基础上,交易双方的利益与目标趋于一致,推销员就应该主动采取措施,促进交易的实现。成交是最为重要的推销环节,如何达成交易也是理论界关注的重点,已有大量的研究成果,本书无法一一涉及,略举几种方法。

1. 假定成交

在假设顾客已有明确购买意向的基础上,直接促成交易。这种方法能够增强顾客的购买信心,加快决策过程。其运用的效果取决于销售人员判断的准确性。

2. 选择成交

这是一种很有效的方法,通过设计一个有效的选择机会集合,促使顾客采取购买行动。通常是提供在顾客承受范围内,并有一定差别的两个方案、两种产品组合或两种报价等,引导对方在"甲"或"乙",而不是买与不买之间抉择。

3. 异议成交

这是借助成功处理异议特别是主要异议的机会,促使顾客采取购买行动的方法。异议的化解意味着双方的利益更趋于一致,当是引导顾客决策的良好时机。

4. 优惠成交

它是指在初步达成一致的基础上,进一步提供某些优惠条件的成交方法。新的利益会增加顾客的满意度,有助于强化其购买意愿。

5. 次要问题成交

这是指在一些次要问题上与顾客达成一致,逐步促成交易。这种由小到大,先次后主的做法,可以减轻顾客的心理负担。与此相反的是主要问题成交。

(七) 顾客跟踪

顾客跟踪是监测、控制协议履行和提供售后服务的过程。获得订单或签订协议不等于销售最终完成,按协议规定履行各项职责,并为客户提供高质量的跟踪服务,不仅可以避免发生不必要的差错,还是进一步挖掘需求的重要途径。美国一家石油公司曾经告诫员工,"千万不要忘记顾客,也不要让顾客忘记你。"

第三节 批发谈判管理

批发采购、销售和物流等业务活动,都涉及谈判问题。实际上,在商品货币社会,批发业务谈判实际上就是通常所谓的商务谈判,是确定交易条件,明确交易各方权利义务关系的重要手段。本节我们将简要介绍商务谈判的内涵与原则,并从谈判过程的角度分析基本的谈判策略。[①]

[①] 注:本节内容部分参考了杰勒德·I·尼尔伦伯格(美)、任正臣、丁建中、赵国柱、张春法、李爽等大量中外学者的著述,不再一一列举并另作标注,在此一并致谢。

一、商务谈判的概念与实质

商务谈判是围绕交易活动而展开的一个过程。从实际运行角度看,商务谈判的任务在于确立与交易有关的各项条件,而实质上,商务谈判体现了交易各方在经济利益上的对立和依存关系。

(一) 商务谈判的概念

科特勒曾经将交换区分为两种类型:惯例化的交换和谈判的交换。[①] 前者的交换是固定的,例如,一般情况下,在某一家超市,任一商品交易的条件都是确定的,顾客只需作出一个决策:买或者不买。而有的交换,交易的条件不仅不确定,并且会随着时间、环境、交易对象的变迁而发生变化,需要通过谈判的方式,将交易涉及的各项条件确定下来。所以,谈判是为确立交易条件服务的。

商务谈判就是交易各方为协调彼此关系,满足各自需求,通过协商达成意见一致的行为过程。

(二) 商务谈判的实质

就某项交易而言,把不确定的条件如价格、支付、交货、质量控制、技术标准等固定下来,无疑是商务谈判的任务。但是,谈判的双方之所以会形成交易关系,必定存在着某些共同的需要,彼此依赖;而双方之所以要以谈判的关系相对应,是因为他们有着一些不同的需要,必须通过协商来消除差异,谋求一致。这种彼此依存又相互冲突的关系,是谈判行为得以发生的基础。

在谈判过程中,谈判者会将关注点集中于交易条件,但双方围绕交易条件所发生的一切,并非为了使交易条件维持或达到某个水平。事实上,交易

---

① [美]菲利普·科特勒.市场营销管理——分析、规划、执行和控制[M].广东财贸管理干部学院市场学翻译组译.北京:科学技术文献出版社,1991:1092.

条件的任何变化,都将直接或间接地影响各自的利益,交易双方的利益及其大小、得失,直接由交易条件决定。因此,确立条件只是商务谈判的表象,谈判的实质是在合作与冲突的交互作用中,消除双方的利益分歧,进而确立共同的、一致性的利益。这是一个典型的利益切割和交换的过程,如图9-3所示。

在图9-3中,椭圆代表谈判的总利益。交易双方都有必须确保的利益底线,分别为a、b,如果批发商的所得小于A,他将退出谈判。批发商希望获得尽可能多的利益,而倘若利益超过A、C之

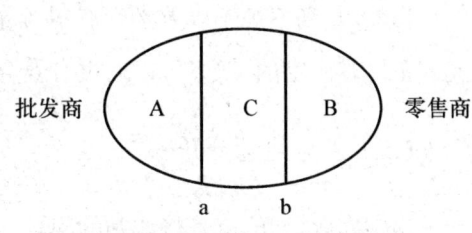

图9-3 商务谈判的利益切割

和,就突破了对方的利益底线,则零售商将退出谈判。在该项谈判中,真正用于分割的利益实际上是C这一部分。商务谈判的一切,包括彼此的冲突或者合作,终极目标都在于合理地切割和分配利益。

二、商务谈判的基本原则

商务谈判的具体表现会因谈判类型、场合、参与主体的不同而有明显差异,很难做到一概而论。但从谈判的本质属性出发,仍然可以总结一些具有普遍意义的行为准则,商务谈判的原则主要有下述四个方面。

(一)平等互利

参与商务谈判的双方(或多方)都是独立的利益主体,在相互关系中处于平等地位。双方人格、地位的独立和对等,是谈判行为发生的必要条件。否则,谈判中的一方可能会用命令、强制等途径,而不是用谈判的方式来解决问题。

人们之所以通过谈判的关系相对应,是因为他们在利益上彼此依赖。参与谈判的双方都有特定的利益追求,并希望通过磋商获取尽可能多的利

益,因此,谈判双方都有"利己"的一面。利益的相互依存,决定了任何基于单方利益的努力都将难以达到预期目标。谈判者必须兼顾对方的需要,给予对方相应的利益,这是谈判者"利他"的一面。谈判中的任何一方既是利益的获取者,也是对方利益的输送者,商务谈判是"取"与"舍"的统一,"取"是目的,"舍"是手段。

当然,互利不等于双方必须获得等量利益,而且,可供谈判者切割的利益并不总是固定的,双方可以通过有效合作创造更大利益。

(二) 人与问题分开

人与问题分开,就是将谈判的问题与人的问题分开,区别对待。商务谈判由各参与人员共同推动,人是谈判的决定性因素。而人的因素包括个性心理特征、思维方式、价值观,特别是情绪、情感体验,不可避免地会融入谈判过程,并对谈判进程产生直接或间接的影响。如果对两类问题不加区分,不采取合理的应对措施,双方就可能陷入情感或意志的对抗,导致谈判偏离正常轨道,彻底丧失效率。

把人与问题分开,是为了有效地处理人的问题,进而解决谈判的问题。首先,设法了解对方立场的动因及其包含的情感成分,这是处理人性问题的基础。其次,区分两类不同的情感问题。一类是在谈判之初可能掺杂进来的问题,如国家、民族间由于历史积怨而产生的情感问题,另一类则是在谈判接触中衍生出来的问题。对前一类问题,或许要将其搁置,而后一类问题往往与谈判者待人接物的方式有关,可以通过改进方法来解决或者避免。第三,维持积极有效的沟通。

(三) 重利益轻立场

商务谈判中经常出现立场对立的情况,双方陷入激烈的争执而无法取舍。问题是,商务谈判的终极目标不是解决立场分歧,而是谋求利益。谈判者之所以坚持某个立场,源于这一立场可以带来利益的判断,如果某个立场无助于实现利益目标,谈判者会很快修改甚至放弃这一立场。因此,立场只是外显的状态,利益才是根本。在商务谈判中,谈判人员必须坚持重利益不重立场的原则。立场的对立虽然源于利益的冲突,对谈判者而言,重要的不是调和立场,而是协调双方的利益。

一方面,一种利益往往可以通过几个立场来维护;另一方面,对立立场背后可能存在一致的利益。例如,空调制造商淡季打款的要求或许并不受到赞赏,但经销商需要稳定的货源,而制造商需要相应的资金支持,双方都希望建立稳定的合作关系。看似对立的立场背后,实际上内隐着双方一致和共同的利益。

(四)遵循客观标准

商务谈判涉及一系列具体,甚至非常复杂的问题,不是抽象和概念化的内容。仅有良好的主观愿望远远不够,需要以客观标准为依托来解决谈判所面临的一个个具体问题。那些所谓"原则上"达成一致,往往意味着双方虽然愿意安排某种解决问题的方法,但还是缺乏可以解决协议条款的任何基础。坚持客观标准,才能使谈判各方服从于公平、公正的解决办法。

作为协议基础的客观标准多种多样,可以是行业惯例、道德准则、专业标准、市场价格,等等。客观标准应独立于任何人的意志力之外,为双方所接受,换言之,用来解决问题的标准应该由双方协商确定。如果需要寻找新的标准,也应该是双方共同的选择。此外,在没有找到更好的客观标准之前,谈判者必须维持足够的理性,绝不屈服于压力而修改现有标准。

三、商务谈判过程管理

商务谈判是一个动态的行为过程,这一过程总体上可划分为三大阶段,即谈判准备阶段、正式谈判阶段和谈判结束阶段。每个阶段还可以进一步细分,大致区分为八个小的阶段,即谈判准备、开局、互换提案、信息处理、报价、磋商、收尾(收场)以及缔约阶段等。"PRAM模式"则将谈判划分为四个阶段,即制定谈判计划(Plan)、建立信任关系(Relationship)、达成双方都能接受的协议（Agreement）、履行协议和关系维持（Maintenance）等。从规划或管理谈判的角度，应该对动态的谈判过程有清晰认识。限于篇幅，这里不准备作全面分析，仅仅从四个方面讨论谈判的管理特别是谈判策略问题。

（一）谈判准备

谈判准备包含环境分析、人员与组织、制定方案等一系列工作。谈判者要全面、系统地分析影响谈判的客观因素，充分了解谈判对手的情况，并结合自身需求和目标进行可行性研究，选择恰当的人员，建立谈判组织，并确定谈判的目标、制定计划和具体的行动方案。

（二）报价的谋略

报价是谈判的一方向另一方提出包括价格在内的各项交易条件的过程。通过报价，双方了解彼此的最初需求，判断对方的目标，并能在一定程度上预见谈判的未来走势。一般，这一阶段有两个问题值得注意。

1. 报价时间

除了书面方式，谈判双方的报价时间必然有先后之别。先行报价可以为谈判的最终结果设定界限，并在一定程度上支配对方的期望值，但容易给对方提供调整机会，甚至失去一部分原本可能获得的利益。总的来说，先报价比后报价更有利。在谈判场合还有一些习惯性的做法，例如，邀约一方通常先报价，在货物交易中，一般由卖方先开价。

2. 报价方式

有两种典型的报价方式，高价报价和低价报价。前者"高开"价格，可以为让步预留足够空间，也适合人们由高至低的价格心理。通常，最初的报价越高，最后的成交价也越高。后一种方式，谈判者会把价格确定在一个较低水平，而其他方面的条件则相对苛刻。如果对方想获取更好的条件，就必须接受更高的价格。这种"低走"的做法能引起客户兴趣，争取有利的竞争地位。

(三) 让步的控制

谈判是取与舍的统一，没有让步也就不可能有谈判的成功。但谈判者不应轻易让步，更不能作无谓的让步。以让步换取对方的让步，以小的让步换取大的让步，是我们应该坚持的方向和原则。让步阶段有极为丰富的策略、方法和技巧应用，下面介绍几种控制让步的常用策略。

1. 制造竞争

谈判者可以有意识地将对方置于竞争环境中，以此削弱对方的谈判实力。在与对方谈判的同时，也和对方的竞争企业进行实际接洽，或者在谈判中有意向对方提供竞争者信息，是经常应用于制造竞争的具体方法。

2. 各个击破

如果对方是由若干成员组成的团队，不同成员的个性、经验和行为模式即便只存在微小差异，也有被扩大化的可能。各个击破就是采取有差别的策略来"分化"对手，重点突破。这一方法对由不同企业组成的联盟也同样适用。

3. 威胁

这是一种逼迫式的做法。谈判者可能会直接采取行动威胁，如"降低折扣""取消特权"等。有的则会通过指责或怀疑对方的诚信、公正等施加压力。

4. 最后通牒

这是更为强势的谈判策略。谈判者为谈判结果设定不可逾越的界限，迫使对方在是与否之间做出抉择。若非基于实力地位且不得不为之，应慎用这个方法。

5. 简化

这是将复杂问题简单化处理的一种谈判策略。这一方法的心理基础在于可以避免由于复杂思维所带来的不确定性。但在主观简化以后，事物就很难与原貌保持一致，这种不一致就是谈判者可以利用的获利空间。

6. 对比

就是有意在不同方案或两次报价之间形成梯度,给对方造成明显反差。这样,对方有可能因为你的"宽宏大度"而接受对你更为有利的方案。

7. 积少成多

分多次、多个侧面向对方提出一些微不足道的要求,渐次地引导对方退让。这在军事领域叫"积小胜为大胜",在谈判领域也称"挤牙膏"或"切意大利香肠"。

8. 极限控制

援引极限是一种经常使用的谈判策略,用来控制谈判的范围。企业的资源确实有限,无法在限度以外满足对方要求。极限包括权力、政策、财政、成本等。

9. 软硬兼施

通俗的说法称"红白脸"。通常将本方谈判人员一分为二,一部分表现强悍,以各种方式持续地压迫对方;另一部分则以善解人意的姿态出现。一旦强硬者拂袖而去,对方会变得更愿意和留下的和善者沟通。

(四)缔约的把握

缔约是双方最终确立交易条件,缔结协议的过程。双方要用文字将协商的所有成果以合同或协议的方式确定下来,完成由"谈判结果"向"协议结果"的关键性转变。在这一阶段,谈判者不仅要善于捕捉各种信号,把握恰当的签约时机,在谈判最后阶段,双方可能还存在某些分歧,或者出于策略或其他必须考虑的因素,谈判者还需要做有限度的最后让步。控制最后让步的关键是让步的时间和幅度,在于谈判者的灵活把握。一般将最后让步划分为两个部分,主要部分在谈判的最后期限之前提出,次要部分则留到最后时刻。

在签约前,还需对协议进行严格审核,包括合法性审核、有效性审核、一致性审核和文字性审核等,确认没有任何问题后正式签字。

第四节 批发物流管理

物流是与商流对应的概念,在流通领域主要是指商品作为物,或者使用价值的运动,是批发企业的一项重要业务内容。本节将在介绍物流概念的基础上,探讨批发物流管理的目标、内容和管理创新问题。

一、物流管理的内涵

自20世纪60年代德鲁克关注物流这一"经济的黑暗大陆"以来,关于物流的理论研究和管理实践发展迅速。大量先进理论、方法和手段在企业物流实践中得到广泛应用,对我国批发企业的物流管理提出了新的要求。

(一)物流管理的概念

我国国家标准《物流术语》将物流定义为"物品从供应地到接收地的实体流动过程,根据实际需要,将运输、储存、装卸、搬运、包装、流通加工、配送、信息处理等基本功能实施有机结合。"这个定义直观地给出物流的基本职能,强调使各职能"有机结合"。美国物流管理学会(Council of Logistics Management,CLM)认为,物流是为迎合客户需求,对原材料、半成品、产成品及相关信息,从产地到消费地高效率、低成本流动和储存而进行的规划、实施和控制过程。CLM的定义强调高效率、低成本,突出规划、实施和控制等管理过程。菲利浦·科特勒在《市场营销管理》(亚洲版)中指出,"物流是指计划、执行与控制原材料和最终产品从产地到使用地点的实际流程,并在盈利的基础上满足顾客的需求。"科特勒基于整体营销观念,指出物流是一种管理活动,有两个衡量基础,即保证公司盈利和满足客户需求。在许多场合,物流与物流管理实际上是被交替使用的两个概念。批发物流管理只是整个社会或者仅仅是供应链框架下物流管理的一个具体环节,是批发企业对批发物流活动的计划、组织、实施和控制的动态过程。

(二) 物流的发展趋势

总体上,物流与物流管理的效率对经济运行和企业经营的影响不断加深,物流呈现出信息化、自动化、网络化、专业化和国际化发展趋势。在商业领域,西方发达国家批发商的物流现代化发展也达到了相当高的水平。

利布里是德国第二大图书批发商,发行中心的核心是包含了八英里长传送带的一个建筑,除图书分拣外,全部业务实现了自动化。利布里拥有非常先进的电子数据处理系统(EDP),为客户提供一流的物流服务。利布里如果当日下午3时半之前收到订单,保证在次日上午9时之前将货物送到,这包括了在德国、瑞士和奥地利境内的长途运输。[①] 在美国医药批发领域,物流的自动化、信息化高度发达,企业竞争主要是物流服务的竞争,服务快捷成为谋求企业竞争优势的关键。

二、批发物流管理的内容

在迈克尔·波特的价值链结构或者传统供应链管理体系中,批发物流都处在链的下游,承上启下,服务全局。批发物流管理的具体内容虽然与制造商存在差异,但其终极目标则与供应链各成员具有同一性。

(一) 批发物流管理的目标

批发或批发商是供应链的有机组成部分,供应链本质上是基于优势的一个合作体系,强调各企业、各环节和业务流程的充分协同和利益共享,目的都在于为最终顾客创造最大价值。理论上,批发商必须以此作为一切活动包括物流管理的最高目标。需要指出的是,供应链管理的实质在于管理价值,而绝不仅仅是物流活动的高效率。目前,理论界关于供应链管理是物

---

① 陈明.现代化的德国批发商利布里[J].出版参考,2002(3):32.

流管理高级形态的判断,在某种意义上削弱了供应链管理思想、理论及其方法的重要价值。

从物流角度看,满足客户的物流服务需求,为客户创造价值,是企业必须坚持的方向。我们从两个方面分析批发物流管理的目标。

1. 客户服务水平

客户获得的价值取决于满足客户需求的满足程度,而这又与企业提供的物流服务直接相关。服务水平越高,客户价值的实现程度越高。Ronald H.Ballou 应用美国物流管理协会(CLM)的一项研究成果分析了客户服务的因素。① 它包括沟通服务方案、组织结构设计、系统灵活性等售前因素;系统准确性、订货便捷程度、产品可替代性等售中因素;安装、零部件供应、产品跟踪、客户投诉等售后因素,等等,共三大类 17 项。可以认为,这些活动所达到的水平决定着企业物流服务的水平。例如,零售商对批发企业处理投诉的能力,以及接受因未售出而退回的商品等,都有较高的期待。在厘清影响物流服务水平诸因素的基础上,企业的任务就是合理规划和设计每一项相关活动,协调一致地创造高质量的客户服务。

2. 成本与收益

物流不仅是客户服务的过程,本质上也是一种投入产出活动。任何服务都涉及成本,而企业围绕物流服务的付出必须得到相应回报,否则服务将难以为继。企业提供的物流服务水平越高,成本支出也就越高,收益或利润就有可能减少。所以,提供高水平服务不是物流管理的唯一目标,管理者还要在节约成本和增加收益方面付诸努力。

物流管理的目标包含了客户服务水平、服务成本和收益三个相互依存的内容,如图 9-4 所示。服务水平越高,需要支付的成本也越高,会对收益产生直接影响。

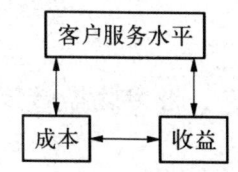

图 9-4 批发物流管理的目标结构

---

① [美]Ronald H.Ballou.企业物流管理——供应链的规划、组织和控制[M].王晓东,胡瑞娟等译.北京:机械工业出版社,2003:62-63.

管理者的任务则是在三者之间找到平衡点。

(二) 批发物流管理的内容

物流管理包含极为广泛的内容,既有战略管理和策略管理,有过程管理和结果管理,有对人、财、物、设备和信息的管理,也有对具体业务活动和业务流程的管理。这里主要就业务或职能管理作简要分析。

按照我国权威的界定,物流管理应包括运输、储存、装卸、搬运、包装、流通加工、配送、信息管理等内容。Ronald H.Ballou 则将物流活动区分为两类,即关键性物流活动和支持性物流活动。其中,关键性物流活动包括客户服务标准、运输、库存管理、信息流动和订单处理;支持性物流活动包括仓储、物料搬运、采购、保护性包装、与生产或运作部门合作、信息维护等。[①]

一般而言,运输、储存、装卸、搬运、包装、流通加工、配送、信息管理等等,也构成批发物流管理的主要内容。例如,奥利安食品有限公司(Orion Foods, Inc.)从事水果和蔬菜批发贸易,面向全美市场,也从南美和加拿大进口产品。在美国西部,公司在加利福尼亚州弗莱斯诺、俄勒冈州伯恩斯各有一个地区性配送中心,向基层仓库或地方仓库供货,并由基层仓库供应临近的零售商。而公司的七个地方仓库分别位于洛杉矶、菲尼克斯、盐湖城、旧金山、波特兰、巴特以及西雅图。这是一个庞大的体系,涉及运输、储存、配送、信息处理等一系列物流管理活动。关于物流管理的具体内容、理论和方法,在众多物流管理著作中有非常详尽、具体的分析,读者可以从中获取足够的资讯。

三、批发物流管理创新

物流是"第三利润源",无论从整个社会经济还是企业营运角度,优化物

---

① [美]Ronald H.Ballou.企业物流管理——供应链的规划、组织和控制[M].王晓东,胡瑞娟等译.北京:机械工业出版社,2003:5-8.

流管理都具有十分重要的意义。批发商不能仅仅关注横向的竞争关系,更要立足于全局,从供应链的视角构想企业的物流体系建设,通过技术、经营理念和职能创新等,提升物流服务水平,构建企业的竞争优势。

(一) 理念创新

在发达国家,批发业的物流现代化与供应链各环节处于同步发展的状态,物流服务水平高,在供应链纵向选择中具有一定的竞争优势,这是批发商获得良好发展的重要基础。基于社会转型和传统观念等的影响,我国批发企业不重视物流管理,经营理念陈旧,管理手段落后,创新意愿不足,必须尽快转变观念。

(二) 方法创新

物流成本高企是我们面临的一个突出问题。发达国家社会物流总费用与GDP的比例约为10%,我国这一比值则达到17.9%,可供挖掘的利益空间很大。当然,在物流行业的营运成本中,仅公路收费一项即占总成本的1/3,企业虽然对此无能为力,但自身确有许多需要改善的方面。企业应当结合实际,合理运用及时制(JIT)、配送需求计划(DRP)等先进管理方法,提升物流信息化和自动化水平,提高物流的效率和效益,降低物流成本。

(三) 职能创新

在提供传统物流服务的基础上,开发新的物流服务项目,拓展服务职能,为客户提供增值服务。如门到门服务、自动订货、物流全过程追踪,协助客户开展市场调查与预测、采购及订单处理,提供物流咨询、个性化物流方案设计、库存控制决策支持等服务。在维系和发展客户关系,给客户带来更大满足的同时,为企业挖掘新的利益增长点。

(四) 战略创新

从战略角度看,随着一体化不断发展、分工持续深化和竞争由单个企业向供应链整体的转变,传统批发商的分化转型是一个不可阻挡的趋势。一部分企业可能放弃原本承担的商流功能,完成从全职能批发商向有限服务批发商的转变,作为物流、信息、促销支援等专业性服务供应商,为制造商及客户提供专门化的优质服务。其中,在长期的经营实践中,我国传统批发商不仅构建了相对完备的销售网络,而且在物流设施方面拥有资源优势,这是许多新兴物流机构难以在短期内达到的状态。这一部分批发企业可以在此基础上构建自己的核心竞争力,转变企业的经营和发展方向。

第十章　批发行业管理

批发行业管理与微观层面的批发管理相对应,是对于整个行业的规划与控制,既包括政府实施的宏观管理,也包括批发行业的自我管理。在我国,作为行业管理者的政府以及各种行业组织还存在着较为密切的关联,需要在未来以恰当方式理顺双方的相互关系,构建合乎行业管理本质要求的制度和体系。批发行业管理的根本目的在于通过正式或非正式的行为规范,引导微观主体的经营管理活动,维护市场秩序,引导整个行业的健康、有序发展。

第一节　批发行业管理的现状与问题

批发行业管理是政府或批发行业组织对整个行业实施的计划、规制和管理,其最终指向虽然是具体的批发贸易活动,但与一般意义上的批发行为管理或者批发企业管理有着较大区别。行业管理既是伴随批发业发展演变而产生的一个必然现象,也是整个行业持续稳定发展的重要保障。

一、批发行业管理的现状

前两章,我们从微观层面对批发贸易行为的管理活动进行了探讨,而行业管理则处在相对宏观的层面,是立足于产业整体的管理活动。其中,由中央政府和各级地方政府实施的管理,我们将其称之为宏观管理,在批发行业自组织基础上开展的行业管理则称为行业自律。

行业管理由来已久。从某种意义上讲,当商业作为一个独立行业出现时,就已经有某种形式的行业管理规范。例如,西周时代的王城设有"王市",市场坐落在王宫之北,王后是名义上的领导人,实则有"司市"主管,并由"贾师""质人"等专门人员管理市场事务。政府对"王市"确定了"凡治市之货贿六畜珍异,亡者使有,利者使阜,害者使亡,靡者使微"的管理原则,以及"宗庙之器""命服命车""五谷不时""木不中伐"等"不粥于市",即禁止在市场销售的管理措施,甚至对市场交易的时间都有明确要求。[①]制定这一切,一个非常重要的目的就是规范微观主体的经营行为,维护正常的市场秩序。

一定的行业规范和管理措施之所以必要,不外乎三个方面的原因:其一,行业的运行偏离了管理者的预期或存在偏离的倾向。管理者的偏好以及对客观现实的认知,在很大程度上决定着他们的预期。西周统治者认识到有些产品消费会导致奢靡之风,因而要缩小交易的范围和规模;有的对整个商业甚而社会有害,所以要彻底消除。同样,北京市在1991年7月1日实施的《批发行业管理暂行办法》,明确规定生产者自办的批发机构,即今天所谓的制造业批发商,不得经销企业自产品以外的任何其他产品,则与其对商业功能以及当时商业发展格局的认识直接相关。其二,损害了参与者的权益,包括最终消费者的权益。各微观参与者及其经营活动构成批发行业的整体,一个竞争有度、运行有序的经营环境,既是微观参与者获得良好发展的基础,也是整个行业健康发展的前提。因此,一旦经营者、消费者的权益受到损害,他们必然会有维护权益的诉求。第三,违背了行业自身发展的基本要求。任何一个行业的发展都不可能超越特定的社会经济环境,有与其自身特点相适应的内在逻辑和发展轨迹。如果一个行业的运行偏离了正常轨道,就需要通过适当的规制来加以引导。

计划经济时代,在"一、二、三、零"的流通格局下,我国建立了比较完备的批发体系和行业管理制度。改革开放特别是20世纪90年代以来,"三多

---

① 胡寄窗.中国经济思想史(上)[M].上海:上海财经大学出版社,1998:37-39.

一少"(即多种经营成分、多种流通渠道、多种经营方式、少环节)流通体制的实行,在一定程度上加快了传统批发体系的瓦解,行业管理随之趋于弱化。在此期间,一些地方政府制定了相应的行业管理规范,例如,北京市人民政府曾经于 1991 年 6 月 12 日颁布《北京市商业批发行业管理暂行办法》(已经废止),①对行业管理主体、市场准入、资格审查、经营规范等作了明确规定,该办法甚至规定"生产企业开办的商业批发企业,其业务范围只限于该生产企业完成国家收购任务后允许自销的自产产品,不得从事非自产产品的商业批发经营。"1990 年 2 月 20 日,郑州市人民政府发布施行《郑州市商业批发企业管理暂行办法》,②其立足点主要在于规范批发企业的经营行为。再如,黑龙江省商业厅、省供销合作社、省工商行政管理局也于 1992 年 6 月 1 日起联合发布施行《黑龙江省日用工业品批发商业企业管理暂行办法》。这些都是直接用来规制批发企业与批发贸易活动的地方性法规和政策。

  进入 21 世纪,有些地方政府对 20 世纪颁布施行的相关规定进行了相应调整,如天津市人民政府在对 1997 年《天津市商业行业管理规定》(天津市人民政府令第 91 号)进行修改,删除了第五条以及第四条第八项,将第十六条修改为"当事人对处罚不服的,可以依法申请行政复议,也可以向人民法院提起诉讼。"于 2004 年 7 月 1 日起正式发布实施新的《天津市商业行业管理规定》(天津市人民政府令第 22 号)。③ 这一规定虽然没有明确区分批发业和零售业,但毕竟保持了相关规定和政策措施的连贯性。但是,在全国范围内,批发行业管理并未受到普遍重视。比较而言,医药流通以及一些垄断行业,如烟草、石油等,批发行业的关注度较高,政府的规制和调控力度较大。例如,2009 年 8 月 27 日中华人民共和国主席令(第十八号)颁布实施经修订的《中华人民共和国烟草专卖法》,其中就有专门的条款针对烟草批发企业及其经营活动。国家商务部制定的《成品油批发企业管理技术规范》(SB/T 10446—2007)也已经于 2008 年 5 月 1 日起实施,用以规范成品油批

---

① 参见 http://www.lawyee.net/act/act_display.asp?rid=67651。
② 参见 http://china.findlaw.cn/fagui/diqufagui/henan/255566.html。
③ 参见《天津政报》2004 年第 13 期第 13-15 页。

发企业的经营管理活动。即使如此，我国批发行业管理在总体上远未得到应有重视。

二、批发行业管理存在的问题

目前，我国对于批发行业的管理较为薄弱，不仅社会重视度不够，而且管理主体缺位、手段措施乏力，在一定程度上制约着批发产业的有序发展。批发行业管理的落后状况既与批发业的实际发展水平不符，也与批发业对社会经济发展的贡献不相适应。

（一）缺乏统一构想

对批发贸易的地位缺乏必要认识，没有战略性的考量，这是我国批发行业管理存在的最大问题。

改革开放初期，随着多种经济形式共同介入商业活动，逐步形成了"三多一少"的流通格局，通过管理国有企业以及借助国有企业来控制、管理批发业的状况发生了明显改变。关于如何维持对流通的有效管理，特别是如何发挥"国营商业主渠道"的积极作用，理论界曾经陷入控制批发或者控制零售环节的争执。理论上，无论控制批发环节还是零售环节，都能够起到规范流通秩序，引导流通产业发展的作用。问题在于，放权或者集权、控制批发还是零售，都不是管理者应该追求的目标。行业管理的主要目的在于公平、公正和运行有序的市场环境。在这一方面，多年的实践表明，我们缺乏明晰的思路和战略层面的考虑。

战略层面的缺失，导致我国没有形成统一的关于批发行业发展的长远规划，批发体系不尽完备，未来发展的趋向不甚明朗。究其原因，主要还在于我们在大力推进工业化过程中，忽视了流通产业包括批发业的积极作用。在转变经济发展方式的历史背景下，大力发展现代服务业，进而促进先进制造业发展，正成为全社会的共识，如果将批发业纳入现代服务业体系构建和发展的全局来考虑，这一战略性的疏忽就有可能得到弥补。

(二) 制度建设滞后

战略层面的缺失,还直接影响了人们对于批发业实际发展状况及其对于经济发展意义的评判。其结果是批发行业管理得不到应有的重视,制度建设明显滞后,不能适应行业发展的要求。长期以来,我们对传统批发商体系瓦解与批发贸易持续增长间的相互关系缺乏清晰认识。事实上,传统批发业体系的变迁,并不必然意味着批发贸易以及批发产业地位的弱化。

美国是全球批发业最为发达的国家,批发贸易总量位居世界第一,早在2011年,仅商人批发商的销售额就已高达43 553亿美元,批发业在美国经济中占有非常重要的地位。我们曾选取若干年度数据,就批发业对美国国民经济的贡献进行分析,结果显示,1998年至2009年,美国批发业增加值占美国GDP的比重基本上呈逐年上升态势,如表10-1所示。①

表10-1 美国批发业增加值占GDP比重

年份	1998	1999	2000	2001	2002	2003
WHO	537 913	566 331	606 014	636 356	642 402	681 206
GDP	10 283 520	10 779 850	11 225 982	11 347 159	11 552 977	11 840 705
比重	5.2%	5.3%	5.4%	5.6%	5.6%	5.8%
年份	2004	2005	2006	2007	2008	2009
WHO	717 796	725 284	747 454	789 029	788 173	810 454
GDP	12 263 817	12 638 381	12 976 250	13 228 853	13 228 848	12 880 611
比重	5.9%	5.7%	5.8%	6.0%	6.0%	6.3%

注:1. 数据来源于美国经济分析局,经作者计算整理得出;2. GDP及增加值按2005年不变价格计算;3. 单位为百万美元;4. WHO为批发业增加值。

由表10-1可知,尽管在2005年批发业增加值在GDP中所占比重有所下降,但总体上,1998年至2009年,美国批发业增加值占GDP的份额总体趋于上升,说明美国批发业处于比较稳定的运行阶段并且发展趋势良好。

---

① 张春法,林卫通,章晨.美国批发业发展的主要趋势及其启示[J].南京财经大学学报,2012(6):70.

长期以来,美国批发业对 GDP 的贡献率大体稳定在 6% 左右。我国没有关于批发业增加值的专门数据,但据《中华人民共和国 2019 年国民经济和社会发展统计公报》显示,2019 年全年,我国批发和零售业实现增加值 95 846 亿元,比上年增长 5.7%。据此可知,批发和零售两个产业合计,对 GDP 的贡献率大约为 9.67%。至于批发业和零售业分别贡献了多少,不宜妄加估测。

长期以来,我国整个批发行业的发展也始终呈现良好态势,批发业总的经济规模增长迅速。2019 年,我国仅限额以上批发企业即实现销售 652 164.1 亿元,与 2001 年的 28 131.13 亿元相比,增长 2 218.30%,详细情况如表 10-2 所示。同样,我国批发市场运营也取得了长足进展。

表 10-2 我国限额以上批发零售企业销售情况[①]

年份 销售额	批发业（亿元）	零售业（亿元）	批发、零售业销售额比值
2001	28 131.13	7 022.13	4.01
2005	75 510.7	17 640.5	4.28
2010	212 191.1	57 514.6	3.69
2011	288 701.0	71 824.9	4.02
2012	327 091.3	83 441.3	3.92
2013	398 116.5	98 487.3	4.04
2014	430 678.4	110 641.39	3.89
2015	401 312.2	114 255.3	3.51
2016	432 265.3	126 612.3	3.41
2017	507 095.98	123 085.28	4.12
2018	566 174.2	124 987.9	4.53
2019	652 164.1	130 354.1	5.00

注：相关数据来源于历年《中国统计年鉴》。2019 年,统计公报显示我国全年社会消费品零售总额 411 649 亿元,比上年增长 8.0%。但迄今为止,我国关于批发销售的统计仅限于限额以上批发企业,没有全社会批发销售额的数据。为统一口径,只能选择限额以上零售企业销售数据进行对比,其结果还不能全面反映批发零售业的相互关系。

---

① 根据 2001—2019 年《中国统计年鉴》及国家统计局公布的相关数据整理计算。

2018年,我国共有亿元以上商品交易市场4 296个,亿元以上商品交易市场共实现成交额109 373.3亿元,其中,亿元以上批发市场成交额95 323.2亿元。与此相对应,亿元以上市场单体市场规模由2001年的5.41亿元,增加到2018年的25.46亿元,①增幅达到370.1%。2019年,我国亿元以上批发市场成交额达到98 733.4亿元,接近10万亿元规模,批发市场已经成为一个十分庞大的经济体系,对社会经济的影响不断加深。相关研究显示,直接参与专业批发市场经营的从业人员超过2 000万人,从事批发市场相关服务业,以及依托专业批发市场间接从事生产、餐饮、运输、管理服务的就业人员,也已达到1亿人规模。② 为此,一些人士在全国人大会议等不同场合极力呼吁加快批发市场立法进程。例如,十一届全国人大一次会议期间,就有代表建议尽快制定《中华人民共和国商品专业批发市场法》《农产品批发市场法》,据称相关提议已引起有关部门关注。③ 如何适应批发业发展的需要,尽快作出必要的制度安排,既是行业管理者的重要任务,也是微观批发企业的基本要求。

(三) 行业自律功能薄弱

目前,我国批发领域虽然不乏各种各样的商会、协会、联盟等行业组织,但发展水平较低,在一定程度上存在着职责地位不明、组织松散、管理不力、运行有失规范的情况。如何加强行业组织建设,有效发挥行业组织的自律功能,是未来一段时期我国批发行业管理需要解决的一个重要问题。

第二节 政府的行业管理

管理经济活动,包括对流通产业和批发业的管理,既是政府的一项基本

---

① 注:单体市场规模是指亿元以上商品交易市场成交总额与亿元以上商品交易市场数量的比值,也即亿元以上商品交易市场的平均成交额。
② 参见 http://money.163.com/10/0305/22/61200M2400253B0H.html.
③ 参见 http://finance.sina.com.cn/nongye/nyhgjj/20120217/111811400234.shtml.

职能,也是政府实现宏观战略目标的重要手段。作为最重要的管理主体,政府在"规则约束,倾向引导"方面发挥着其他管理主体难以替代的作用,对批发行业的健康发展具有十分突出的现实意义。

一、政府管理的任务

政府管理的基本任务可以表述为,在尊重市场规则和行业发展规律的基础上,运用"有形的手"维护市场秩序、消除市场失灵,引导批发行业的正常有序发展。上述关于政府管理任务的描述,至少包含以下四个方面的内容。

首先,政府不是代替批发行业甚至批发商执行经济职能,政府的主要任务是规则约束,倾向引导。由政府的职能及资源等条件决定,政府拥有任何个人或其他组织所无法比拟的掌控行业全局的优势。政府有着丰富的信息来源,能够及时了解国内外行业发展的基本动向,对行业运行中存在的问题、影响行业发展的内外部因素等有着比较全面、深刻的认识,具有较强的把握全局的能力;政府拥有强大的决策支持系统,能够在需要时整合一切可以运用的力量,获得较为充分而且有效的决策支持,拥有较强的科学决策能力;最后,政府有一整套组织架构和行之有效的政策体系,能够保证决策得到及时的贯彻落实,具有较强的执行能力。判断力、决策力和执行力的有机组合构建了政府实施行业管理的天然优势。而这也从另外一个侧面证明,政府管理是批发行业管理极端重要的一个部分,政府的缺位是导致行业管理低效率的主要原因。

其次,政府主要通过制定发展战略,引导行业结构发展,制定法律法规和政策措施等,规范和引导企业行为,制约和影响行业的运行轨迹和发展方向,进而达成行业管理目标。因此,政府的行业管理目标是多层次的,既包括长期目标,也有阶段性的短期目标;有总的发展目标,也有不同层次的子目标。例如,行业的结构性发展目标,业态结构目标、企业的组织化和批发业信息化发展目标,等等。政府需要关注事关批发业发展的全局性、根本性问题,并制定相应的发展目标,这是政府有效管理批发行业,引导行业有序发展的重要基础。

第三,政府对批发行业的管理,还服从于更高层面的产业协调发展需要。批发行业不是一个封闭系统,而是整个经济系统的一个有机组成部分,存在着局部与整体、局部与局部协调发展的问题。就批发行业本身而言,行业运行的最高目标是自身利益的最大化,通过行业自律并不能自动将行业运行纳入整体最优的轨道。因此,需要政府进行必要的制度安排,以使批发业的发展与整个流通产业,或者与上游制造业及下游零售业协调一致。例如,2009年11月25日,商务部和国家食品药品监督管理总局联合发出《关于加强药品流通行业管理的通知》,提出"进一步加强药品流通行业管理,对于规范药品流通行业经营行为,促进药品流通行业健康发展,保障国家医药卫生体制改革顺利实施,完善安全用药和方便购药的市场体系,提高人民群众健康水平具有重大意义。"[①]这里,政府对药品流通以及批发业的管理,不只是为了药品流通行业健康发展,更重要的是保障国家医药卫生体制改革顺利实施,完善安全用药和方便购药的市场体系。

第四,政府管理的使命是明确批发行业的发展方向、确定行业运行规则,但政府不是具体的落实者和执行者。在批发行业管理领域,政府必须遵循"有限政府"的原则,只承担有限功能,即前面提出的"规则约束、倾向引导"。这也意味着政府必须处理行业主管部门与其他行业管理组织的相互关系,做到明确分工,各司其职。

二、政府管理的手段

政府的行业管理功能主要是规划、规制和引导,需要通过相应的手段予以执行。执行政府职能的手段一般有三种,即法律手段、行政手段和经济手段。原则上,政府应主要依靠法律和经济手段来实施行业管理职能。

---

① 参见《中国药房》2010年第21卷第16期,第1452页。

(一) 法律手段

国家依靠法律的强制力量来规范包括批发在内的经济活动,既是确保实现行业管理的目标需要,也是市场经济和法治社会的基本要求。目前,我国可以用以规范批发行为的法律规范散见于各种相关法律、法规之中,如《反不正当竞争法》《合同法》等。有的法律如国务院于1996年5月27日发布施行的《食盐专营办法》以及前述《中华人民共和国烟草专卖法》等,则涵盖了从生产到批发、零售的整个过程,迄今还没有专门指向批发行业的法律。地方性的法规建设有一定进展,如2004年《天津市商业行业管理规定》因经同级人民代表大会常务委员会审议通过,并以市政府令颁布实施,具有法的强制力。总体上,我国关于批发行业的法律、法规建设较为滞后。

比较而言,日韩等国非常重视批发管理的法制建设。例如,韩国在1973年废除了日本殖民时期的《中央批发市场法》,颁布实施《农水产品批发市场法》,将批发市场的开设资格由地方公共团体调整为首尔、釜山等市地方政府。1976年,韩国又废止了《农水产品批发市场法》,颁布《关于农水产品流通及其价格安定的法律》并沿用至今。日本则于1921年就发布了第一部《中央批发市场法》,至1971年修订为《批发市场法》,其后每隔5年修订一次。[①] 日韩等国对于批发市场的重视自有其历史和现实原因,但用法的形式,通过法的强制力来保护市场的公平竞争,维系批发行业的正常发展,却是值得借鉴的做法。

(二) 经济手段

经济手段是政府管理批发行业的主要手段,包括财政、金融、税收等方面的政策措施。政府通过利益诱导间接影响被管理者的行为,使之朝向政府预期的方向和轨道。如在批发行业,我国各地在批发市场的早期发展中,

---

① 徐从才等.流通创新与现代生产者服务体系构建[M].北京:中国人民大学出版社,2011:249.

都曾经给予入场经营户以一定的税收优惠。① 迄今为止,许多批发市场仍然采取"包税制"的税收征管办法。当前,我国批发行业资源配置不尽合理,企业经营规模普遍较小,管理水平低,竞争能力弱,行业发展水平不能适应转变经济发展方式的迫切要求。采取必要的财政与货币政策,通过财政补贴、减税增利以及提供低息、免息贷款等措施,优化和完善批发行业结构和批发业态结构,帮助和引导批发企业提升信息化水平和组织化程度,或许是政府及其行业管理部门的重要职责。

(三) 行政手段

通过政府机构的行政命令、指示、强制性规定等措施,来约束和引导微观企业的经济活动,比如,工商检查、税务稽查、物价监督等,是经济生活中普遍存在的现象,也是批发行业管理的基本手段。除此以外,政府行政的重点应该更多地向战略层面转变,关注行业的长远发展。其中,制定行业发展规划能够较好地实现政府的行政意图和目标。例如,在批发市场建设方面,美国政府及行业主管部门会根据整体规划和未来发展需要,整合经济学家、市场营销学家及市场建设专家等力量开展可行性研究,经实地考察和严格论证,最后确定市场位置、建设方案和运行模式。政府不参与市场建设,主要在规划、市场监督及价格控制等方面进行适当干预。在立法进程不易推进的情况下,通过制定批发产业发展规划的形式,对引导批发业的健康发展具有较为现实的意义。

(四) 其他手段

除上述方法以外,政府及其行业管理部门还可以在文化和道德建设等方面采取相应措施,对行业发展施加影响。例如,前述商务部和国家食品药品监督管理总局在联合发出的《关于加强药品流通行业管理的通知》中,就明确要求商务主管部门积极开展药品流通行业信用建设,开展诚信宣传教

---

① 张春法.批发市场税收政策及管理研究[J].中国商贸,1999(2):23.

育,组织"诚信经营"示范创建活动,推动药品经营企业参与信用建设。① 相关信息显示,烟草行业主管部门也非常重视文化建设。我国烟草行业自2009年提出了"卷烟上水平"的总体战略,国家烟草专卖局在以品牌为核心整合和配置资源,打造大企业、大品牌,实现做大做强的同时,进一步加强以"两个利益至上"行业共同价值观为核心的烟草企业文化建设,构建"和谐烟草"。② 可见,文化特别是道德所内在的规范性要求,对约束微观经济主体的交易行为,都具有一定的积极作用。

第三节 批发行业自律

行业组织是批发行业管理的又一重要主体,是在自愿基础上形成的由同类企业或相关机构组成的联合体。批发行业组织是介于政府与市场之间的第三种状态,通过协商来确定组织的共同规则,保护成员的正当权益,鼓励公平竞争,维系正常的市场秩序,促进行业整体的良性发展。

一、批发行业自律与行业组织

批发行业组织是一个基于共同利益和共同目标的同类企业的聚合体,由于组织成员在行为上的相互依赖和相互作用,使行业组织能够通过相应的规则体系,引导各成员自觉遵守共同的行为规范。

(一) 批发行业组织的属性

批发行业组织包括各种行业协会、行业联合会、行业商会、行业联盟等组织形式。如果政府的管理是"有形的手",市场按照运行规律的自我调整

---

① 商务部、国家食品药品监督管理局.关于加强药品流通行业管理的通知[J].中国药房,2010(16):1452.
② 周劲峰.对烟草行业管理问题的探讨[J].商业经济,2012(1):44-45.

是"无形的手",那么,行业组织就是在政府与市场之间充当中间人,是介乎有形与无形之间的第三种状态。

规范的行业组织独立于包括政府在内的任何其他组织之外,是在自愿基础上,由同类企业或机构组成的具有自律功能的非营利性组织。行业组织必须具备三个基本特点:其一,自愿联合。行业组织的所有成员按照自愿原则,在遵循组织规则的情况下,自主选择进入或退出。其二,自我管理。行业组织是一种自律性机构,通过相应的组织体系和必要的规则,实现自我约束、自我管理。第三,非营利性。行业组织只谋取维持组织正常运行所需的收入,其收入来源主要是会费,行业组织不以营利为目的,不从事具体的经营活动。

如果作更进一步的分析,我们还会发现行业组织的两个重要属性。行业组织的不同成员之所以能够组成一个整体,是因为他们彼此依赖,需要组合在一起,通过共同活动来适应环境,追求符合每个成员利益的共同的行为目标。因此,任何一个行业组织,都是拥有共同利益与目标的整体。

在行业组织内,各成员需要具有判别是非善恶的共同标准。共同标准并不具体规定每一个成员的活动,而是规定成员与其他成员发生联系的那一部分行为,可以发生或者不可以发生的范围。如果遵从这些规定和共同标准,就会得到其他成员的认可,反之则将被否定或得到惩罚。在规制和标准的约束下,每一个成员都会以某种共同的方式对待他人,进而在行为上表现出某种程度的一致性。基于这样的分析,共同的目标和对行为的共同要求,是行业组织能够形成以及自我管理功能得以实现的基础。

商业领域的行业自律在我国有着较为悠久的历史,明朝以后出现的徽、晋、甬等十大"商帮",就是典型的商业行业组织。"商帮"是明清以来中国商业文化的一个突出现象,尽管由地缘关系和宗族血缘关系决定的强大凝聚力,是徽、晋商帮赖以形成的内在基础,但诚信经商、以义制利却是晋、徽商人共同遵循的行为准则,并努力使之转化为个人以及群体的自觉行为。值得注意的是,改革开放后崛起了一些新型商人群体,对此,人们沿用了"商帮"的称谓,主要有浙江商帮、山东商帮、苏南商帮、闽南商帮以及珠三角商帮等,这些商人群体正在我国经济社会诸多领域发挥着日益重要的作用。

我国的批发行业自律组织发展水平较低,组织化程度不高,运作不规范,作用有限,与发达国家存在较大差距。例如,美国批发业就建立了全国性的行业组织,即全国批发—分销商协会(NAW)。该协会是由分散在全国各地的 112 个批发贸易协会以及 45 个州、地方和地区性的组织联合组成,① 是独立于政府框架以外的一个标准的全国性批发行业自律组织,在批发运行领域和批发业发展中发挥着非常重要的作用。

现阶段,我国的许多行业组织还带有比较明显的"官办"性质,不是在自愿基础上由微观经济主体自发组建,政府及其职能部门与行业组织之间,存在着比较强烈的行政隶属需求,而我国的社团管理条例也以是否有主管部门作为认可的依据。例如,中国粮食行业协会粮食批发市场分会就是经民政部登记,由中国粮食行业协会领导、国家粮食局指导的全国性民间组织。② 一方面,政府将一部分行政职能转移到相关行业组织,进而延续原有的行政管理模式;另一方面,行业组织的运行也依赖于政府背景,或者需要来自政府直接性的扶植和支持。这是导致行业管理薄弱,行业自律功能缺失的一个重要原因,需要在未来进行改革。改革的方向就是还原行业组织的本来面貌,使之真正成为非营利性且在自愿基础上建立起来的行业自治组织。

(二) 批发行业组织的功能

自律或者自我管理,是行业组织的基本职能。对于行业组织应该承担哪些具体的职能,理论界的观点并不完全一致。有的学者总结了发达市场经济国家行业组织的职能,包括信息交流、多向协调、疏通政企关系、制定行业规划、提供咨询服务、开展培训、组织企业举办展览会、博览会和出口推销活动、组织本行业企业同国外同行业企业进行技术交流与合作等八个方面。③

---

① [美]安妮科兰等.营销渠道[M].蒋青云、孙一民等译.北京:电子工业出版社,2003:393.
② 参见中国粮食行业协会粮食批发市场分会网站:http://www.cgwmb.org/.
③ 《社会主义市场经济体制下的行业管理》课题组.市场经济发达国家的行业组织和政府的行业管理[J].国家行政学院学报,2002(6):89-90.

我们认为,由行业组织的基本职能决定,行业组织的功能大致包括以下几个方面。

1. 维护行业正常的运行秩序

正常的运行秩序、公平的竞争环境,这是一个行业健康发展的重要保障,既符合行业本身的利益,也符合行业组织各成员的利益,也与政府的预期完全一致。因此,维护行业秩序必然是行业组织的一项重要任务。维护秩序的一个重要基础是规则体系的建设,行业组织需要在遵循行业运行基本规律、保护组织成员合法权益以及宏观决策意图之间,寻求某种平衡。所以,行业组织是处于政府"有形的手"与市场"无形的手"之间的第三种状态。

2. 为组织成员提供服务

帮助组织成员成长,为成员提供所需要的服务,这是一个行业组织的基本任务。美国的行业组织非常重视为企业提供服务,特别是在帮助成员开拓市场、科技创新及改善环境等方面,给予了极大关注。例如,美国大豆协会通过业主自愿的"交款计划"建立基金会,目的就在于支持企业的科技创新。此外,美国大豆协会还向政府争取政策扶持,获得政府支持的"营销贷款",在销售价格低于非盈利价时,企业可不再还贷,从而支持了大豆及其制品的出口。[1]

3. 为政府的宏观决策提供依据

提供行业信息和决策支持服务,协助政府部门制定行业整体发展规划,帮助政府建立完善批发行业管理的机制、体制,具体落实政府的相关管理措施,为改善政府管理绩效提供服务。

二、批发行业组织的运行与管理

和所有组织一样,批发行业组织的运行不仅依赖于一定的规则体系,也

---

[1] 顾家麒.试谈中国行业协会的改革和发展[J].经济研究参考,2003(91):40-44.

需要与之相应的组织架构。作为一种自律性组织,批发行业组织的运行机理也明显区别于政府的行业管理。

(一) 批发行业组织的管理架构

任何一种组织都需要建立相应的组织结构,这是组织得以运行的基础。批发行业组织的组织建设目前尚无一定之规,理论界也在进行探讨。我们以广东省批发市场行业协会为例,简要说明这个问题。广东省批发市场行业协会由会员组成会员大会。会员大会是最高权力机构,依照国家法律、法规和协会章程的规定行使职权。协会设理事会,作为会员大会的常设机构,在会员大会闭会期间,理事会依照会员大会的决议和协会章程的规定履行职责。协会设立监事2名,监事由各会员单位推荐,会员大会选举产生。协会设会长1人,副会长、理事若干人,另有相应的办事机构和分支机构,等等。[①] 行业组织的自愿性、非营利性等,决定了其组织结构的特殊性,需要在实践中进一步发展、完善。

(二) 批发行业组织的运行机理

作为一种自愿性的自律组织,行业组织运行的基础是各成员在平等基础上的相互协商,这种建立在自愿基础上的"协商机制",就是批发行业组织运行的内在机理。从某种意义上讲,行业组织也是一个规则体系,但行业组织对于成员的行为并没有强制的约束力。组织内的各个成员都是独立的行为主体,有权独立自主地开展经营活动。当然,批发行业组织可以运用一定的激励措施来制约和影响成员的行为,包括正反两个方面的激励,物质和非物质激励等。例如,有些行业组织评选"十大先进个人",就是一种正面的非物质激励。但是,行业组织的制约缺乏强制力的保障,因而是一种软约束。

这种软约束关系决定了批发行业组织更多的是敦促而不是强制成员践行公序良俗,在宣传公共秩序、弘扬商业道德与商业文化过程中,对成员进

---

① 参见广东省批发市场行业协会网站:http://www.gdwholesale.com.cn/。

行潜移默化的影响。现阶段,批发行业组织要引导成员自觉遵守普遍意义上的行为规则,更需要将讲求诚信的商业理念与社会主义法制观念结合起来,把弘扬传统文化与改革开放相结合,以开放观念和现代意识,塑造新时期"敦厚诚信、开拓创新、包容并蓄"的商业精神。通过商业文化建设,树立形象,聚拢人心,提振人气,规范交易行为,形成具有新时代特色的商业经营风格和行业运行氛围。

参考文献

[1] [美] Michael E. Porter. *Competitive Advantage*: *Creating and Sustaining Superior Performance*. New York: Free Press, 1985:33-61.

[2] [美] 劳伦斯·斯特恩等.市场营销渠道[M].赵平等译.北京:清华大学出版社,2001:57.

[3] [美] 菲利普·科特勒.市场营销管理——分析、规划、执行和控制[M].广东财贸管理干部学院市场学翻译组译.北京:科学技术文献出版社,1991:92-93,904,906-909,1092.

[4] [美] 迈克尔·波特.竞争优势[M].陈小悦译.北京:华夏出版社,1997:37.

[5] [美] 迈克尔·波特.竞争论[M].高登第等译.北京:中信出版社,2003:73.

[6] [美] 斯蒂芬·P·罗宾斯.管理学[M].黄卫伟等译.北京:中国人民大学出版社,1997:6-7.

[7] [美] Philip Kotler,Gary Armstrong.市场营销原理[M].赵平,王霞等译.北京:清华大学出版社,2003:44,46,68,198-199,456-457.

[8] [美] 加斯·塞隆钠,安德里·谢帕德,乔埃尔·波多尼.战略管理[M].王迎军,汪建新译.北京:机械工业出版社,2005:1-2.

[9] [美] 帕翠珊·B·希伯尔德等.客户关系管理理念与实例[M].叶凯等译.北京:机械工业出版社,2002:184.

[10] [美] 巴里·伯曼,乔尔·R·埃文斯.零售管理[M].吕一林等译.北京:中国人民大学出版社,2002:388.

[11] [美] Ronald H.Ballou.企业物流管理——供应链的规划、组织和控制[M].王晓东,胡瑞娟等译.北京:机械工业出版社,2003:5-8,62-63.

[12] [美] 安妮科兰等.营销渠道[M].蒋青云,孙一民等译.北京:电子工业出版社,2003:393.

[13] [日] 田村正纪著.流通原理[M].吴小丁,王丽译.北京:机械工业出版社,2007:35.

[14] [日] 铃木武.现代流通论[M].东京:多贺出版社,2001:67.

[15] 徐从才.贸易经济学[M].北京:中国人民大学出版社,2015:148-161.

[16] 柳思维,高觉民.贸易经济学[M].北京:高等教育出版社,2021:45-47.

[17] 刘向东,陈成漳.互联网时代批发商的"再中介化"——价值链整合视角[J].商业经济与管理.2016(6):6-15.

[18] 刘普合等.中国农产品批发市场实操手册[M].北京:中国经济出版社,2010:1.

[19] 肖家.批发[M].北京:中国言实出版社,2007:11.

[20] 陈明.现代化的德国批发商利布里[J].出版参考,2002(3):32.

[21] 胡寄窗.中国经济思想史(上)[M].上海:上海财经大学出版社1998:37-39,62-66.

[22] 张春法.基于网络背景的营销理论研究理念构造与模式[M].成都:西南交通大学出版社,2006:9-10,87,144-145,148,151-154,160-162,200.

[23] 张春法.商业连锁的发展趋势与我国零售业的对策选择[J].南京财经大学学报,2000(6):11-14.

[24] 张伟.朝阳中的会展业[J].深圳特区科技,2001(5):40.

[25] 张春法.渠道结构变迁与网络背景下的营销渠道[J].财贸经济,2006(12):92-94.

[26] 张春法.基于网络背景的营销模式及其运作[J].管理世界,2006

(12):159-160.

[27] 张春法等.电子商务背景下流通格局的重构[J].江苏商论,2000(9—10合刊):12-15.

[28] 胡音.一心二用的批发商——弗莱明[J].中国商贸,2001(12):73.

[29] 张春法等.网络化与电子商务对批发业的影响与对策[J].商贸经济,2005(11):89-92.

[30] 张春法,岳琳.客户关系管理(CRM)与零售业的网络化发展[J].江苏商论,2003(9):3.

[31] 张春法,林卫通,章晨.美国批发业发展的主要趋势及其启示[J].南京财经大学学报,2012(6):70.

[32] 徐从才等.流通创新与现代生产者服务体系构建[M].北京:中国人民大学出版社,2011:249.

[33] 张春法.批发市场税收政策及管理研究[J].中国商贸,1999(2):23.

[34] 周劲峰.对烟草行业管理问题的探讨[J].商业经济,2012(1):44-45.

[35] 顾家麒.试谈中国行业协会的改革和发展[J].经济研究参考,2003(91):40-44.

[36] 张建云.大数据互联网与物质生产方式根本变革[J].教学与研究,2016(11):53-60.

[37] 马龙龙.马克思论批发商品流通[J].财贸经济,2005(01):42-47+97.

[38] 刘星原.我国批发与零售环节的地位、作用与演变趋势[J].财贸经济,2004(10):66-70.

[39] 徐印州.关于批发市场未来发展之我见[C].第四次全国重点批发市场总裁联席会暨商品交易市场现代物流体系建设研讨会会刊,2007(8):5.

[40] 叶全良.市场学词典[M].北京:经济管理出版社,1988:22-24.

[41] 徐婧.我国与发达国家批发市场发展差异分析[J].理论界,2008

(12):57-59.

[42] 刘军琦.我国批发业与美、日批发业的比较分析[J].四川经济管理学院学报,2008(1):8-9.

[43] 周绍东."互联网+"推动的农业生产方式变革——基于马克思主义政治经济学视角的探究[J].中国农村观察,2016(06):75-85.

[44] 上海市经济委员会,上海科学技术情报研究所.2005—2006世界服务业重点行业发展动态[M].上海:上海科学技术文献出版社,2005:29,113.

[45] 张修凡.义乌:小批发市场的全球进击路[EB/OL].http://www.sohu.com/a/196001328_475898.

[46] 佚名.商贸批发业市场转型B2B实战案例[EB/OL].http://www.isimpo.com/news/details? id=204.

[47]《社会主义市场经济体制下的行业管理》课题组.市场经济发达国家的行业组织和政府的行业管理[J].国家行政学院学报,2002(6):89-90.

[48] 商务部,国家食品药品监督管理局.关于加强药品流通行业管理的通知[J].中国药房,2010(16):1452.